福沢諭吉と朝鮮問題

「朝鮮改造論」の展開と蹉跌

月脚達彦

東京大学出版会

Fukuzawa Yukichi and Japan-Korea Relations:
Progress and Setbacks in the Deployment of the "Chōsen Kaizō-Ron" [Doctrine of Korean Renovation]

Tatsuhiko TSUKIASHI
University of Tokyo Press, 2014
ISBN 978-4-13-021078-2

まえがき

中国の改革開放、韓国の民主化の達成ののちの過去二、三〇年ほどの間、両国と日本との関係は経済をはじめとして様々な分野で深まった。しかし、領土や歴史認識をめぐる対立を発端として、中国・韓国と日本の政治的関係の悪化、さらには国民間の感情悪化も繰り返されている。一方で相互の友好・交流の促進が叫ばれながらも、他方で急速に経済力や民衆の発言力が強まりつつある中国・韓国と日本の間に、変化に応じた新たな秩序が形成されていないことが改めて浮き彫りになっているのが、本書の執筆の時点における東アジアの状況である。

とりわけ「大国」化する中国の存在が大きいが、これは、日清戦争（一八九四―一八九五年）以前の「大国」清をある意味で彷彿とさせるものである。日清戦争は、アジアで近代化が最も進んだ日本と、近代化に遅れた中国という先進・後進の序列認識を定着させる画期となった。一方、日清戦争は朝鮮に対する影響力を維持・強化しようとする清と、朝鮮を清から引き離して勢力下に置こうとする日本との戦争だったわけだが、近代以前の中華世界において政治的・文化的に最も中国に近かった朝鮮は、日清戦争とその一〇年後の日露戦争を経て、日本の圧倒的な影響下に置かれていくことになった。しかし、今日「大国」として再浮上した中国の朝鮮半島に対する影響力は日本を凌いでおり、また強烈な独自路線を打ち出す北朝鮮、経済成長と民主化の達成に自信を付けた韓国も、もはや日清戦争以後の近代の東アジアの序列認識に甘んじていない。東アジアの状況は、ある意味で日清戦争以前に戻ったと見ることができるのである。

本書は、日清戦争以前の時代に中国・朝鮮について多くの論説を発表した福沢諭吉に関する、朝鮮近代史研究者による研究である。福沢の東アジア関係論説と聞いてまず思い出すのは、『時事新報』一八八五年三月一六日社説の「脱亜論」であろう。社説「脱亜論」をどのように読むのか、ということが本書の課題の一つなのであるが、本書で明らかにするように、「脱亜論」をはじめとする福沢の中国・朝鮮関係論説は、実は日本は武力を用いてでも朝鮮を「文明」化させて「独立」を維持させなければならないという、「朝鮮改造論」の提唱が発端になっていた。福沢諭吉の「東洋」ないし「亜細亜」政略論を考察する本書のタイトルを、『福沢諭吉と朝鮮問題』とする所以である。

本書の内容に入る前に、まずは社説「脱亜論」の構成とその前後の状況について説明しておきたい（全文は本書巻末に収録）。「脱亜論」を要約すれば、およそ以下のようになる。

①蒸気機関や電信などの「交通の利器」が発達した現在、西洋文明を受け容れることは、誰でも罹る「麻疹」（はしか）のように、「東洋」ないし「亜細亜」の国においても避けようにも避けられない。日本は西洋文明を受け容れなければ西洋諸国からの「独立」を維持できないことを悟り、それを受け容れるために「旧政府」（徳川幕府）を廃滅させるなど古い慣習（「旧套」）を破って、すでに「文明国」の方向に進みつつある。

②ところが近隣の「支那朝鮮」は「古風旧習」を捨てずに「儒教主義」を墨守して、西洋文明を受け容れようとしないので、とても「独立」を維持できる見込みがない。もし明治維新を成し遂げ

た志士のような人物が両国に現れれば話は別だが、そうでなければ数年の内に両国は「亡国」となって西洋の「文明国」に分割されるだろう。

③日本が「文明国」の方向に進みつつあるのに、「西洋文明人」が「支那朝鮮」を見て、日本もそれらと同じような国だと考えたら、これは日本にとって迷惑である。したがって日本は、「支那朝鮮」も「文明国」になるように援助して「共に亜細亜を興す」ことなど考えず、これらの「悪友」との付き合いを謝絶するべきである。

以上が「脱亜論」の要約だが、注意すべきはここで日本による「支那」の分割や朝鮮の植民地化が唱えられているわけではないことである。文中に「其支那朝鮮に接するの法も隣国なるが故にとて特別の会釈に及ばず、正に西洋人が之に接するの風に従て処分す可きのみ」とあることから、「琉球処分」のイメージに引きずられて、この社説は中国・朝鮮に対する強制処分の主張と読まれることもあるが、ここでの「処分」とは「対処」ほどの意味である（青木功一『福澤諭吉のアジア』、四頁）。本書で見るように、実際において、福沢が日本による朝鮮の植民地化を唱えたことは一度もない。

むしろ重要なのは、要約の③の後半部分から、当時の日本に中国・朝鮮を支援して「共に亜細亜を興す」ことを主張する人が多く、また福沢自身もそう考えていたのではないかと示唆されることである。本書の第一章で見るように、前年の一八八四年の末まで、『時事新報』には先に触れた「朝鮮改造論」に関する社説がしばしば掲載されていた。福沢がそのような主張を始めた発端は、一八八〇年に初めて朝鮮からの密航者に接触し、その国の状況を聞き知ったことである。その後、福沢は慶應義塾に朝鮮最初の日本留学生を受け入れ、金玉均《キム・オクキュン》ら日本を訪れる朝鮮開化派とも頻繁に接触した。福沢は、これらの朝鮮開化派が自らの「朝鮮改造論」の朝鮮側の担い手となりうると大いに期待し、支援していた。詳しくは本書の序章で述べるが、すでに研究者の間では、「脱亜論」は金玉均らが一八八四年一二月四日に漢城《ハンソン》（ソウル）で起こしたクーデターである甲申政変――「脱亜論」の表現に倣えば「其国中に志士の出現して、先づ国事開進の手始めとして、大に其政府を改革すること」――が失敗したことに伴う、福沢の「朝鮮改造論」の「敗北宣言」だったというのが通説的な理解になっている。

では、「脱亜論」の発表を機に福沢が朝鮮を「悪友」として「謝絶」してしまったのかと言えば、そうではなかった。特に一八九四年から一八九五年の日清戦争の時期には、朝鮮の「文明」化と「独立」に関する社説が『時事新報』に再び頻繁に掲載されることになる。ところがその一方で、「脱亜論」掲載の七カ月後の一八八五年九月から一八九二年六月まで、『時事新報』には朝鮮に関する社説がほとんど掲載されていない。これは、イギリスによる朝鮮の巨文島の占領によって福沢が容易に朝鮮問題について発言できないほど、東アジアの状況が緊迫したからである。さらに、日清戦争終結後の一八九六年二月に、慶應義塾の朝鮮人留学生第一号だった人物が主導する朝鮮の政治改革が失敗に帰し、朝鮮の王室ならびに政府がロシアの影響下に置かれると、『時事新報』は朝鮮問題から基本的に手を引く態度を取った。こうした福沢ないし『時事新報』の態度の変化を理解するためには、その当時の朝鮮ならびに朝鮮をめぐる状況を適切に踏まえる必要があり、この点に朝鮮近代史研究者が福沢の「東洋」政略論を扱うメリットがある。

さて、社説「脱亜論」を右に概観したような福沢の生涯の発言（と沈黙）の中に位置づければ、それは一部で誤解されているような、福沢ひいては近代日本のアジアに対する無視・無関心の言説ではなく、むしろ一八八〇年以後、それまで西洋「文明」一辺倒だった福沢が、朝鮮人との接触を機に、西洋中心の近代国際秩序のもとで新たな日本とアジアとの関係を模索する過程で表明された、一時的・状況的な発言であったと解釈することができる。ところが、現在のところ、福沢の生涯にわたってその朝鮮政略論を論じた書物は極めて少ない。

もっとも、「脱亜論」をはじめとする福沢の中国・朝鮮に関する論説には、今日では到底容認されないような侮蔑的な言辞が綴られているのは事実である。また朝鮮に対して武力を用いたり中国と戦争したりしてでも朝鮮を「文明」化させて「独立」させなければならないという「朝鮮改造論」は、当時の福沢およびその支援を受ける朝鮮開化派からすると「連帯」論であったとしても、今日の観点からすると侵略論である。しかし、「朝鮮改造論」は成就されることなく、福沢の死の九年後には、日本政府は朝鮮を「独立」させるのではなく、「併合」することになる。福沢の「朝鮮改造論」は言わば「挫折」の繰り返しだったのである。一方、福沢のもとにつどった朝鮮開化派も、ほぼ全員が亡命や政府による軟禁などの辛酸を嘗め、暗殺・処刑などによって非業の死を遂げる者が少なくなかった。

本書は福沢諭吉と朝鮮開化派の相互関係のもとに「朝鮮改造論」の展開と蹉跌の過程を追い、波乱に満ちた近代の日本と朝鮮の歴史の一齣を読者に示すことによって、今日まで続く日本と近隣諸国との相互関係・認識に関する問題を考える上での材料を提供しようとするものである。読者にはできるだけ史料や福沢の朝鮮関係論説を原文で読んでいただきたいので、本書では少々長くとも原文を多く引用するが、その際に拠った原則は、凡例に示したとおりである。

また、福沢の朝鮮論を論じる過程で、福沢のもとを訪れた朝鮮開化派の動向と思想についても考察することによって、近代日朝関係の一齣を読者に提示したいと思う。近代日本のアジア認識を論ずる際に、福沢諭吉を代表とする日本の知識人・ジャーナリストの「文明」認識が問題視されることが多いが、では福沢の影響を少なからず受けて形成された朝鮮開化派の「文明」認識がいかなるものであったかというと、これまでの福沢研究ではほとんど等閑視されている。前著『朝鮮開化思想とナショナリズム』（二〇〇九年）とその後の研究で得た朝鮮開化思想に関する筆者なりの理解を福沢研究に反映させることによって、近代の日本と朝鮮の歴史により立体的に迫ることが可能になるのではないかと考えている。

以下、本書の研究史的意義と目的を示す序章に続き、一八八〇年以降の福沢の朝鮮問題に関する発言と沈黙の意味を、同時代の東アジアの状況に即して三つの時期に分けて検討していく。第一章では、福沢が朝鮮問題について積極的に発言を始める一八八〇年から「脱亜論」を発表する一八八五年前半までを扱う。ここで筆者は、「脱亜論」に関する従来と異なる見解を示すつもりである。第二章では、一八八五年四月のイギリス軍による巨文島占領によって英露の対立が朝鮮半島に及んだのち、『時事新報』に朝鮮関係社説がほとんど掲載されない一八九二年六月までの時期について、福沢ないし『時事新報』の朝鮮問題に関する沈黙の意味を検討する。第三章では、『時事新報』に再び朝鮮関係社説が増えだす一八九二年から、日清開戦とともに「世界文明の立場」に立って朝鮮の「独立」と「文明」化を唱えた一八九五年までを扱う。最後に終章では、朝鮮国王がロシア公使館に身を避けるとともに、朝鮮をめぐってロシアとの緊張関係が高まった一八九六年二月以後の『時事新報』の朝鮮政略論を検討し、福沢晩年の朝鮮問題への介入放棄について論じるとともに、明治期日本の朝鮮、さらにはアジアに対する認識・態度について、今後の研究の課題を展望しつつ、現時点での筆者の考えを提示したい。

福沢諭吉と朝鮮問題——目次

凡　例

一、本書における史料の引用文で、ルビは原文にあるものを踏襲する場合は現代仮名遣いにあらため、また読者のために原文にないルビも適宜補うこととする。また、原文に句読点を補う。

二、本書における史料の引用文で、〔　〕は本書の筆者による字句の挿入・補足であることを示す。

三、本書における福沢諭吉の著作からの引用文は、『時事新報』社説を除いて、慶應義塾編『福澤諭吉全集』全二一巻（岩波書店、一九六九―一九七一年再版）に拠る。引用の都度、収録巻数（丸囲みの数字）と頁を示す。〔　〕は原文のものである。ルビは適宜補うこととする。

四、本書における『時事新報』社説からの引用文は、右『福澤諭吉全集』の第八巻―第一六巻「時事新報論集」に収録されているものはこれに拠る。引用の際には煩雑さを避けるため、収録巻数のみを丸囲み数字で示す。本書付録2の「関連年表」に、当該社説の開始頁を示してあるので参照されたい。引用文中の〔　〕は原文のものである。『福澤諭吉全集』に収録されていない社説のうち、北原スマ子・園部裕之・趙景達・吉野誠・長谷川直子編『新聞社説に見る朝鮮』第五巻（緑蔭書房、一九九五年）に収録されているものはこれに拠り、社説題目に＊を付す。両方に収録されていない社説については、『時事新報』（龍溪書舎復刻版）に拠り、社説題目に×を付す。原文のルビは現代の読者にとって必要ないと判断した場合は省き、逆に新たにルビを付した方がよいと判断した場合には補足することとする。また、漢字片仮名文は『福澤諭吉全集』の表記に合わせて漢字平仮名文に改める。

五、本書における朝鮮開化派の著作の引用文の翻訳は、同時代に日本の新聞に訳載されたものを除いて、本書の筆者の翻訳による。そのうち、月脚達彦訳注『朝鮮開化派選集』（平凡社〈東洋文庫〉、二〇一四年）に収録されているものについては、同書からの引用であり、文中の括弧も同書のものである。

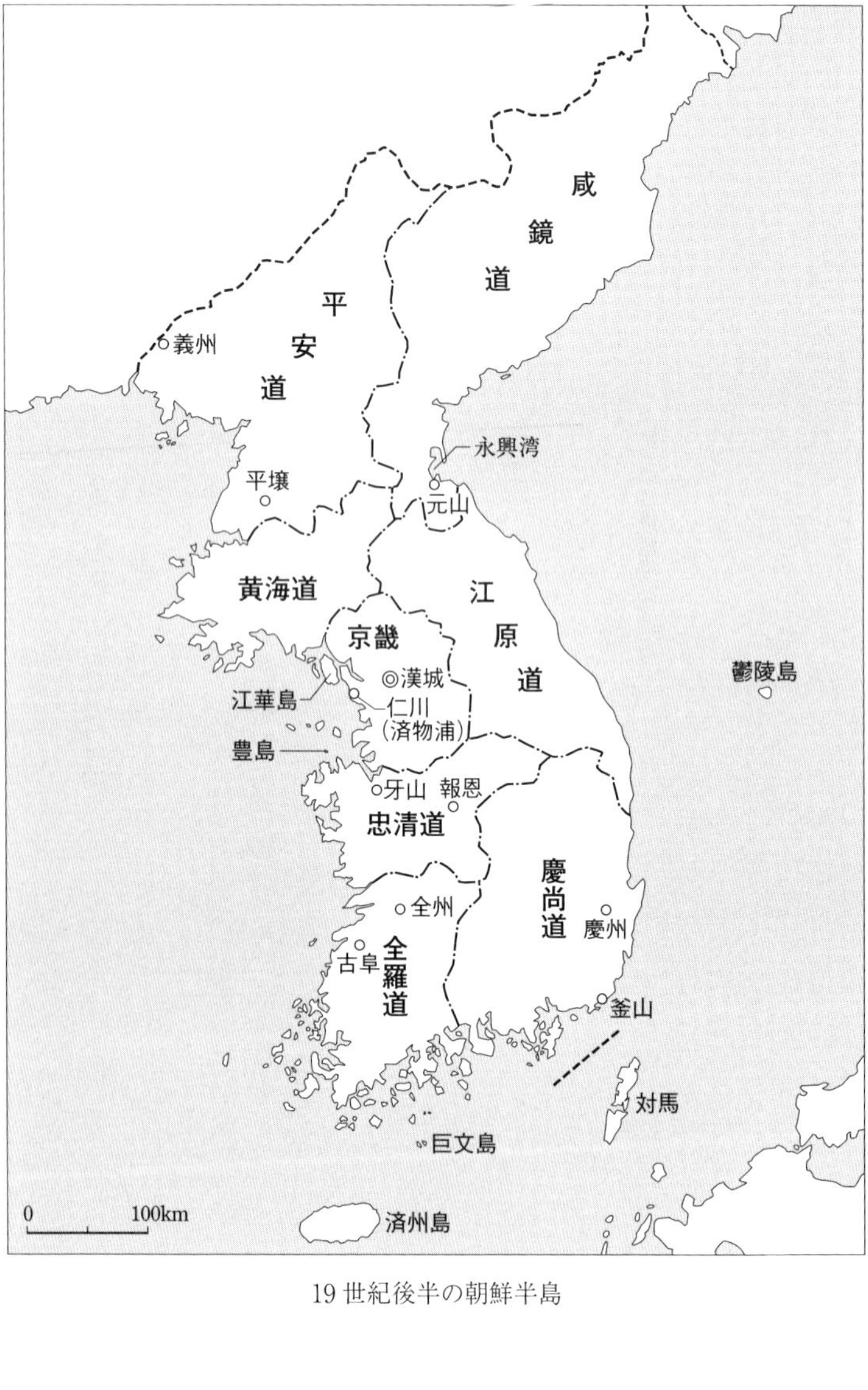

19 世紀後半の朝鮮半島

序章　福沢諭吉と朝鮮開化派

1　福沢の朝鮮に対する「政治的恋愛」

(1)『福翁自伝』における朝鮮の不在

福沢諭吉（一八三五―一九〇一年）は『福翁自伝』(1)（一八九九年刊）の締めくくりの部分で、「天下にコンナものを読む人が有るか無いか夫《それ》も分らず」に「西洋の小説夢物語の戯作くらゐに自《みず》から認めて」出した『西洋事情』が「世間に流行して実際の役に立」ち、さらに明治政府がそこに書かれたことの「一段も二段も先きに進んで思切つたことを断行して、アベコベに著述者を驚か」したと回想している。『西洋事情』（初編の刊行は一八六六年）ののちの文筆活動と慶應義塾での教育などの後半生について「私は自身の既往を顧みれば遺憾なきのみか愉快な事ばかりである」と述べているように、若くして蘭学に志し、英語を学んで三度の西洋渡航を実現し、その経験にもとづいた『西洋事情』を三〇代で刊行して洋学者としての名声を確立した福沢は、幸福の裡に六六年の人生を終えたと言ってよかろう。

その福沢の「愉快」が絶頂に達したのが日清戦争だったことは、同じ『福翁自伝』の締めくくり部分の次の文章からわかる。

所で顧みて世の中を見れば堪へ難いことも多いやうだが、一国全体の大勢は改進々歩の一方で、次第々々に上進して、数年の後その形に顕はれたるは、日清戦争など官民一致の勝利、愉快とも有難いとも云ひやうがない。命あればこそコンナ事を見聞するのだ、前《さき》に死んだ同志の朋友が不幸だ、ア、見せて遣りたいと、毎度私は泣きました。（⑦二五九）

日清戦争がなければ、福沢の人生の幸福も半減していたであろう。ところで、日清戦争は周知のとおり朝鮮をめぐる日本と清との戦争である。それは、一八九四年八月一日の宣戦の詔勅に、

朝鮮ハ帝国ガ其ノ始ニ啓誘シテ列国ノ伍伴ニ就カシメタル独立ノ一国タリ。而シテ清国ハ毎ニ自ラ朝鮮ヲ以テ属邦ト称シ、陰ニ陽ニ其ノ内政ニ干渉シ、其ノ内乱アルニ於テ口ヲ属邦ノ拯難《じょうなんし》ニ籍キ、兵ヲ朝鮮ニ出シタリ。(2)

とあるように、朝鮮を「属邦」とする清に対して、朝鮮の「独立」を掲げて戦った戦争だった。清への宣戦布告に先立つ七月二九日の『時事新報』社説「日清の戦争は文野の戦争なり」は、日本は「文明」であり清は「野蛮」であると述べたものだった。福沢の終生の主張である「文明」と「独立」が朝鮮を舞台に「野蛮」と宗主国・「属邦」関係に勝利したのが日清戦争だったのである。

ところで、一八八二年三月一日に福沢が創刊した『時事新報』に、「脱亜論」（一八八五年三月一六

日）をはじめとして朝鮮に関連する社説が数多く掲載されているのはよく知られたことである。また、それまで欧米に留学生を派遣するばかりだった日本は、一八八一年に初めて朝鮮から留学生を受け入れたが、その時の三人の朝鮮人留学生のうちの二人は、慶應義塾に入学している。さらに、一八八四年一二月に朝鮮の「独立党」によるクーデターの甲申政変が起こっているが、その領袖の金玉均《キム・オクキュン》（一八五一―一八九四年）が政変前に三度日本を訪問し、福沢と親密な関係を結んだこともよく知られた事実である。実際に石河幹明による『福澤諭吉傳』（一九三二年）は第三巻に第三五編「朝鮮問題」を設けて福沢の朝鮮問題への関与について詳細に記述しているし、甲申政変当時漢城《ハンソン》（ソウル）に滞在して金玉均と親交があった井上角五郎も、のちに『福澤先生の朝鮮御経営と現代朝鮮の文化とに就いて』（一九三四年）などを著して、福沢の朝鮮「文明」化に対する貢献を顕揚している。

一八八一年に慶應義塾に入学し、二年間通ったのち時事新報社に入社して、ちょうど『時事新報』に「脱亜論」が掲載された頃、間近で福沢を手伝っていた竹越三叉《たけこしさんさ》（与三郎）は、福沢の死の翌年の一九〇二年の文章で、その頃の福沢について、以下のように回顧している。

明治十六七年頃よりは、先生純《もっ》ぱら、諸生空論の気習を鎮圧して、商業貿易に向はしめんと欲したり。然れども渠《かれ》が胸中の政治的熱気は、決して初より抑《おさ》ゆべからずして、遂に全く朝鮮経略の上に澆《そそ》がれたり。実に朝鮮は渠が最初の政治的恋愛にして、また最後の政治的恋愛なりと云ふを得べし。之がために朝鮮学生を訓《ママ》［薫］陶し、之が為めに朝鮮政府に周旋し、後藤伯を朝鮮内閣顧問として、絶大の変革を企てしめんとし、之がために、義和宮を以て秦政《しんせい》たらしめんとするの挙となり、之がために朝鮮亡命の徒を保護するの挙となる。余、渠が朝鮮亡命の志士を保護するの一事に関して、少しく参画する所あり。故に其亡命の志士を会するや、余、多く之に臨み、先生が彼等を鼓舞し、難詰し、試練し、教訓すること、恰かも三田の学生を訓陶するに異ならず。最も其力を用ゆるを見たり。(3)

甲申政変の前後以降、竹越によって「政治的恋愛」と評されるほど、福沢は朝鮮に入れ込んでいた。だとすると、『福翁自伝』で福沢自身が自らの朝鮮問題への関与を振り返って「愉快」な人生の一齣としてもよいようなものであるが、しかし『福翁自伝』は朝鮮とのかかわりについて全く触れていないのである。もっとも『福翁自伝』には「朝鮮人」という語が何カ所か現れるのであるが、そのほとんどが、自らの金銭観と経済的「一身独立」を述べた「一身一家経済の由来」の章の小見出しの「本藩に対しては其卑劣朝鮮人の如し」(⑦二一〇)に代表されるように、借金を返さない金銭的なだらしなさの比喩として使われている。なお、国王からの信任を得ているとして借金を申し込んだ金玉均や、日清戦争後の朝鮮政府に福沢が相当な額の金銭を貸与したことは事実で、これについては都倉武之の研究が詳しい。(4)

「政治的恋愛」と評されるほど朝鮮に入れ込んだ福沢が、『福翁自伝』でその事実に全く言及せず、反対に蔑視的な比喩として「朝鮮人」という語を使ったのは、福沢の「恋愛」が成就しなかったからにほかならない。これについても先の竹越の回顧が示唆的なので引用しておく。

明治二十九年露国急に力を朝鮮京城に用ひ、露国党の跋扈《ばっこ》を来すや、閔妃《びんひ》兇死の変あり、朝鮮王露国公使館に入る。先生、此変を聞くや、倉皇《そうこう》［慌てて］時事新報社に来り、前後の事を画し、遂に権栄《ママ》［瀅］鎮を招く。［中略］権至るや、渠《かれ》即ち自から権を説きて曰く、今日の事、到底日本の独力を以て韓国の事を了するの機にあらず。宜しく英国をして日本の党与たらしめざるべからず。然かも英国は自家の利害の感ぜられざる事に関与干渉する者にあらず。故に英国をして朝鮮に利害を感ぜしめざるべからず。是れ足下等の任なりと。権等即ち直ちに馳せて英国公使館に至りて訴て曰く、弊邦、国を挙げて命を日本に聴くと雖も、日本国歩艱難、力を朝鮮に用ゆるの暇なく、遂に我が皇帝をして露国公使館に入るに至らしむ。某等痛憤已む能はず、私《ひそ》かに日本の恃むべからずを嘆ず。今後国を挙げて命を英国に聴かん。願くは一臂《いっぴ》の力を振ふて、露国の暴横を制せよと。英国公使直ちに朝鮮志士の愁訴を取つて、之を我外務当局に伝達し、直接の効果を見るに及ばざりと雖も、此一事を見て、渠が如何に朝鮮問題に関して焦心したるかを見るべし。(5)

ここで述べられているのは、一八九六（明治二九）年二月一一日のいわゆる「俄館播遷《がかんはせん》」である。日清開戦に先立つ一八九四年七月二三日の日本軍による景福宮占領以後、朝鮮では日本の干渉のもと、開化派と呼ばれる日本渡航経験者を含む官僚によって、今日では甲午改革と呼ばれる急進的な政治改革が行われていた。ところが露独仏の三国干渉ののち、改革によって抑圧されていた朝鮮の国王高《コ》宗《ジョン》と王后閔《ミン》氏がロシアに接近して日本への反撃に転ずると、一八九五年一〇月には三浦梧楼公使関与のもと王后が日本人によって殺害される事態に至った。身の危険を感じた高宗は、親露・親米派の主導で王宮を脱出し、ロシア公使館に身を避けた（俄とは俄羅斯《ロシア》のこと）。王后殺害ののちに成立していた親日派内閣は崩壊し、日本にとって朝鮮に築いた勢力が完全にロシアに奪われる危機となったのが、この高宗の俄館播遷である。

事件の報に接した福沢の衝撃は大きかった。王后殺害事件に連累して日本に亡命していた権濚鎮《クォン・ヒョンジン》を福沢が呼び、イギリス公使館に朝鮮の保護を求めさせたという竹越の話は、その正否を知ることができない。しかし、ここで福沢が朝鮮人亡命政客に語らせたという「日本国歩艱難、力を朝鮮に用ゆるの暇な」い状況で、朝鮮がロシアの手に落ちることを防ぐために、むしろ朝鮮をイギリスの保護のもとに置くべしとの主張は、のちに本書で見るとおり、その一一年前に福沢が『時事新報』で掲げた主張でもあった。日清戦争の結果、日本は朝鮮の「文明」化と「独立」の指導者となるどころか、力では到底かなわないロシアによって「横恋慕」されそうになったのである。一八九六年二月と言えば、『福翁自伝』の口述が始まる一年九カ月ほど前である。先に引用した『福翁自伝』の日清戦争のくだりにある「世の中を見れば堪へ難いことも多いやうだが」という言辞、またその前に引用した「私は自身の既往を顧みれば遺憾なきのみか愉快な事ばかりである」の後に続く「不平を云はすればマダ〳〵幾らもある」という言辞には、朝鮮に対する「政治的恋愛」の不成就が含まれているように思われてならない。

（2）福沢の「同系発展の観念」

先に示唆したとおり、福沢はこの「政治的失恋」の前にも、悲恋を繰り返している。本書は、その福沢の朝鮮への「政治的恋愛」の挫折の繰り返しを跡づけようとするものである。そこで、福沢の挫折を扱う際の本書の基本的な視点を提示するとともに、次節にわたって本書の三つの目的を明らかにしておきたい。

先に『福翁自伝』から引用した「其卑劣朝鮮人の如し」に見られるように、福沢の著作における朝鮮に関する文章には、今日では到底容認されない侮蔑的な言辞が含まれている。ここから福沢の朝鮮論を逐一批判することも可能である。ただし、この「其卑劣朝鮮人の如し」の主語は中津藩士だった若き日の福沢自身であることも忘れてはならない。つまりこれは、今では「凡そ世の中に何が怖いと云ても、暗殺は別にして、借金ぐらゐ怖いものはない」(⑦二〇〇)と思っている自分も、かつては藩の金を「仮初《かりそめ》にも自分の手に握れば、借りた金も貰た金も同じことで、後の事は少しも思はず、義理も廉恥もない其有様は、今の朝鮮人が金を貪ると何にも変ったこともない」(⑦二一一)という自嘲的回顧の中で使われた比喩だった。

なぜ自分がそのように「卑劣」だったかと言えば、「畢竟藩の殿様など云ふ者を崇め奉つて、其極度は其人を人間以上の人と思ひ、其財産を天然の公共物と思ひ、知らず識らず自から鄙《ママ》[卑]劣に陥」(⑦二一三)ったためだった。封建制度のもと人々が経済的に「独立」できない社会のために、「社会の虫」である自分もその社会に規定されて四〇年前は「卑劣」だったというわけである。これを推していくと、今日朝鮮人が「卑劣」なのも、それはその「社会」に規定されたもので、明治維新のような「社会全体に大なる変革激動」を起こせば、おのずと「一身独立」へと進みうるのだという論になる。こうした観点から、福沢は単なる朝鮮蔑視論者ではなかったと、福沢を弁護することも可能である。

しかし、この観点は、朝鮮も日本と同じ発展の道を日本に遅れて歩むべきだという「同系発展の観念」にもとづいている。この観念があるからこそ、福沢は「文明」化と「独立」の先覚者として、三歩下がって歩いてくるはずの朝鮮に対する「政治的恋愛」の情を持つことになったのである。もしここで、朝鮮人が「卑劣」に見えるのは、それは多くの日本人と朝鮮人との間で金銭に対する考え方、さらに人と人とのつながりのあり方がそもそも異なっているからで、朝鮮で日本に倣って「社会全体に大なる変革激動」を起こしても、金銭に対する考え方まで一緒になるはずがないと想像したなら、福沢に「政治的恋愛」の情が燃え上がったかどうかわからない。

いささか突拍子もない譬え話になったが、このことは福沢、ひいては近代日本の文明観なりアイデンティティ形成を考えるうえで重要な問題で、先の福沢の「同系発展の観念」はつとに松沢弘陽によって日本政治思想史研究の遡上に載せられたものである[6]。

周知のとおり、福沢は一八七〇年代の半ばにギゾーの『ヨーロッパ文明史』やバックルの『イングランド文明史』などの「西洋世界の〈大著〉」を読みこなして『文明論之概略』を著した。しかし、それらの一九世紀「西洋世界の〈大著〉」の文明論は、ヨーロッパ諸国およびアメリカ合衆国を「文明」とし、アジアを「未開」、アフリカを「野蛮」とするもので、「縦の時間的な継起が、横だおしに空間的に同時併存するものとしてとらえられる」「進歩=比較的文明論」と呼ばれ得るものだった[7]。日本の洋学者がもしこの文明論に「内面支配」される場合、アジアに属する日本はその地理的要因によって「アジア的専制」と「停滞」から抜け出せないということになり、「政府と人民を変える可能性についてのペシミズム」が生じることになる[8]。

松沢によると、これに対して福沢は、『文明論之概略』第九章において、徳川封建社会の「『擅権』の原因を人間のコントロールしえぬ自然条件にではなく、歴史的条件に求め」、日本に「権力偏重をもたらした歴史的事情」を分析し、そこで分析された「歴史的な『気風』を支配し変革していくことへの関心」を示すことによって、「文明」の地理的決定論に立つ「バックルさらに彼を含む『彼の西洋の学者』に対する反論」をし、西洋産の文明に対する批判とそこからの独立のために、「日本における『文明論』を『始造』」しようとしたというのである(9)（傍点は原文のとおり）。

こうして福沢は「『アジア』でも日本においては『停滞不流』を内側から突破する固有の力が働いていること」を論証しようとしたのであるが、朝鮮・中国という日本以外のアジアについては西洋の文明論による「アジア的デスポティズム」のままで認識し、「日本と朝鮮・中国とを同一視すること」を批判した。松沢によれば、これは一八八三年以降の「政府の儒教主義復活に反対」するなかで展開された観念で、おそらく松沢は福沢が「対朝鮮・支那の外交問題に関しては是また終始一貫、最強硬の積極論者であった」ことを「彼の反儒教的意識」に結びつけた丸山眞男の議論(10)を引き継いでいるのだが、一八八〇年代の朝鮮問題との関わりの過程で福沢は「西洋産文明論の単系発展段階論」を批判しつつ、朝鮮・中国に対してはそれらが「日本の『文明』化の行程を一歩おくれて辿るとする」「日本の立場からの単系発展論」の観念を形成したと結論づけた(11)。

福沢の文明論に関する松沢の研究は、今日の日本と韓国・朝鮮を考える上でも示唆的なものである。日本の近代は西洋に較べれば遅れている、ないしは歪んでいるが、アジアに較べれば進んでおり、その歴史的条件もあったというのが、日清戦争期以降、今日まで一般的な日本のアイデンティティであり、アジア認識である。一方、こうした近代日本のアイデンティティなりアジア認識が日本の指導者意識とそれにもとづく朝鮮侵略と植民地支配を正当化させたという批判から、日本の植民地支配からの解放ののちの朝鮮史研究では、朝鮮史の展開の中に西洋的近代化の発展の契機を見出そうとする「内在的発展論」が生まれ、本格的には一九六〇年代後半以降一九八〇年代まで、北朝鮮・韓国のみならず日本でも絶大な影響力をもった。かつてはその「内在的発展」のゴールに北朝鮮における社会主義革命とそれによる朝鮮統一が設定され、朝鮮の「発展」は日本、ひいては西洋近代を超えるものと観念されたため、「進んだ日本、遅れた朝鮮」という福沢的観念は克服されると信じられた。しかし、社会主義革命というゴールを設定しない「内在的発展論」も成立可能であり、これは特に一九六〇年代以降の韓国の高度経済成長という現実に適合的で、東西冷戦の終焉とともに歴史研究の枠組みとしての「内在的発展論」は批判の対象となったものの、韓国は日本と同様の「発展」を一歩遅れて辿るという「日本の立場からの単系発展論」は、日本でも韓国でもそれなりの説得力をもって信じられてきた。

福沢の朝鮮問題への関わりをも考慮に入れた松沢の福沢の「単系発展論」に関する研究は、「当の朝鮮の側から、福沢が西洋産の文明論に対して主張していたと同じような、批判と独立が主張されるということもありえたのではなかろうか[12]」という問題提起をすることによって、朝鮮思想史の側からの福沢の文明論への批判の可能性を示唆している。ただし、松沢の問題提起は、朝鮮の「発展」が日本、ひいては西洋を超えると観念する「内在的発展論」にもとづく、その同時代の朝鮮史研究の成果に示唆されたものであり、とりわけ福沢のもとにつどった朝鮮人政客や留学生の思想にそのような契機があったかについては、検証が伴っていない。

朝鮮史研究の立場から朝鮮との関わりで福沢の思想を考察する本書は、福沢の思想的影響を受けた朝鮮人政客や留学生も考察の対象とするが、結論を先回りして述べれば、かれらにそのような契機はなかった。松沢は自らの研究の意義を、福沢が「西洋の社会理論が日本に受容された時にふるった、内面支配、同化への圧力とその問題をいち早く感じ取り、そこから思想的に独立する志向を示していたことは、今日まで注目されることが少なかったように思われる[13]」とまとめているが、本書の朝鮮開化派に関する考察の意義は、かれらにおける西洋文明の「内面支配、同化への圧力とその問題」そのものを具体的な歴史状況のもとで明らかにすることにある。

こうして残る問題は、今日も相当な説得力をもつ福沢的な「日本の立場からの単系発展論」ということになる。一九世紀末の段階において埋めがたく懸隔していた日本と朝鮮の「単系発展」の距離は、今日では韓国の高度経済成長と民主化の達成により、「両国は市場経済と民主主義という価値観を共有する隣国」だという言説が流布するほどに縮まった。しかし、歴史認識から金銭感覚まで、個別の価値観に関しては国家・個人のレベルでしばしばその差異が明らかになり、そのたびにお互いに「卑劣」だと言い合っているのも今日の現状であって、共感と蔑視は紙一重である。福沢と朝鮮開化派との関係において、相手を「卑劣」だと述べたのは、残っている史料からすると一方的に福沢の方なのであるが、福沢にしても自らのもとにつどった朝鮮開化派と朝鮮の「文明」化なり「独立」について議論を交わしている時は、価値観を共有していると信じていたに違いない。しかし、結局は晩年の自伝において相手を「卑劣」だとしか言わなかった福沢を通じて、この問題の歴史的起源に迫ることが本書の第一の目的である。この目的のもとでは、福沢が朝鮮「独立」の支援者だったのか、あるいはアジア蔑視論者だったのかどうかは、特に意味をなさない。

2　脱亜主義とアジア主義

(1) 一九世紀東アジアの歴史的脈絡

前節では松沢弘陽の研究を手引きにして、福沢と朝鮮に関する本書の第一の課題を述べたが、つとに酒井哲哉は松沢の研究を手引きにして近代日本外交史・政治思想史研究に関するいくつかの大きな問題を提起している[14]。前節で見たように、松沢の研究においては一八七〇年代の『文明論之概略』における「文明論」の「始造」と、一八八〇年代の儒教主義復活批判を背景にした「日本の立場からの単系発展論」の形成が、時間的な前後関係にもとづいて論じられていた。これについて酒井は、「西欧諸国に対する日本の独自性の主張と、アジア諸国に対する日本の近代化を模範とする文明化の論理は、しばしば共時的に存在するものだったのではあるまいか。そこにおいてこそ、脱亜とアジア主義が共振する心性があったのではなかろうか[15]」と問題提起している。

福沢諭吉と朝鮮と言えば、まず思い出すのが社説「脱亜論」である。本書でこのあと詳しく見るように、「脱亜論」に関する日本近代史研究上の今日の定説を提示したのは、坂野潤治の研究である[16]。坂野は、「脱亜論」は福沢の「『アジア改造論』から『アジア侵略論』への転換を示す論説として引用される」という通説に対し、『時事小言』（一八八一年）で主張された福沢の「アジア改造論」は実際には「朝鮮改造論」であり、「脱亜論」は福沢が支援してきた金玉均ら朝鮮開化派のクーデターである甲申政変の失敗による、自らの「朝鮮改造論」の「敗北宣言」に過ぎず、「福沢の『脱亜論』をもって彼のアジア蔑視論の開始であるとか、彼のアジア侵略論の開始であるとかいう評価ほど見当違いなものはない」と明快に論じた[17]。もっとも、本書は福沢の「朝鮮改造論」の「敗北宣言」は「脱亜論」ではなかったことを論じるもので、坂野の見解に全面的に賛成するものではないが、「脱亜論」が福沢の「アジア改造論」から「アジア侵略論」への転換を告げるものではなかったという点には異論がない[18]。

先の酒井の問題提起は、坂野の研究の意義を「アジア主義／脱亜の二項対立図式を権力政治的分析から批判したのである」と整理した上で、さらに進めるべき課題を「アジア主義と脱亜がコインの表裏をなすようなアイデンティティの言説的構成がどのように歴史的に形成されたのかを、踏み込んで考察」することとした(19)。そうして松沢による福沢の文明論とアイデンティティ形成に関する研究成果を参照し、「脱亜とアジア主義が共振する心性」の問題を提起したのであるが、さらにその結論に当たる部分で、示唆的な指摘をしている。つまり、戦後の日本における戦前の「アジア主義」への注目は、戦後日本のアイデンティティの形成にかかわるもので、社説「脱亜論」は「戦前の帝国主義的遺産を断ち切るとともに、戦争中に萌芽的にあった問題設定を戦後の文脈で活かす」ことを目的に、「サンフランシスコ講和後の知的雰囲気のなかで『発見』されたテキストだった」というのである。ところが、一九三〇年代の日中関係（さらにはその反省に立つ一九五〇―六〇年代の東アジアの国際関係）と、日清戦争前のそれとは、以下の酒井の指摘のように「そもそも条件が全く異な」っていた。

先ず日清戦争前の中国は朝鮮半島の覇権を競う、日本のライヴァルであり「大国」であった。坂野のアジア主義研究批判がこうした中国要因の見直しに基づいていたことは既に述べたが、岡［義武］もまた大国としての中国像が日清戦争までの日本の対外認識に影を落としていたことを見逃してはいない。また日清戦争前において日清提携論を貫くこととは、何らかの形で主権国家の論理と異なる宗属関係の設定を中国の周辺領域において認めることである。それが「対等な主権国家間」の連帯の論理であるかどうかについては、議論の余地があるだろう(20)。

ここには、日清戦争以前の中国は、それ以後二〇世紀の後半までとは異なり、日本の「ライヴァル」であり「大国」だったということ、また日清戦争以前の東アジアには、「対等な主権国家間」関係とは異なる国際関係が存在していたという二つの論点があるが、特に二つ目の論点について論じたい。酒井が言う「サンフランシスコ講和後の知的雰囲気のなかで」「戦争中に萌芽的にあった問題設定を戦後の文脈で活かす」ことを目的に、明治以来の日本の「アジア主義」に注目した代表的な論者は言うまでもなく竹内好である。酒井の論文は岡義武の論文「国民的独立と国家理性」の研究史的意義を再確認するものであるが、岡のこの論文は竹内好の「日本とアジア」とともに、『近代日本政治思想講座』第八巻「世界のなかの日本」（筑摩書房、一九六一年）に収録されたものであった。これらは戦前の日本の中国侵略の反省に立ち、社会主義国、非同盟諸国の旗手として再生した中国との連帯を目指すという現実的課題に即したものである。

実は、この一九六一年の段階でも社説「脱亜論」はそれほど一般に知られておらず、これが一挙に有名になったと思われるのは竹内好が自ら編者に当たった『現代日本思想大系』第九巻「アジア主義」（筑摩書房、一九六三年）の解説「アジア主義の展望」（のちに「日本のアジア主義」に改題）にその全文を引用してからである。[21]

ここで竹内は、日清戦争以後の福沢については思想的堕落を見るのであるが、「脱亜論」当時の福沢については「同じ「アジアの」弱者である隣国への同情がないではなく」、「信条としてのアジア主義はある」とむしろ評価していた。[22] 先に触れた「日本とアジア」でも、竹内は「彼のアジア観は、アジアとは非ヨーロッパである、あるいは、アジアとはヨーロッパによって蚕食される地である、と考えたということである。こういう生き生きしたアジアのイメージから切りはなして『脱亜』だけを取り出すのは、福沢の本旨を没却するもの」[23]だと述べている。竹内にとって「アジア」が「アジア」である所以はヨーロッパの侵略に「抵抗」することであり、その点で福沢も「アジア」の知識人であったのである。

ところが、当時朝鮮は中国（清）の「属邦」であり、中国は「宗主国」を自任していたわけで、東アジアにはそもそも対等な「連帯」の関係が成り立つ余地はあったのかという根本的な疑問が成り立つ。しかし、そうした疑問に無自覚で、東アジアの「連帯」という強い現実的課題のもとで日清戦争前の東アジアを見る場合、歴史的現実を軽視ないし無視する結果に陥るのである。日本と朝鮮の関係を当時の東アジアの脈絡から切り離して論じてしまうと、福沢の朝鮮政略論に対する評価もおよそ超歴史的ないし非歴史的なものになる。

敢えて極端な言い方をすれば、福沢が朝鮮問題に関わり始めた頃、朝鮮政府は必ずしも「独立」を望んでいなかったし、西洋の立憲主義の導入や議会の開設という政治の「文明」化を図る意図も持っていなかった。実際に、福沢のもとにつどい朝鮮の「独立」を唱えた朝鮮人政客や留学生は、政府によってことごとく酷刑に処せられたり、流配や亡命の辛酸を嘗めさせられたりしたのである。そうした歴史的状況で朝鮮の「独立」と「文明」化を掲げて朝鮮開化派を支援すれば、かれらに対する「政治的恋愛」の情が強ければ強いほど、朝鮮政府と「宗主国」を自任する清に対しては激越な批判を加えることになるのである。やはり福沢は朝鮮「独立」の支援者だったのか、朝鮮蔑視論者・朝鮮侵略論者だったのかという問いは、思想史研究として意味を持たない。福沢は朝鮮の「独立」と「文明」化に入れ込むあまりに、のちに見るような朝鮮の滅亡を祝うという社説を書き、日清開戦前夜に日本軍の朝鮮への派遣を訴えたのである。

(2) 一九世紀東アジアの「状況構造」

本書は福沢の朝鮮政略論について、一九世紀東アジアの歴史的脈絡を踏まえて論じようとするものであるが、その研究史的位置づけはおよそ以下のとおりである。

すでに述べたように、『時事新報』一八八五年三月一六日社説「脱亜論」が、甲申政変の失敗を受けて書かれた「状況的」な発言であったことは今日では通説となっており、「脱亜論」へと至る福沢の朝鮮政略論に関する研究には少なくない蓄積がある。[24] にもかかわらず本書が再びこれを論じようとするのは、この方面での今日の通説を提示した坂野の「福沢の場合に厄介なのは、福沢が同時代人としてもっていた状況認識と同程度の状況認識を今日の我々がもち得るほどには、日本近代史研究が進歩していないという点である」[25] との問題提起を、朝鮮史研究者として読み直す必要があると考えるからである。つまり、ここの「日本近代史研究」を「朝鮮近代史研究」に置き換えれば、この問題提起に続く「福沢の状況的発言はその当時において福沢が認識した総体的な状況構造にもとづいているのであって、我々がそれと同程度の総体的な状況構造の認識をもち得ないかぎり、彼の誇張的表現に振りまわされて彼の絶えざる転向を論じさせられるはめにおちいるのである」という坂野の「仮説」は、今もって有効だと考えられるのである。

先に述べたように、一九六〇年代以降の朝鮮近代史研究は、朝鮮の「内在的」な西洋近代的「発展」の契機を跡付けようとする傾向を帯びていた。朝鮮開化派の研究にしても、日本からの思想的影響や中国との「伝統的」な宗属関係の規定性などの外的要因を排除して、朝鮮の近代思想である開化思想の内発的な形成と発展を跡付けるという傾向が一九八〇年代まで続いていた。本章の註24に掲げた既往の福沢の朝鮮論に関する研究にしても、青木功一の場合は朝鮮開化派の代表的人物である朴泳《パク・ヨン》孝《ヒョ》（一八六一―一九三九年）の改革意見書に、福沢諭吉の著作の影響があることを丹念に論証した点で当時としては異色であるが、一九世紀後半の朝鮮をめぐる「総体的な状況構造」については、「内在的発展論」の形成期という時代的制約のもとで、当時の朝鮮近代史研究の「常識」に沿う理解だった(26)。高城幸一の研究も韓国の大学に提出された博士論文がもとになっているにもかかわらず、いや、それゆえに、一九世紀後半の朝鮮をめぐる「状況構造」の理解は韓国の教科書的なものである。坂野も含めた日本近代史研究者の福沢の東アジアに関する状況的発言の分析が限界を有していたとすれば、それは同時代の朝鮮近代史研究の傾向によってもたらされた側面があると認めざるをえない。

酒井哲哉の問題提起も踏まえて本書で注目する福沢の「状況的発言」のもとにある「状況構造」とは、日清戦争前の中国と朝鮮の「宗属関係」である。それは一八八〇年代に本格的に進む華夷秩序（冊封体制）の近代的変容の過程に置かれていた(27)。もとより、近代国際法秩序のみを前提にして福沢の「東洋」政略論を論じることの問題性については、つとに丸山眞男の踏み込んだ指摘があり(28)、また坂本多加雄がこの問題性を明確に意識しながら福沢の「東洋」政略論を概観していて(29)、本書の視点は特に新しいものではない。この点で最も顧みられるべき先行研究は京城帝国大学の教授だった田保橋潔の『近代日鮮関係の研究(30)』である。

朝鮮開化派および開化思想研究は、日本の植民地支配からの解放ののちに、朝鮮史の「内在的発展」の指標の一つとして、主に北朝鮮・韓国の研究者によって進められたと考えられがちであるが、その先鞭は同書によって付けられている。実は、先の註24で挙げた福沢諭吉の朝鮮論に関する既往の研究で最もよく朝鮮をめぐる「状況構造」を摑んでいるのが杵淵信雄『福沢諭吉と朝鮮』である。著者の杵淵について筆者が知るところは、その前の著書『日韓交渉史』の奥付に記された生年と出身地、

「東京大学文学部仏文科卒」という学歴と「北海道新聞名寄支局勤務」という当時の勤務先だけであるが、同書の「あとがき」に「『新聞集成明治編年史』を拾い読みしていた時、韓国関係の記事が意外に多いことに驚いた。その後、田保橋潔『近代日鮮関係の研究』を知り、それらの記事が日韓交渉の流れに沿う浮標であることに気付いた。同書の助けなしには、このような形でまとめようとは思いもしなかったであろう(31)」とあり、『福沢諭吉と朝鮮』における『時事新報』社説の読みも、田保橋の大著との格闘の末になされたものであったと推測される。朝鮮史研究の専門家でないが故に、北朝鮮の研究者によって「日帝御用学者」として斥けられた田保橋の研究(32)を虚心坦懐に読むことができたのだと言えよう。

田保橋前掲書の最大の特徴は、一九世紀後半に変容していく清と朝鮮との宗属関係について周到な目配りをしながら、同時期の日朝関係をその規定性の中に位置づけたことにある。戦前に田保橋潔によって先鞭が付けられ、一九九〇年代以降まとまった形で蓄積されつつある近代東アジア国際関係史、国際的契機に着目した朝鮮近代史の研究成果(33)に、その間蓄積された朝鮮開化派研究の個別実証的な成果(34)を組み合わせた上で、改めて「脱亜論」をはじめとする福沢の「東洋」政略論を読んでみると、現在の通説に対するいくつかの論点の提示が可能である。朝鮮近代史研究者として福沢の朝鮮政略論に関する研究史上の通説に対する問題提起を行うこと、これが本書の第二の目的である。

ただし、田保橋前掲書の金玉均ら朝鮮開化派と甲申政変に関する叙述は、少なくない部分を『福澤諭吉傳』に拠っているが、『福澤諭吉傳』の朝鮮に関する叙述に誇張された点など、そのとおりに信じることができない部分があるのも事実である。また、田保橋の研究は、日本と朝鮮の関係を日本から朝鮮への一方的な影響関係として見る傾向が強い。たとえば福沢が朝鮮問題に深く関与することになった契機は、朝鮮から日本に渡航してきた政客・留学生との接触にあるのであるが、同時代において朝鮮開化派に関する史料発掘・研究蓄積が不足していたことと相まって、福沢の思想に与えた朝鮮のインパクトが十分に検討されず、そのため福沢と朝鮮問題についても『福澤諭吉傳』などに記述された既存のイメージに安易に拠る結果を招いたのだと思われる。

もっとも、福沢と朝鮮開化派との接触について、個々の場面を具体的に知ることは史料の制約上できない。しかし、本書はこのような問題意識から、福沢の思想に対する朝鮮問題のインパクトに着目し、さらにそのインパクトを受けた福沢から、さらに福沢のもとにつどった朝鮮開化派がインパクトを受けるという相互関係のもとでの、近代の日本と朝鮮の「文明開化」思想の展開過程とその比較を試みたい。これが本書の第三の目的である。これにより、一国史的傾向の強い朝鮮近代思想史研究の幅を広げ、また朝鮮史研究の成果をこれまであまり取り込もうとしなかった日本近代思想史研究の幅を広げることが可能になるのではないかと期待している。

(3) テクスト批判をめぐって

福沢の朝鮮論を検討する場合に言及しておかなければならないのが、井田進也・平山洋によって行われている『時事新報』社説の起筆者確定の作業である。[35] これについては、その作業の結果が『時事新報』社説のうちアジアに対して蔑視的・侵略的だとして知られていたものが、福沢の起筆によるものではなく、石河幹明によって『続福澤全集』(一九三三―一九三四年)に収録された石河自身を含む福沢以外の起筆者によるものだという結論が伴うため、福沢をアジア侵略論者と捉える研究者から批判がなされてもいる。

しかし、思想史の研究としてはテクストの批判的検討は研究の基本であり、筆者は井田・平山の起草者確定作業の意義そのものは評価するものである。朝鮮関係社説だけに限って読んでみても、同じ『福澤諭吉全集』「時事新報論集」に収録されている社説に複数の書き手がいることは実感として分かる。いささか非学問的な言い方であるが、福沢が五〇歳の時に『時事新報』に掲載された社説「脱亜論」を、自分も五〇歳になって読んでみると、あのような血気盛んで激越な文章を五〇歳の福沢が本当に書いたのか、疑わしく思ったこともあった。ところが平山はこれを「推定起筆者福沢」としており[36]、筆者も平山の推定にしたがうこととした。

ところで本書でのちに述べるように、『時事新報』の朝鮮関係社説の分量には大きな時期的偏差があり、一八八二年三月一日の創刊から一八八五年八月一三日の「朝鮮人民のために其国の滅亡を賀す」までは頻繁に朝鮮の「文明」化と「独立」に関する社説が掲載されるのに対し、その後一八九二年まで『時事新報』社説は朝鮮問題についてほぼ沈黙を守り、一八九二年七月以降再び朝鮮問題を論じ始めて日清戦争期にピークに達することになる。本書は『福澤諭吉全集』「時事新報論集」に収録されたもののみならず、そこに収録されなかった福沢存命中の『時事新報』の全ての朝鮮関係社説を検討の対象としているが[37]、一八八五年八月以前の社説については、用いられている語彙と文体に差異があっても、社説間で朝鮮問題に関する論調に一貫性を欠くことはほとんどないと判断している。そこで本書ではこの期間に関しては、『時事新報』社説の朝鮮論を福沢のものと見なすこととする。

ところが、沈黙の期間を経て『時事新報』社説が再び朝鮮問題を論じだす一八九二年は、平山によれば「『重要なる説』のみ福沢執筆のカテゴリー社説であるが、その他の多くは福沢立案石河執筆のカテゴリー[38]」になる時期であり、一八九六年夏以降は福沢が「大多数は立案さえしていない[39]」時期だという。したがって、一八九二年以後については社説を福沢個人のものではなく、福沢と石河ら弟子たちによるという意味で『時事新報』のものとして扱うことにする。

ただし、本書で『時事新報』の朝鮮関係社説を検討する際に注目するのは、「朝鮮改造論」、つまり日本が武力によってでも朝鮮の「文明」化と「独立」を成し遂げさせるべきだという主張が、「状況」の変化に応じていかにその発現の形態を変えたり、あるいはそのもの自体が主張されなくなったりするかということであるが、社説間に語彙や文体の差異を認めることはできるものの、この枠組みに関しては起筆者の相違によって社説間に齟齬が生じることは基本的にないというのが、筆者の考えである。なお、日清戦争末期の一時期に、朝鮮の保護国化に関して社説間に齟齬が確認できるが、これについては本書の第三章で言及する。

ところで、テクスト起筆者の確定作業により客観的な福沢像の把握に努めている平山であるが、しかし平山の目的は福沢がアジア侵略論者でなく「アジア独立論者」であることを「論証」することであり、そのような目的に沿って福沢の文章を読むことによって、恣意的な解釈をしていることも事実である。たとえば平山は、『時事新報』一八八二年八月一一日社説「朝鮮政略備考」に「朝鮮国の人民を日本国人に比較すれば、身幹壮大にして食料も多く膂力《りょりょく》強きが如し。我輩は之を見て羨ましきことと思」うとか、「朝鮮は今日正に詩賦文章の国にして、政府の力も人民の力も悉皆《しっかい》文に用ひて余す所なし」とあることから、福沢は「朝鮮の人と文化を高く評価しつつ、無遠慮な介入に懸念を表明しているのである」[40]と述べている。

しかしこの社説を素直に読めば、福沢はここで、朝鮮人はせっかく体格がよくても詩賦と経書を重んずる科挙の及第をこぞって目指すため、「家々の子弟は幼年の時より暗誦に精神を費し、父母これを責め師友これを叱咤し、通夜眠らず終日食はず、其慘刻《ママ》［酷］実に名状す可らずして、往々之が為に病を発して死する者多」く、もし及第して官職を授けられたとしても「各其族の等級に相当す可き地位に用るのみ」（⑧二七八―二七九）であるというように、人民の文弱と社会階層の固定化を生み出すとして朝鮮の科挙を批判しているのであって、「朝鮮の人と文化を高く評価し」ているのでは全くないことが分かる。本書で見るように、福沢が「朝鮮の人と文化を高く評価」することなど、本来的にあり得ない。テクスト批判は重要であるが、思想史研究の基本は「状況構造」に即したテクストの厳密な読みなのである。

3　初期福沢の中国・朝鮮認識――一八七〇年代以前

（1）中国経験とナショナリズムの構造

次章以下で福沢が一八八〇年に朝鮮人と初めて接触を持ち、朝鮮への「政治的恋愛」に落ちて以降の福沢ないし『時事新報』の朝鮮政略論を検討するが、それに先立ち、ここではそれ以前の福沢の朝鮮認識について論じておきたい。それは一言で言って、隣国に朝鮮があることをあたかも忘れているかのようだという没認識の認識である。それに対して、中国、ないし中国的なるものについて、福沢は蘭学を学び始めた頃から終生強烈に意識していた。まず、このことについて『福翁自伝』をもとに検討しておこう。

福沢も当時の武士の子弟の例に漏れず、塾で儒学を学んだ。ただ勉強を始めたのは遅く、「どうも十四、五になって始めて学ぶのだから甚だきまりが悪」かったのであるが、四書五経、史書などを一通り学び、「漢学者の前座ぐらゐ」になったという（⑦一一二）。自分で「前座」と言っているくらいだから、漢学のレベルはそれほど高くなかったのであろうが、ここには蘭学・洋学を学ぶことの苦労に較べたら、人並みの漢学の素養を身につけることなど造作なかったという自負心が披瀝されているのである。

　福沢が蘭学に志して中津から長崎に出るのは一八五四年、翌年には大阪に行って緒方洪庵の適塾に入門する。色々と悪さもしたが、「学問勉強と云ふことになつては、当時世の中に緒方塾生の右に出る者はなからう」（⑦六五）という「大阪修業」の時期は、『福翁自伝』で最も生き生きとした筆致で福沢の姿が描かれた部分である。そこでの当時の世の中で右に出る者がなかったという学問生活の自負心は、もっぱら中国的なるものとの関係で述べられている。

　そもそも適塾は蘭方医の塾で、塾生の雰囲気は「唯当の敵は漢法《ママ》医で、医者が憎ければ儒者までも憎くなって、何でも蚊でも支那流は一切打払ひと云ふことは何処となく定まつて居たやうだ」（⑦七六）という様子だった。塾生たちは「国の開鎖論を云へば固より開国」だったが、世間では外国船打払をめぐって議論が喧しい頃、かれらの「打払」の対象はもっぱら「支那流」、つまり中国的なるものだったというのである。もちろん後からの回想だから誇張されていようが、洋学者福沢がそのスタートから中国に対する強烈な対抗意識を持っていたのは事実であろう。

　一八五八年に江戸に出た福沢は、翌年、横浜でオランダ語が役に立たないのに衝撃を受け、英語に転ずることになった。その英語の実力によって、一八六〇（万延元）年に咸臨丸に乗ってサンフランシスコに行き、一八六二（文久二）年には幕府のヨーロッパ派遣使節の随員となり、一八六七（慶応三）年には再び渡米して東海岸まで行くという、三度の西洋経験をした。松沢弘陽が指摘するように、当時の「西洋経験」は必然的に「東洋経験」を伴うものである。アメリカ渡航の際にも、例えばハワイやサンフランシスコで中国人社会に出会うわけであり、西洋経験は「西洋・中国複合経験」[41]となるのであるが、最初のアメリカ渡航の際の「西洋・中国複合経験」について福沢は特に文章を残していない。福沢に決定的な影響を及ぼした「西洋・中国複合経験」は、文久二年のヨーロッパ行に伴うそれであった。

福沢を乗せた軍艦が長崎を出て最初に寄港したのは香港だった。その最初の印象を福沢は「西航記」に次のように記している。

香港の土人は風俗極て卑陋、全く英人に使役せらるゝのみ。或は英人と共に店を開き商売するものあれども、此輩は多くは上海広東より来れるものにて、元と本港の土人にあらず。(⑲九)

ここで「卑陋」とされているのはイギリスの植民地香港の労働者であり、上海や広東から来た商人については特に印象を記していないが、翌々日の記録には立ち寄った「英兵宿衛局」の印象として「兵備甚厳なり」と記している。イギリス軍とそれによって香港を植民地とされた中国とを対照関係として捉えていたことは間違いない。次に寄港したシンガポールでも多くの中国人に出会うが、ここで福沢は太平天国と英仏との戦闘に関する情報を得るとともに、「蓋し支那人の此地に移住するもの多きは当今本国の乱を避くるなり」(⑲一一)と記しているように、国内の反乱による混乱で国人の流亡を来している中国を反面教師としている様子がうかがえよう。

このヨーロッパ行での「西洋・中国複合経験」で福沢の印象に強烈に残ったのが、香港で目撃した中国人小商人に対するイギリス人の「圧制」であった。香港に軍艦が停泊している時、中国人小商人が靴を売りに乗り込んで来たので、一つ買おうと値段の交渉をしていたところ、傍らに居合わせたイギリス人が、中国人が値段を吹っ掛けようとしているとでも思ったのか、中国人から靴を奪い取って、福沢に二ドルだけ出させてこれを投げ与え、物も言わず杖で船から追い出したというものである。その話をのちに『時事新報』一八八二年三月二八日社説「圧制も亦愉快なる哉」で紹介した福沢は、続けて以下のようにその時の心情を振り返った。

記者は固より他国人のことなれば、当時この始末を傍観して、深く支那人を憐むに非ず、亦英人を悪《にく》むにも非ず、唯慨然として英国人民の圧制を羨むの外なし。彼の輩が東洋諸国を横行するは無人の里に在るが如し。在昔我日本国中に幕吏の横行したるものよりも一層の威権にして、心中定めて愉快なることならん。我帝国日本にも幾億万円の貿易を行ふて幾百千艘の軍艦を備へ、日章の旌旗《せいき》を支那印度の海面に翻へして、遠くは西洋の諸港にも出入し、大に国威を耀かすの勢を得たらんには、支那人などを御すること彼の英人の挙動に等しきのみならず、現に其英人をも奴隷の如くに圧制して其手足を束縛せんものをと、血気の獣心自から禁ずること能はざりき。⑧六六)

このような露悪的な文章を平気で書いてしまうのが福沢なのであるが、もとより洋学者福沢は初めから西洋が東洋より進んでいると思っているのであり、西洋と「交際」して西洋文明を積極的に受け容れることは日本にとって利益以外の何物でもなかった。日本が「砲艦外交」によって「不平等条約」を締結させられたのも、福沢にとって非があるのは世界の情勢を知らない漢学者流や国学者流の無知にほかならず、欧米に対して怨望を懐く謂れは全くない。ところがこれを屈辱と感じて怨望を懐く攘夷派は、西洋人を斬りつけたり西洋の艦隊を砲撃したりして、むしろ西洋人によって苦しめられている。福沢も実際にヨーロッパ行からの帰国後に、幕府の翻訳方として生麦事件と薩英戦争の事後処理に苦慮することになった。『福翁自伝』では「本来今度の生麦事件で英国が一私人殺害の為めに大層な事を日本政府に云掛《いいか》けて、到頭《とうとう》十二万五千磅《ポンド》取たと云ふのは理か非か甚だ疑はしい」(⑦一二四)と、イギリスの日本に対する報復に理不尽を認めているが、事の発端は攘夷論の「乱暴者」の非にあるのであって、「未開」国の非が西洋諸国の理不尽な「圧制」を「未開」国にもたらすこともあるというのが、福沢の「文明」国中心の世界秩序に対する認識であった。そうした非のもとになる攘夷論や名分論の本家本元が中国であるというのが福沢の中国認識であり、もし攘夷派が跋扈し続ければ日本がやがて直面するだろう西洋諸国の「圧制」に、すでに晒されているのが中国の現状だというわけである。

こうして福沢の世界情勢に関する実質的に最初の論説である「唐人往来」(一八六五年)のナショナリズムは、中国の現状に対する痛烈な批判の裏返しとなった。「唐人往来」は、神田孝平《たかひら》の家で賄いをする老女が「生来の唐人嫌い(当時外国人のことを通俗一般に唐人と云ふ)」(括弧は原文のとおり)で神田が閉口しているという話を聞き、「江戸中の爺婆《じじいばばあ》を開国に口説き落さん」として書いたものであるが、そこに表明された福沢のナショナリズムは「道理」にもとづくものだった。

元来外国人の日本に来たる趣意は、最初にも云へる如く日本国を盗み取りに来たではなし、各国より当前《あたりまえ》の礼儀を以て使者を差遣はし既に条約も取り結びたることなれば、隔意なく附合ひ篤と其意を察して、如何にも最前《さいぜん》使者を遣し条約を結びし時と同様の心得にて睦しく交はらんとするならば此上もなき次第、此方よりも世界普通の道理に従て益々信実を尽すべし。若し又さもなく此方から信実を尽しても、先方は表向許《ばか》りにて内心は日本の土地をも奪取らんと思い不埒なる振舞を為す国もあらば、此等は世界の道理に背きたるものにて世界中の罪人なれば、其道理を押立て我日本国の威勢を張り、之を追ひ払ふとも其国を攻取るとも誰か何と言ふべきや。斯く筋の立たる師《いくさ》なれば、世間にて我国の方を尤《もっとも》なりとするは勿論、時宜に依り加勢に来る国もあるべし。敵は如何程大国なりとも少しも恐るゝに足らず。

実に美しい「道理」にもとづく「健全な」ナショナリズムである。ただし、この文章のすぐ後に続くのは、以下の文章である。

唐土など此道理を知らず、何でもかでも外国人は無法なるものと思込み、伊勢参宮の田舎者が宿引を疑ふやうに、深切にさるれば底気味悪く思ひ、理屈を云ふて聞かすれば無理を云ふと思ひ、一から十まで疑心許りに凝り固まり、互の実情は少しも通ぜず、既に唐土阿片《あへん》始末の節も、いよ〳〵阿片が国の害をなすならば、先づ国中に阿片煙草はふかすことならぬと法度《はっと》を出し、其訳を英吉利へ篤《とく》と掛合ふて積渡《つみわたし》を差留むるやう道理づくで談判せば、英吉利《イギリス》にても他国の害になることを構ひ付けぬ理屈はなし、必ず穏に談判も行届きたる筈なるに、林則徐《りんそくじょ》と云ふ智慧なしの短気者が出て自分の国中に法度を出すことは先づさて置き、うもすも言はず英吉利より積渡りたる阿片を理不尽に焼捨て、扨夫《さて》れより英吉利にても大に立腹して果ては師となり散々痛め付られたり。今日に至るまで世界中に英吉利を咎むる者はなくして唯唐人を笑ふ許りなり。是れ全く唐人が世間見ずにて道理を押立つることを知らざる己が不調法なれば自業自得、誰に向て愚痴の述ぶべきやうもなし。（①二〇―二一）

アヘン戦争によって香港を奪われるという「理不尽」を蒙ったのは中国であるが、しかしここでは「智慧なし」「理不尽」「不調法」は一方的に中国の側にある。このような中国認識は有名な『学問のすゝめ』「初編」（一八七一年）の、丸山眞男によって「福沢のナショナリズム、いな日本の近代ナショナリズムにとって美しくも薄命な古典的均衡[42]」と評された文章でも同様であった。

日本とても西洋諸国とても同じ天地の間にありて、同じ日輪に照らされ、同じ月を眛〔眺〕め、海を共にし、空気を共にし、情合相同じき人民なれば、こゝに余るものは彼に渡し、彼に余るものは我に取り、互に相教へ互に相学び、恥ることもなく誇ることもなく、互に便利を達し互に其幸を祈り、天理人道に従て互の交を結び、理のためには「アフリカ」の黒奴にも恐入り、道のためには英吉利、亜米利加の軍艦をも恐れず、国の恥辱とありては日本国中の人民一人も残らず命を棄てゝ国の威光を落さゞるこそ、一国の自由独立と申すべきなり。

ところがこの「道理」にもとづくナショナリズムの後にも、やはり中国に関する文章が続く。

然るを支那人などの如く、我国より外に国なき如く、外国の人を見ればひとくちに夷狄々々と唱へ、四足にてあるく畜類のやうにこれを賤しめこれを嫌らひ、自国の力をも計らずして妄《みだり》に外国人を追払はんとし、却て其夷狄に窘《くるし》めらる、などの始末は、実に国の分限を知らず、一人の身の上にて云へば天然の自由を達せずして我儘放蕩に陥る者と云ふべし。（③三一―三二）

もっとも丸山も後半部分の問題については注意を払っており、「こうした危機的な思想に本質的に内在する陥穽」として、「彼の対朝鮮および中国政策論が、それらの国の近代国家への推転を促進して共に独立を確保し、ヨーロッパ帝国主義の怒濤から日本を含めた東洋を防衛するという構想から出発しながら、両国の自主的な近代化の可能性に対する絶望と、西力東漸の急ピッチに対する恐怖から、日本の武力による『近代化』の押売りへ、更には列強の中国分割への割り込みの要求へと変貌して行く(43)」と述べている。ここでは、東洋の防衛の構想が先で、その困難が明らかになったのちに「日本の武力による『近代化』の押売り」に「変貌して行く」と理解されているが、本書で見るように、実際はこの二つは同時並行なのである。「唐人往来」の時点では日本はまだ攘夷が吹き荒れる状況であったが、『学問のすゝめ』の時点では、先の引用文の後に「王制一度新なりしより以来、我日本の政風大に改り、外は万国の公法を以て外国に交り、内は人民に自由独立の趣旨を示し、既に平民に苗字乗馬を許せしが如きは開闢以来の一美事、士農工商四民の位を一様にするの基こゝに定りたりと云ふべきなり」という文章が続くように、明治維新以後は日本が西洋の「道理」の側に立ち、中国は「理不尽」のままにあるという構図になっている。これはそもそも福沢のナショナリズムの「構造」だったというのが妥当であろう。

（2）朝鮮の忘却

以上のように、洋学者福沢の始まりから、それでも中国は強く意識されていたが、しかし朝鮮については その存在があたかも忘れられているかのように、著作物の中でほとんど言及されることはなかった。その数少ない言及のうちで最初のものは、ベストセラーになった地理書の『世界国尽《くにづくし》』（一八六九年）である。同書の記述はアジアから始まるが、その冒頭部分は以下のとおりである。

> 圓《まろ》き地球のかよひ路《ぢ》は西の先にも西ありて、まはれば帰るもとの路《みち》、環《たまき》の端《はし》の際限《カギリ》なき「大平《たいへい》海《かい》」の西の方《かた》「亜細亜洲」の東なる我「日本《にっぽん》」を始とし西のかたへと乗出《のりいだ》しその国々を尋《たづぬ》るに、「支那《カラ》」は「亜細亜」の一大国、人民おほく土地広く、みなみに「印度《いんど》」、北に「魯西亜《ろしあ》」、東のかたは「大平海」、瀬戸を隔て、日本国、九州肥前の長崎より「支那」の東岸《ヒガシ》の「上海《じょうかい》」へ海路《うみぢ》僅に三百里、蒸気船の旅なれば十日の暇を費して往《ゆき》て帰るに余《あまり》あり。（②五九二―五九三、ルビは原文のとおり）

ここに見られるように、日本の西隣は朝鮮ではなく「支那」である。福沢が文久二年のヨーロッパ行の際に通過した「西回り欧州航路」のアジア認識とでも言えよう（最初の寄港地は上海ではなく香港だったが）。もっとも、同書には一カ所だけ「朝鮮」が出てくるが、それは巻三「欧羅巴洲」の最後の「魯西亜」に関する記述の末尾であり、そこでは、国の力は日《ひゞ》に増し月に弘る堺の地、北を守て南を攻め西は遥かに「黒海」より裏海の辺の国さかひ近くは「支那《カラ》」の満州も半《なかば》は「魯西亜」に併せられ朝鮮国の堺まで勢《いきほひ》せまる双頭の鷲の旗影《はたかげ》颺《ひらめ》きて其成功を急がぬは雲雨の時を望む龍《りよう》、この行末の有様を今より図り定めんは知者の見《けん》にも難からん。(②六二七―六二八、ルビは原文のとおり)

というように、朝鮮はアジアの国としてではなく、ヨーロッパ最東部のロシアのさらに東に位置して、その侵略に脅かされる国として描かれているのである。

その後、一八七三年の征韓論政変に至っても、朝鮮に関する福沢の文章は見られない。福沢が論説で朝鮮に言及するのは、一八七五年の江華島《カンファド》事件からである。周知のとおり、一八六九年に対馬藩主が朝鮮にもたらした王政復古を通知する書契に「皇上」などの文字があることなどから、朝鮮側がこれの受け取りを拒否するという「書契問題」により、近世を通じて維持されてきた日本と朝鮮の対等な外交関係が途絶した。ところが、一八七三年に日本で政変が起こり、朝鮮でも日本に対して強硬な姿勢を取っていた大院君の政権が倒れて国王の親政が始まると、国交再開の見通しが開けてきた。明治政府は外務省六等出仕の森山茂を釜山に派遣して朝鮮政府との交渉に当たらせたが、一八七五年、またも書契の字句や饗宴での森山の洋服着用などをめぐって交渉が決裂すると、明治政府は軍艦雲揚を朝鮮に派遣した。同年九月、雲揚の艦長井上良馨《よしか》は江華島で朝鮮側を挑発して戦闘し、江華島の南の永宗島《ヨンジョンド》を占領してそこの砲台を破壊した。

高橋秀直によれば、雲揚の挑発の首謀者は「海軍内の征韓派」であろうと推測されるが、その頃成立した大久保利通派・木戸孝允派による明治政府の主流派は、事件への対応として交渉のための大使を朝鮮に派遣することを決定した。その他に考えられ得る対応策は即時出兵と放任であり、平和解決方針に立つ明治政府が即時出兵を採ることはないのはもちろんであるが、もし放任すれば不平士族と軍による征韓論の高揚が予想されるため、交渉決裂の場合の開戦の危険を冒して大使を派遣することに決定したのだという。一方で東京の新聞の論調は主として非戦・放任論だった(44)。

この時、福沢も『郵便報知新聞』一八七五年一〇月七日に、「亜細亜諸国との和戦は我栄辱に関するなきの説」という論説を書いているが、これは全くの放任論だった。その基調は典型的な内治優先論で、日本の現状について「今この国の独立如何の心配ある其源を尋ねるに」「即ち其源因は亜細亜にあらずして欧羅巴に在る」のであり、「虚心平気、以て我国の有様を詳《つまびらか》にし、之を欧米諸国の有様に比して、学問の優劣、商売の盛否、国の貧富、兵の強弱を問はゞ、残念ながら今日の処にて我は未だ彼に及ばずと云はざるを得」ないのであるから、「学問と商売と国財と兵備とは一国独立の元素なれば、彼に対して此物に欠典ありとすれば、我国の独立如何は唯欧米諸国に対して心配あるのみ」というわけである。そのような状況で朝鮮問題は取るに足らないものであった。

朝鮮交際の利害を論ずるには先づ其国柄を察せざる可らず。抑《そもそ》も此国を如何なるものぞと尋るに、亜細亜洲中の一小野蛮国にして、其文明の有様は我日本に及ばざること遠しと云ふ可し。之と貿易して利あるに非ず、之と通信して益あるに非ず、其学問取るに足らず、其兵力恐るゝに足らず、加之《しかのみならず》仮令《たと》ひ彼より来朝して我属国と為るも、尚且之を悦ぶに足らず。(以上、⑳一四六―一四八)

仮に朝鮮から「属国」にしてくれと言われても、それに応じるべきでないという征韓絶対反対論であるが、もっともそれは朝鮮の「主権」を尊重してのものではなく、朝鮮は「一小野蛮国」であるので、そもそも朝鮮と「交際」すること自体に何らメリットがないからである。依然として朝鮮について無関心なのであるが、ただ朝鮮を植民地化しても日本に何ら利益がないというのは、その後の福沢の朝鮮問題に関する一貫した持論となる。

大使として黒田清隆、副使として井上馨を派遣した明治政府は、一八七六年二月に朝鮮政府と日朝修好条規を結び、その第一款で「朝鮮国ハ自主ノ邦ニシテ日本国ト平等ノ権ヲ保有セリ」と規定した。ここにおいて朝鮮が「属邦」であるのか「独立」であるのかという、日本と中国〈清〉の対立の素地ができあがるわけであるが、これについても当時の福沢は特に関心を示した形跡はない。

その次に朝鮮に言及した論説である『家庭叢談』四八〈一八七七年二月四日〉所載の「朝鮮は退歩にあらずして停滞なるの説」は、古代において朝鮮は文字や儒教などの「文明」を日本に伝え、秀吉の出兵の際には海軍において日本は朝鮮に及ばなかったにもかかわらず、江華島事件ののち「親しく彼の状情を見聞するに、軍器の粗漏なる、持論の頑固なる、風俗の野鄙なる、国民の貧弱なる、総て捧腹に堪ゆ可らず」という有様であるが、これは朝鮮の「文明」が「退歩」したためであるという論に対する反論である。

ここで福沢は、任那《みまな》は日本に「入貢」し、新羅の王子が日本に「帰化」し、神功皇后が新羅を「征伐」すると高麗〈高句麗〉と百済が日本に「靡《なび》き従」ったと述べる。ここから福沢は古代の朝鮮は四つに分裂して「小弱」であり、日本が朝鮮から「文明」を取り入れたとしても、それは朝鮮を「威服圧制して」取り入れたもので、しかもその「文明」は「高の知れたる文明」であって、今日日本が欧米から取り入れている「文明」とは較べ物にならないと言う。また秀吉の出兵については、「朝鮮の八道をば席巻したれども、明兵に接しては互に勝敗ありて遂に力を逞《たくま》しふすること能はざりしにあらずや」と、秀吉の軍は実際には朝鮮軍ではなく明軍と戦ったのであると述べ、その当時の朝鮮は「儒書を読み詩文を巧にする者は稍《やや》我よりも多き位の事にて政治も兵力も我れに及ばぬこと分明なり」と断ずる。朝鮮は「退歩」したのではなく、古代以来「少弱」のまま「停滞」しているのだというわけである（以上、⑲六一七―六一九）。

なお、ここで注意しておきたいのは、古代において朝鮮は日本に「入貢」する「属国」だったという歴史認識である。吉野誠によれば、明治維新期の日本政府内の一部には、古代に天皇親政が行われていた時代を、朝鮮諸国が天皇の徳を慕って朝貢してきた理想的な日朝関係の時代とし、王政復古によって天皇親政が回復された以上、朝鮮は天皇に服属すべきであるという「朝廷直交論」にもとづく「国体論的な日朝関係創出」の主張があった(45)。別稿で述べたように、明治初期において福沢の『世界国尽』とならぶベストセラー地理書だった内田正雄の『輿地誌略』は、朝鮮について以下のような歴史認識を提示していた(46)。

此国古代より　皇国に朝貢し百工の技術等を伝へしこと少なからず。又屢々日本より之れを征討せしこと有り。千六百七十年前　神功皇后の親征及び近くは豊太閤の討伐の如きは皆人の能く知る所なり(47)。（空格は原文）

朝鮮は古代から「皇国に朝貢し百工の技術等を伝へしこと少なからず」というのは、福沢が日本は古代に「文明」を「朝鮮を『威服圧制して』」取り入れたというのと符合する。内田の場合、日本の国号を「皇国」としていてよりその度合いが強いのだが、明治初期の洋学者も国体論的な視点で古代の日本と朝鮮との関係を認識していたことが分かるのである。しかし、少なくとも福沢の場合は、その古代の関係を現代に復活させなければならないという「国体論的な日朝関係創出」論に与することは一切なかった。

一八七〇年代後半までの福沢は、朝鮮に関して無関心であり、その基本的な認識は、朝鮮は「一小野蛮国」であるので日本が関わるメリットはないというものであった。これが大きく変わり、朝鮮に対する「政治的恋愛」に陥っていく契機が、次の第一章で見る一八八〇年代初頭の朝鮮人との具体的接触なのである。

註

（1）『福翁自伝』は『時事新報』一八九八年七月一日から翌一八九九年二月一六日まで連載され、同年六月に時事新報社から刊行された。

（2）外務省編『日本外交年表竝主要文書』上、原書房、一九六五年、一五四頁。

（3）竹越三叉「福沢先生」伊藤正雄編『明治人の観た福沢諭吉』慶應通信株式会社、一九七〇年、一二二頁。なお、都倉武之はこの竹越の回想に出てくる事実は「いずれも日清戦争後のこと」であると述べている。都倉武之「福沢諭吉の朝鮮問題」寺崎修編『福沢諭吉の思想と近代化構想』慶應義塾大学出版会、二〇〇八年、一七八頁、参照。たしかに後藤象二郎の朝鮮派遣計画や義和君の留学の受け入れは日清戦争後のことであるが、筆者はその他の事柄を日清戦争後のことに限る理由も特にないと考えている。

（4）都倉武之「朝鮮王族義和宮留学と福沢諭吉」『近代日本研究』二二、二〇〇五年。
（5）竹越三叉前掲「福沢先生」、一二六―一二七頁。
（6）松沢弘陽『近代日本の形成と西洋経験』岩波書店、一九九三年の第Ⅴ章。本書で使用したのは「書物復権」による二〇〇八年の第四刷である。
（7）同右書、三一〇頁、参照。
（8）同右書、三一三頁、参照。
（9）同右書、三二四―三二五頁、参照。
（10）丸山眞男「福沢諭吉の儒教批判」『丸山眞男集』二、岩波書店、一九九六年、一五七頁。
（11）松沢弘陽前掲書、三五二―三六八頁、参照。
（12）松沢弘陽前掲書、三六二頁、参照。
（13）同右書、三八〇頁、参照。
（14）酒井哲哉「日本外交の『旧さ』と『新しさ』」『近代日本の国際秩序論』岩波書店、二〇〇七年（初出は一九九九年）。同「福沢諭吉とアジア」和田春樹・後藤乾一・木畑洋一・山室信一・趙景達・中野聡・川島真編『岩波講座東アジア近現代史』一、岩波書店、二〇一〇年。
（15）酒井哲哉前掲書、二四二頁、参照。
（16）坂野潤治『近代日本とアジア――明治・思想の実像』筑摩書房（ちくま学芸文庫）、二〇一三年（初刊は一九七七年）。同「福沢諭吉にみる明治初期の内政と外交」『近代日本の外交と政治』研文出版、一九八五年（初出は一九八一年）。
（17）坂野潤治前掲「福沢諭吉にみる明治初期の内政と外交」、七四頁、参照。
（18）なお、赤野孝次は坂野の見解を批判し、福沢は「脱亜論」ののちも「欧米列強の流儀にならった対朝鮮政策を主張する従来の立場」を維持していたと述べている。赤野孝次「福沢諭吉の朝鮮文明化論と『脱亜論』」『史苑』五六―一、一九九五年、一九頁、参照。この指摘は妥当であるが、しかし赤野は、その「従来の立場」

がなぜ間もなく「手詰まり状態」に陥ったのか、説明できていない。本書では、すでに「まえがき」で述べたように、その契機をイギリスによる巨文島占領事件に求めて議論を進める。

(19) 酒井哲哉前掲書、二三九頁、参照。

(20) 酒井哲哉前掲書、二四四頁。

(21) その経緯については、平山洋『福沢諭吉の真実』文春新書、二〇〇四年の第五章、参照。

(22) 竹内好「アジア主義の展望」竹内好編集『アジア主義』筑摩書房、一九六三年、四〇頁。同『日本とアジア』筑摩書房（ちくま学芸文庫）、一九九三年、三二七頁。

(23) 竹内好「日本とアジア」『近代日本政治思想講座』八、筑摩書房、一九六一年、二五一頁。前掲『日本とアジア』、二八一頁。

(24) 一冊の書籍となっているものとして、青木功一『福澤諭吉のアジア』慶應義塾大学出版会、二〇一一年の第Ⅰ部・第Ⅱ部所収の諸論稿（初出は一九七〇年代後半から一九八〇年代初）、杵淵信雄『福沢諭吉と朝鮮』彩流社、一九九七年、髙城幸一『政治評論家・福沢諭吉』文芸社、二〇一一年がある。また、韓国での研究では、崔徳寿《チェ・ドクス》「福沢諭吉の朝鮮観研究（Ⅰ）」『民族文化研究』一七、ソウル、一九八三年が福沢諭吉の朝鮮論に関するまとまった研究として最も早い時期のもので、かつ代表的なものである。

(25) 坂野潤治前掲「福沢諭吉にみる明治初期の内政と外交」、五七頁。

(26) 酒井哲哉は、同書の書評において、青木が用いた概念範疇の強い「近代主義」的性格と、青木の「近代性」理解の平板さに言及しているが、これらは同時代の朝鮮近代史研究全般に当てはまるものである。酒井哲哉「書評　青木功一『福澤諭吉のアジア』」『福澤諭吉年鑑』三九、二〇一二年、七二頁、参照。

(27) これについての概観は、茂木敏夫『変容する近代東アジアの国際秩序』山川出版社、一九九七年、参照。

(28) 丸山眞男「福沢諭吉の『脱亜論』とその周辺」丸山眞男手帖の会編『丸山眞男話文集』四、みすず書房、二〇〇九年、参照。

(29) 坂本多加雄『新しい福沢諭吉』講談社（現代新書）、一九九七年の第五章。

（30）田保橋潔『近代日鮮関係の研究』全二巻、朝鮮総督府、一九四〇年。

（31）杵淵信雄前掲『日韓交渉史』彩流社、一九九二年、三五五頁。

（32）田保橋の研究に対する北朝鮮の研究者の典型的な批判として、朝鮮民主主義人民共和国社会科学院歴史研究所編（日本朝鮮研究所訳編）『金玉均の研究』日本朝鮮研究所、一九六八年、二九四―二九六頁、参照。詳細は、月脚達彦「解説」『朝鮮開化派選集』平凡社（東洋文庫）、二〇一四年、二七七―二八二頁、参照。

（33）この点に関して本書が主に依拠した研究成果は、田保橋前掲書、高橋秀直『日清戦争への道』東京創元社、一九九五年、原田環『朝鮮の開国と近代化』溪水社、一九九七年、岡本隆司『属国と自主のあいだ』名古屋大学出版会、二〇〇四年である。

（34）金玉均の伝記として、琴秉洞『金玉均と日本』緑蔭書房、一九九一年、参照。朝鮮開化派について豊富な実証的研究成果をもたらしたのは、本書の文献一覧に掲げられた李光麟《イ・グァンニン》の一連の研究である。

（35）井田進也『歴史とテキスト』光芒社、二〇〇一年、平山洋前掲『福沢諭吉の真実』、平山洋『アジア独立論者福沢諭吉』ミネルヴァ書房、二〇一二年。

（36）平山洋前掲『アジア独立論者福沢諭吉』、一二六頁、参照。

（37）福沢存命中の『時事新報』の社説一覧が福澤諭吉事典編集委員会編『福澤諭吉事典』慶應義塾、二〇一〇年に収録されており、有用である。

（38）平山洋前掲『アジア独立論者福沢諭吉』、一三七頁、参照。

（39）同右書、二四九頁、参照。

（40）平山洋『福沢諭吉』ミネルヴァ書房、二〇〇八年、三三七頁、参照。

（41）松沢弘陽前掲書、第Ⅱ章、参照。

（42）丸山眞男「福沢諭吉選集第四巻　解題」『丸山眞男集』五、岩波書店、一九九五年、二三二頁、参照。

（43）同右、二四一頁、参照。

（44）江華島事件に対する明治政府の対応について、高橋秀直「江華条約と明治政府」『京都大学文学部研究紀要』三七、一九九八年、参照。
(45) 吉野誠『明治維新と征韓論』明石書店、二〇〇二年の第二章、参照。
(46) 詳しくは、月脚達彦「兪吉濬『世界大勢論』における『独立』と『文明』」『東洋史研究』七二―三、二〇一三年、一〇一―一〇二頁、参照。
(47) 内田正雄『輿地誌略』巻二、大学南校、一八七〇年版、二〇―二一丁。

第一章　朝鮮「独立」の東アジア的文脈——一八八〇—一八八四

福沢の思想の核をなす「文明」と「独立」は、一八八〇年代初頭の朝鮮では自明の価値ではなく、特に「独立」は清との関係でタブーに近い言葉であった。本論に入る前に、福沢と朝鮮開化派が接触を本格化させた頃の「独立」に関する朝鮮の官僚の発言に言及して、本書の視点を示す手がかりとしたい。

一八八一年、朝鮮政府は一二人の朝士（王命による視察員）とその随員、総勢六三人からなる朝士日本視察団を派遣する。一行の東京到着は五月二五日であるが、その一部が慶應義塾を訪問し、六月八日に魚允中《オ・ユンジュン》（一八四八—一八九六年）の随員の兪吉濬《ユ・ギルチュン》（一八五六—一九一四年）と柳定秀《ユ・ジョンス》（一八五七年—？）が慶應義塾に入学した。なお尹致昊《ユン・チホ》（一八六五—一九四五年）は中村正直の同人社に入学した。留学生を福沢に預けた魚は、視察終了後ただちに帰国せず、清の天津に向かい北洋大臣李鴻章、天津海関道周馥《しゅうふく》らと会談する。魚はさらに翌一八八二年二月に問議官に任命されて再び天津を訪問したが、その時、周馥との会談で次のように述べている(1)。

ちかごろ日本に行くと、日本人は本邦を指して独立だと言います。私は大声でこの言葉を折り、「自主は可であるけれども独立は非である。大清が有り、これまで正朔《せいさく》を奉ってきたのだから、

どうして独立ということができようか」と言いました。日本人は言い返しませんでした。[2]（原文は漢文）

朝鮮は「独立」であってはならない。これは魚のみならず、当時の朝鮮政府内の一般的な認識である。この魚の発言の文脈については、補足説明が必要であろう。

一三九二年に太祖李成桂《イ・ソンゲ》が開いた朝鮮は、間もなく中国の明と朝貢─冊封の関係を結んだ。朝鮮は中国中心の世界秩序を受け容れ、宗主国あるいは「上国」である明に「事大」（大に事《つか》える）の礼を執る藩属となったのである。ただしこの宗主国と藩属の関係は必ずしも権力的な上下関係ではなく、明は例えば近代の植民地・保護国のように総督や統監などという代表者を藩属に置くこともなかった。その関係は多分に儀礼的なものであり、決められた回数と手続きによる朝貢を行ったり、明の皇帝が定めた暦（正朔）を使用する（奉正朔）などの義務を履行したりしていれば、明は朝鮮の内政・外交に干渉せず、「自主」に任せるのである。朝貢使節の派遣や皇帝の勅使の迎接にともなう経済的負担はあったものの、この関係は大国中国に接する朝鮮にとって、一種の安全保障装置としても機能していた。魚が朝鮮の「自主は可」であるというのは、このような意味においてである。

中国での明清交代に際して、朝鮮は一六二七年に後金の侵入を受け、一六三六年には後金から国号を改めた清の侵入を受ける。朝鮮ではそれぞれ丁卯胡乱《ていぼうこらん》・丙子胡乱《へいしこらん》と呼ぶ。ホンタイジ（太宗）の親征である丙子胡乱での敗北によって、一六三七年に朝鮮国王は降伏の礼を執って明との関係を絶ち、清と事大関係を結んで服属することとなった。清と朝鮮との宗主国─「属邦」の関係、いわゆる「宗属関係」の成立である。一九世紀になって西洋勢力が東漸してくると、朝鮮はこの「宗属関係」を利用して西洋諸国の通信・通商要求を拒絶することになった。「属邦」の朝鮮が「上国」の中国を差し置いて、勝手に西洋諸国と外交することはできないというわけである。(3)

ところが、朝鮮は一八七六年に、近世を通じて「交隣」という対等な外交関係を結んでいた日本と、日朝修好条規という「条約」を結んだ。近代の「条約」は対等な「独立」国同士で結ばれるものであり、この日朝修好条規も第一款で「朝鮮国ハ自主ノ邦ニシテ日本国ト平等ノ権ヲ保有セリ」と規定した。ここでの「自主」について、日本側の理解は多分に independent を含意するものであり、のちに「独立自主」「独立」という言葉に置き換えられることになる。一方で朝鮮側からすると、朝鮮が「属邦」であることと「自主」であることは矛盾しない。魚允中の「朝鮮は自主であっても独立であってはならない」という言は、このような文脈で理解が可能になるのである。

さて、のちに著書『西遊見聞』（一八八九年脱稿。一八九五年に東京の交詢社より発行）で「両截体制」論を展開して、朝鮮は清への朝貢国であっても国際法上の「独立国」であることを論じることになる兪吉濬(4)も、一八八四年に「独立」を唱えて甲申政変を起こす金玉均《キム・オクキュン》も、一八八〇年代初頭の段階でこの一般的認識からどの程度自由だったか疑問である。

一方、朝鮮開化派とのつながりをもった福沢は、朝鮮の「文明」化と「独立」に関する多数の論説を発表していく。その最初が『時事小言』（執筆は一八八〇年末から一八八一年七月二九日）であり、福沢は第四編「国権之事」で、自家を石室にしても隣家が木造板屋であれば「類焼」を免れないと譬えたのち、

今西洋の諸国が威勢を以て東洋に迫る其有様は火の蔓延するものに異ならず。然るに東洋諸国殊

最初の渡日の時の金玉均

に我近隣なる支那朝鮮等の遅鈍にして其勢に当ること能はざるは、木造板屋の火に堪へざるものに等し。故に我日本の武力を以て之に応援するは、単に他の為に非ずして自から為にするものと知る可し。武以て之を保護し、文以て之を誘導し、速に我例に倣て近時の文明に入らしめざる可らず。或は止むを得ざるの場合に於ては、力を以て其進歩を脅迫するも可なり。（⑤一八六—一八七）

という「アジア改造論」を展開した。この「アジア改造論」の実質が「朝鮮改造論」であることは坂野潤治が指摘しているとおりであるが、[5]ここで脅迫してでも進めるべき朝鮮の「進歩」＝「文明」化は、西洋勢力の東漸から日本の「独立」を守るために、近隣の朝鮮の「独立」を守るためのものだった。この段階で、先に見た魚允中の当惑の背景にある「独立」批判の文脈は問題化していない。

しかし、状況はまもなく転換し、福沢も朝鮮開化派も、「独立」の近代東アジア的文脈に対応せざるをえなくなる。一八八二年七月に朝鮮の漢城《ハンソン》（ソウル）で発生した壬午軍乱がその幕開けとなった。福沢は『時事新報』紙上で最強硬の「東洋」政略の論陣を張る。一方、この年初めて日本を訪問して徐光範《ソ・グァンボム》（一八五九—一八九七年）とともに福沢と接触した金玉均は、帰国の途上の下関で軍乱の第一報に接した。金はその後も二度の日本訪問を行い、一八八四年一二月四日に日本公使館と結んだクーデターである甲申政変を起こすのであるが、先に見た魚允中のような朝鮮政府内での一般的認識から「独立」へと金の自国認識が本格的に変化したのは、この期間のことであると思われる[6]。本章では、近代東アジアにおける「独立」の文脈に注目しながら、改めて福沢の「東洋」政略論を読むことによって、福沢の「朝鮮改造論」に関する現在の通説に対して、いくつかの論点を提示してみたい。

1　壬午軍乱の発生と「朝鮮改造論」の展開

(1) 幕末経験とのアナロジーによる朝鮮理解

一八八二年三月一日に『時事新報』(以下、『時事』と略記)を創刊した福沢は、「朝鮮の交際を論ず」(八二・三・一一⑧)で、「朝鮮改造論」を改めて展開する。要点を整理すると以下のとおりである。

第一に、朝鮮に対する認識であるが、日本と朝鮮は一八七六年の日朝修好条規で国交を樹立したものの、日本が「強大」で「既に文明に進」んでいるのに対し、朝鮮は「小弱」で「尚《なお》未開」なため、外交・通商において親密な関係になっていないという。この点については、基本的に「朝鮮改造論」形成以前のものと変わっていない。しかし、朝鮮と交際しても日本に何ら利益はないという認識は変化し、ここでは朝鮮との関係を密接にすべきことが述べられている。

第二に、一八八〇年の修信使金弘集《キム・ホンジプ》[7](一八四二―一八九六年)の日本訪問(後述)が直接の契機となって、朝鮮政府は一八八一年以降、アメリカなど西洋諸国との条約締結の方針を固めるのであるが、この社説はそうした朝鮮政府の方針の変化を察知して、今後、朝鮮が西洋諸国と条約を結ぶに当たって、最初に朝鮮と条約を結んだ日本が、朝鮮の対外関係について「常に其首座を占むるは自然の勢」であると述べている。

第三に、日朝修好条規締結ののち、少数ではあるが日本人が朝鮮に居留することになった現実を受けて、「未開」な朝鮮では、そこに居留する日本人の安寧が保証されないため、「我武威を示して其人心を圧倒し、我日本の国力を以て隣国の文明を助け進め」なければならないと主張している。

第四に、「方今西洋諸国の文明は日に進歩して、其文明の進歩と共に兵備も亦日に増進し、其兵備の増進と共に呑併の慾心も亦日に増進するは自然の勢にして、其慾を逞ふするの地は亜細亜の東方に在るや明」らかなのだから、日本が「亜細亜洲中」の「首魁」「盟主」として「西洋人の侵凌を防」がなければならないという「アジア盟主論」を展開している。

ところで、一八八〇年代前半の福沢の朝鮮理解が、幕末における福沢の経験のアナロジーの上に成り立っているという松沢弘陽の指摘は卓見である。(8) 松沢の議論と重複するが、次にこの点について整理しておきたい。

福沢の「朝鮮改造論」は一八八〇年の朝鮮との出会いを契機に始まっている。一八七六年に日朝修好条規が結ばれたのち、修信使の金綺秀《キム・ギス》一行が日本を訪問したが、その後、日本を訪れる朝鮮人はいなかった。ところが、一八七九年に金玉均の命によって僧侶の李東仁《イ・ドンイン》が日本に密航する。李は一八七九年六月上旬に釜山の東本願寺別院の援助で日本に渡り、京都の本山に滞在したのち、翌一八八〇年四月に東京に移って浅草の東京別院に留まった。今日では、東京で興亜会に出入りしたことや、何如《か》璋《しょう》駐日清国公使を訪問したこと、アーネスト・サトウと頻繁に接触したことなどがわかっているが、(9) つとに『福澤諭吉傳』第三巻は、李東仁は東本願寺の僧侶寺田福寿に依って福沢に面会し、「しばしば先生の門に出入してゐた」と述べている。

李はこの年朝鮮政府が日本に派遣した第二次修信使金弘集とともに帰国するが、福沢は朝鮮の官服を着た金弘集一行（八月一一日東京着）を見て「朝鮮使節渡来」という漢詩を作り、刀を帯びてロンドンの街を闊歩した自らの文久二年のヨーロッパ行を想起した。翌一八八一年の兪吉濬らの慶應義塾入学に際しても、福沢はロンドンにいる小泉信吉《のぶきち》と日原昌造に宛てた書簡（六月一七日付）で、「誠に二十余年前自分の事を思へば同情相憐むの念なきを不得」、「右を御縁として朝鮮人は貴賤となく毎度拙宅へ来訪、其咄《はなし》を聞けば、他なし、三十年前の日本なり」（⑰四五四）と述べており、修信使金弘集一行を見た時と同様に自らの経験と重ね合わせている。[10] 先の「朝鮮の交際を論ず」の要約の一点目は、松沢の指摘する「朝鮮が、日本が今日の日本にいたるまでに走ったと同様の『文明』化の行程を一歩おくれて辿るとする、ある種の同系発展の観念」[11] を反映したものである。

この社説におけるアナロジーはそれにとどまらない。先の要約の二点目についても、

我国に始めて和親貿易の条約を結たるものは亜米利加にして、開国の初より旧幕政府の末年に至るまでは常に交際の首座を占め［中略］今日に在て我国民一般の視る所にては亜国人を重んじて、亜人も亦我国を親しむこと自から他国人に異なる所のものあるが如し。左れば我日本国が朝鮮国に対するの関係は、亜米利加国が日本国に対するものと一様の関係なりとして視る可きものなり。

というように、朝鮮の対外関係において日本が「首座」を占めることの当為性は、日米和親条約以後の日米関係のアナロジーによって説明されている。

また、三点目については、

然るに今日朝鮮在留の日本人に自衛の用意ある歟。我輩必ず其足らざるを信ず。旧幕府の末に浪士の徒と称する者が只管《ひたすら》外国人を敵視して、或は之を途上に暗殺し、或は之を其止宿する所に殺さんとして、既に英国の公使を府下高輪の東禅寺に夜襲したる時の如きは、英人も大に恐れて、爾後は市中を往来するにも護身の用意を厳重にするのみならず、故さらに自国の兵隊を横浜に屯衛せしめたることもあり。

というように、一八六一年の東禅寺事件とのアナロジーで、日本の「武威」による朝鮮の人心制圧を正当としているのである。「朝鮮の交際を論ず」は『全集』「時事新報論集」の朝鮮関係社説では最も古いものであるが、それに先立って『時事』は社説「朝鮮国の変乱」（＊八二・三・九）を掲載していた。「斥和」（攘夷）を主張する大院君派が前年に起こしたクーデター未遂事件である李載先《イ・ジェソン》事件（後述）を論評する内容である。さらに、「朝鮮元山津の変報」（八二・四・二五）では、三月三一日に朝鮮第二の開港場である元山《ウォンサン》で起こった日本人襲撃事件が論評されることになる。

この事件について詳細は不明であるが、『時事』一八八二年四月二七日「朝鮮通信」欄の「元山津の変報」などによれば、同年三月三一日に元山の本願寺別院教場留学生の蓮元憲誠と谷覚立、大倉組元山支店の児玉朝次郎、三菱会社元山支店の大淵吉造と濱手常吉が、遊猟に出かけて遊歩規定外の安辺《アンビョン》に入り、そこで朝鮮人の襲撃を受けて、蓮元が死亡、大淵と児玉が重傷を負ったというものである。(12)

同日同欄の「明治十五年三月卅一日の珍事に付居留民地風説」のほかに、『時事』は五月八日・一三日・二六日・二七日にも「朝鮮通信」欄を設けて、同事件の後日談を掲載している。特に強調されているのは、日本人被害者に取った朝鮮政府の「惨酷無情」な態度（「元山津の変報」）、日本政府による「万国公法」にもとづいた事件に関する厳正な談判の必要性（「明治十五年三月卅一日の珍事に付居留民地風説」）、事件に関連した朝鮮人が官吏に捕縛されて釈放の見返りに賄賂を要求されている「朝鮮人民の惨情」（五月二六日「朝鮮通信」）などであり、おおむねこの事件に関する朝鮮の官民の「野蛮」さが取りざたされている。

幕末の経験のアナロジーによる朝鮮理解の極め付けが漫言「日本極まる」（八二・四・二八⑧）であり、元山の日本人襲撃事件も以下のように徹底してアナロジーのもとに理解されている。

頃日朝鮮より帰朝したる友人某氏に面会して彼の国の事情を問たれば、某は唯答て朝鮮の事情は誠に日本極るとのみ云へり。［中略］日本極るとは日本甚だしの義にして、尚これを注釈すれば日本に似ること甚しの意味なり。而して其日本は今日の日本に非ずして嘉永安政文久の日本なり。［中略］朝鮮の人は礫《つぶて》を投ずるに巧なる由にて、今回元山津の変にも投礫の事あり。我旧幕府の時代にも亜国の公使が江戸の八丁堀を通行のとき、市中の子供が不図これに礫を投じたるが発端にて、無数の野次馬一時に群集して投礫雨の如く飛び、公使は為す所を知らずして松平越中守の辻番所に駆込みたることあり。亜公使は我国にて無事なりしかども、此度の元山は実に一大事変にして、我日本の政府は必ず厳重の談判に及ぶことならん。是れは当然の事なれども、方今彼の国の阿部伊勢守は何人なるや、気の毒千万なる次第なり。

松沢弘陽は、日本の経験のアナロジーが朝鮮への強い関心と共感に結びついて福沢の朝鮮への「政治的恋愛」を生み出したとしつつ、しかしそれがために福沢には「朝鮮について、理解し難い他者に接しているという感覚、自己の理解力についての限界の自覚は見られ(13)」ないと指摘した。後者の指摘も極めて重要な論点ではあるのだが、しばらく前者に絞って議論を進めていきたい。

(2) 壬午軍乱発生直後の対朝鮮強硬論

一八八二年七月二三日、漢城で壬午軍乱が起こる。発端は日本人(堀本礼造少尉)を教官とする新式軍隊(別技軍)の創設によって冷遇された在来軍隊の兵士の反乱であるが、これに漢城の民衆が加わって暴動化して、開国政策を進める閔氏政権の要人の邸宅を破壊し、日本公使館を襲撃した。閔氏政権は倒れ、閔氏政権によって蟄居させられていた大院君が政権に就く。一方、花房義質《よしもと》公使は漢城を脱出して仁川《インチョン》に退避し、イギリスの測量艦に救助されて二九日に長崎に到着、報告書を外務省に打電する。

軍乱発生の報が届くと、『時事』は社説「朝鮮の変事」(八二・七・三一―八・一⑧)を掲げ、その後、清の朝鮮派兵の事実が明白になる八月二〇日以前まで、『時事』は連日のように軍乱への対応策を掲載するのであるが、その要点は「朝鮮改造」の断行であった。

社説「朝鮮の変事」は、まず変事の首謀者は「所謂斥和党と号する朝鮮の頑固党の一類」であり、国王(高宗《コジョン》)の父で「斥和守旧の頑固主義を主張」している大院君が関係していることを示唆する。一方、国王は「開国主義を持する人」であり、朝鮮政府の外交担当者には「時勢柄止むを得ず開国主義の人なきに非」ずという状況だとする。いわば朝鮮の政治勢力の見取図が示されているわけであるが、ここで改めて壬午軍乱に至る時期の朝鮮政府の動向を整理しておきたい。

一八六四年、幼少で即位した国王高宗に代わり、父の興宣大院君（李是応《イ・ハウン》）が実権を握る。大院君政権の対外政策は攘夷政策（「斥和論」）であり、一八六六年に江華島に侵攻したフランス艦隊と戦い、また大同江《テドンガン》を遡航したアメリカ商船を平壌《ピョンヤン》で焼き払った（丙寅洋擾《へいいんようじょう》）。また一八七一年には江華島に侵攻したアメリカ艦隊と戦った（辛未洋擾《しんみようじょう》）。大院君は、「洋夷侵犯するに、戦いを非とするは則ち和なり。和を主とするは売国なり」と刻んだ「斥和碑」を建立した。しかし王妃閔《ミン》氏と対立した大院君は一八七三年に下野させられ、高宗の親政とともに閔氏の一族が政権の中枢を占める閔氏政権が始まる。閔氏政権は、大院君政権時代に断絶した日本との関係を修復し、一八七六年に日本と修好条規を締結した。ただし日本との外交関係の樹立は、かつて徳川幕府と結んでいた交隣関係を明治政府と結びなおしたという位置づけであり、閔氏政権にも西洋諸国と通信・通商する考えはなかった。

ところが琉球の帰属問題で日本との対立を深めるなか、日本が琉球に続いて朝鮮を支配下に置くことを警戒した清の李鴻章は、朝鮮における日本の勢力を牽制するために、朝鮮政府の高官の李裕元《イ・ユウォン》と遣り取りした書簡の中で、西洋諸国との条約締結を勧告する。しかし、李裕元は西洋諸国との条約締結に反対の立場だった[14]。

朝鮮政府の政策転換の直接の契機となったのが、修信使金弘集が東京の清国公使館を訪問した際に何如璋公使から受け取った清国公使館参賛官の黄遵憲《こうじゅんけん》が著した『朝鮮策略』である。『朝鮮策略』は朝鮮に対するロシアの脅威をことさら強調し、朝鮮はロシアの侵略を防ぐために「中国と親しみ」、すでに条約を結んだ日本と問題を起こしてロシアに付け入る隙を与えぬよう「日本と結び」、さらに朝鮮における日本の勢力を牽制するため「アメリカと聯な」るべきことを勧告したものである。復命した金弘集がこれを国王に伝達し、政府内での議論を経て、朝鮮政府はアメリカとの条約締結を決心し、西洋との「開国政策」に転換した。朝士日本視察団の派遣や別技軍の設立もこの開国政策の一環であり、金玉均ら開化派政客の渡日が可能になったのもこの政策転換のためである。

さて、社説「朝鮮の変事」が朝鮮国王は「開国主義を持する人」であり、朝鮮政府の外交担当者に「時勢柄止むを得ず開国主義の人なきに非ず」というのは、この一八八〇年の政策転換を踏まえたものである。一方、大院君とその一派は、開国政策に転じた閔氏政権に反対して再起を図っていた。前掲「朝鮮の変乱」で論評された李載先事件は、大院君派が大院君の庶長子の李載先を擁立して企てたクーデター未遂事件である。

「朝鮮の変事」はさらに、朝鮮在留の日本人の安寧について元山の事件以来『時事』が注意を喚起してきたにもかかわらず、その措置を怠ってきた日本政府、とりわけ井上馨外務卿を批判し、変事への日本政府の対応として、①「特派全権弁理大臣」を任命して「和戦文武の全権」を委任し、軍艦陸兵とともに漢城に進めること、また「朝鮮暴徒」の性質が不明であるので、いかなる状況にも対応できるよう陸海軍の兵力は十分に強大にすること、②清が介入した場合、清に対して開戦すること、③竹添進一郎在天津領事を帰任させ、新任の寺島宗則駐米全権公使を早期に着任させること、④在元山総領事を充員し、元山・釜山《プサン》に軍艦を派遣すること、⑤堀本以下八名の日本人行方不明者を捜索すること、および「逆徒」を討伐・懲戒すること、⑥軍乱平定後の措置として、花房公使に「朝鮮国務監督官」を兼任させ、「開国主義の人」に朝鮮政府を委ねること（「監督官」による朝鮮の国務監督は「短くして六、七年、長くして十数年間」であり、また朝鮮政府の支弁によって護衛兵を漢城に置くというのであるが、これはつまり朝鮮の保護国化である）、⑦朝鮮政府への賠償金の要求は多額を要せず、陸海軍の実費と死者への補償金の数百万円にとどめることを主張した。この「朝鮮の変事」では、先に見たように朝鮮の政治勢力に関する見取図が示されていたが、壬午軍乱発生直後の『時事』社説は、朝鮮の政治情勢に関する情報が以前に較べて詳しくなったことが特徴である。

「朝鮮政略」（八二・八・二一―四⑧）は、「朝鮮の国民頑陋なりと云ふと雖ども、国を挙げて頑民の巣窟に非ず」として、閔氏政権内の政治勢力を「五十歳以上七十歳前後の老人」が占める「保守党」（前出の「頑固党」「斥和党」ではない）と、「壮年の有力者」からなる「改進党」に二分する。後者の筆頭に挙げられた人物の一人が尹雄烈《ユン・ウンニョル》（別技軍の長で、尹致昊の父）で、すでに本書に登場している金弘集・魚允中・金玉均も「改進党」に属するとされる。この社説は「政府全面の権柄は十中の七、八保守党に帰して、改進の主義を達するに路なし」と述べながらも、「王は春秋三十余、意を鋭くして改進進歩の路を取らるゝが為に、改進党の壮年輩も専ら之に依頼して僅に其地位を保」っているとして、「改進党」に望みを掛けている。福沢の壬午軍乱発生直後の「朝鮮改造論」は、軍乱への軍隊派遣を機に朝鮮で「頑固党」「斥和党」（大院君派）を掃討し、さらに政府内の「改進党」を援助して「保守党」中心の政府に替えて新政府を樹立しようとするものだと言える。「朝鮮の変事」はさらに、「開国主義の人」（「改進党」）の政府を「朝鮮国務監督官」のもとに置く朝鮮保護国化構想を掲げていたが、これはその後再び展開されることがなかった。

「朝鮮政略」はまた、朝鮮に戻る花房公使に護衛兵を付けるという井上外務卿の当座の処置を評価しながらも、政府の方針は平和主義であるとした「東京日々新聞の記者」の説を痛烈に批判することによって、間接的に政府を批判した。この強硬策にはそれなりの論理があるのだが、それは幕末日本のアナロジーである。たとえば、「朝鮮政略」は冒頭で「頑固党」（「斥和党」）について、「其頑冥固陋なるは在昔我国の皇学者流が西洋諸国を悪《にくみ》て、其国の人をも一切排攘せんとしたる者の如し。之を要するに彼の暴徒は文明の敵にして、今回我日本政府が此敵に向て責《せむ》る所のものあれば文明の為に之を責るものなり」と批判する。「頑固党」による日本人殺害の報を聞いて福沢の頭をよぎったのは、「在昔我国の皇学者流」、すなわち福沢自身も暗殺の危険にさらされた攘夷派である。さらに、先の東京日々新聞記者に対する批判は、以下のようなものだった。

彼の東京日々新聞の記者が、今回我政府の計画必ず平和に出るならんと伝聞推察したるにや、頻りに平和説を唱へて、前年英仏諸国の公使等が我日本政府に接するに常に平和を目的にしたりとの適例を示したれども、記者は当時の事情を目撃して之を記憶する歟。彼の浪士が英公使館を夜襲したるに付ての談判、又生麦下の関の事変に付て其償金の談判に、公使等が平和の結局を求めたるは相違なきことなれども、其平和を求るの談判に後楯と為りたるものは常に兵士軍艦ならずや。即ち其兵士軍艦は本国政府の伝令を得て我日本海に進来したるものなり。両国交際の変に当て宣戦講和共に兵力の要用なるは、医者が虎列刺《コレラ》病に接して其死亡全治共に消毒薬の要用なるがごとし。

東禅寺事件や生麦事件の談判の際、イギリスも軍隊・軍艦を背景にしていたではないか、というのである。同様の論調は「朝鮮事変続報余論」（八二・八・八―一〇⑧）にも見られ、朝鮮では条約締結国の人民を殺害した大院君一派が政権に就いているのだから、これはあたかも幕府が生麦事件を扇動し、下関の外国船砲撃を声援しているようなものであって、その罪は実際の生麦事件と下関事件に対する幕府の罪の比ではないと述べている。

こうした幕末とのアナロジーに支えられた福沢の対朝鮮強硬論に対応して、慶應義塾に留学中の兪吉濬と同人社に留学中の尹致昊が八月六日に吉田清成外務大輔に太政官宛ての上書を提出する。[15] 概要は以下のとおりである（原文は漢文）。

①「逆賊」の大院君が朝鮮の「国母」（王妃）と自らの父親（尹雄烈）を殺し、さらに日本の「公賓」を殺した（ここで王妃と尹雄烈が殺害されたというのは、当時の新聞の誤報にもとづく兪・尹の事実誤認ではある）。

②大院君の性格は「残酷」で、以前に政権に就いていた時には「人を殺すこと麻の如し」であり、国王に政権を返還したのちも乱暴な輩を引き込んでは人民を騒擾させていたが、政府は国王の父ということで禁制することができず、昨年には李載先事件が起き、遂に今回の事変に至った。

③大院君は朝鮮人民の讐であり、日本にとって討つべき敵であるので、日本が大院君に対して「問罪の兵」を出すことは「義挙」である。

④ただし、日本が「問罪」を掲げて大規模な出兵をすると混乱が起こる恐れがあるので、日本が朝鮮人民の「復讐」を掲げて出兵すれば、朝鮮の「有義の士」が応じて蜂起するだろうから、これは日本の「問罪」と朝鮮人民の「復讐」の一挙両得になる。

⑤「問罪」「復讐」を逆賊たちに告げれば、かれらは国王と王世子に禍を及ぼす心配があるので、日本は一方で大院君に「和意」を表し、もう一方で軍艦を仁川近海に派遣しておき、頃合を見て国王と王世子を救出したのちに大院君の罪を糺すのがよい。

⑥自分たちはこれから下関に行き、そこで帰国途上の金玉均・徐光範と相談するつもりである。

慎重な言い回しをしているが、大院君を讐敵と見なして日本の出兵を是認しており、また日本軍の支援で蜂起する「有義の士」は福沢の言う「改進党」のことであるから、兪・尹連名上書は福沢の「朝鮮改造論」と連動していると言える。

壬午軍乱発生直後の福沢の「朝鮮改造論」に見られる、「文明の敵」（＝「頑固党」「斥和党」）を一国から除去するためには外国の兵を借りても差支えないという認識も、福沢の幕末の経験のアナロジーから説明できるものである。周知のとおり、福沢は一八六六年の第二次長州戦争の時に、幕府に外国軍の導入を建白している。これは、つとに鹿野正直が指摘したように、「長幕の対決よりする内乱状態の長期化にひきくらべ、たとい外国軍隊の力を借りても、内乱をすみやかにおわらせるほうが、外国からの干渉・介入の脅威すなわち植民地化の危機がより少ない[16]」という現実判断にもとづくものである。「建白書」にある「況して此度の御征罰は天人共に怒る世界中の罪人、御誅罰被遊候《あそばれそうろう》御義名実共に正しく」（⑳八）という長州藩に対する認識は、そのまま朝鮮の「斥和党」に適用されているのである。

なお、幕末の外国人襲撃事件の例としてしばしば引き合いに出されている生麦事件は、福沢自身が幕府の翻訳方としてその事後処理の実務に当たった外交案件で、『福翁自伝』でもその苦労談が語られており、福沢が終生語っていたことが推測される。ところで、兪吉濬の著書『西遊見聞』は西洋事情紹介の書であるため日本に関する記述はほとんどないのだが、例外的に第五編「政府の始初」で「日本の風俗は、三十年前までも平民が馬に乗る者が有れば、士族（我国の吏胥のような者）が当場に〔その場で〕斬るが、当然な国法として視て禁制する令が無いのみならず、英吉利国人が主侯〔主侯は即ち各地に世伝する太守である〕の路を犯していると言って、その下吏が一剣にその人を斃《たお》して日本政府が償銀を徴給した事も有り」(17)（原文は国漢文）という日本の「三十年前」のイギリス人殺害事件を紹介している。これが生麦事件であるのは間違いなく、おそらくは福沢の話を聞いて印象に残っていたのであろう。エピソードのレベルではあるが、兪の側も幕末の日本の経験に照らして朝鮮の現状の歴史的段階を理解するようになっていたことがうかがえるのである。

(3) 清の派兵と第一の小挫折

前項で見た社説「朝鮮の変事」で、福沢は壬午軍乱発生直後の段階で清が介入した場合に開戦することを主張していた。しかし、その後の『時事』社説で対清開戦論が展開されることはなかった。福沢が清の介入について確証を得ていなかったのがその理由の第一であるが、理由はそれだけにとどまらない。ここで「朝鮮の変事」における対清開戦論を改めて検討してみたい。同社説の該当部分は以下のとおりである。

看官〔読者〕の熟知せらるゝ如く、過日支那人の加筆起草したる米韓両国の条約案に、朝鮮国は中国の所属たりと強て宣言せしめたる程の支那なるが故に、公法礼儀の何たるを顧ず、此度の変に際し我日本が義に杖《よっ》て朝鮮の不法を責るを見て、自ら憶測を逞《たくまし》くし、傲慢と猜疑の心を以て妄りに我義挙に対して妨礙《ぼうがい》を加へんとするやも知る可らず。斯くの如き場合に至れば、我も亦東方の男子国なり、黙して此暴慢を容赦すべきに非ず。

引用文のうち補足説明が必要なのは、「過日支那人の加筆起草したる米韓両国の条約案に、朝鮮国は中国の所属たりと強て宣言せしめたる程の支那」の部分である。前項で見たように、朝鮮政府は清の勧告のもと一八八〇年にアメリカとの条約締結の方針を決定し、開国政策へと転換した。しかし、条約締結交渉に朝鮮政府は直接参与せず、一八八二年三月末から四月にかけての条約締結交渉は天津で行われ、アメリカ側全権シューフェルト提督との交渉を担当したのは李鴻章とその腹心の馬建忠《ばけんちゅう》・周馥である。朝鮮政府としては、「斥和論」が強い中で宗主国の権威を利用してアメリカとの条約締結に対する反対をかわそうとしたわけであり、また実際問題として朝鮮政府内には英語や国際法に通じた人材がいなかったからである。李と朝鮮政府との調整には領選使として天津に留まっていた金允《キム・ユン》植《シク》（一八三五―一九二二年）が当たった。そこで李は、朝米条約案に「朝鮮は久しく中国の属邦であり、内政外交は自主である（朝鮮久為中国属邦、而外交内政事、宜均得自主）」という「属邦条項」を設けた。西洋との条約に朝鮮が清の「属邦」であることを明記しようとしたわけである。金はこれについて、朝鮮は各国と平等に条約を締結でき、「事大の義」にも背かないので、「自主」と「事大」の「両得」だと賛同した(18)。本章の冒頭で掲げた魚允中の「朝鮮は自主であっても独立であってはならない」という発言も、魚が問議官として金に合流し、清側との調整に加わった時のものである。

「属邦条項」はシューフェルトによって拒否され、五月二二日に済物浦《チェムルポ》（仁川）で「属邦条項」のない朝米修好通商条約が調印される。アメリカとしては「属邦」と条約を結ぶわけにはいかないからである。その代わり、条約締結後に朝鮮国王は、馬建忠が起草した「朝鮮は素より中国の属邦であり、内治外交は向来均しく大朝鮮国王の自主に由る」という照会をアメリカ大統領に送付した。照会の日付には、朝米修好通商条約（およびそれに先立つ日朝修好条規）で用いられた「開国紀年」（太祖李成桂が朝鮮王朝を建てた一三九二年を元年とする年号）とともに、清の光緒年号が併記された。年号においても朝鮮は「自主」の立場で「開国紀年」を用い、「事大」の立場で清の皇帝の年号を奉ることとしたのである。(19)以上が「朝鮮の変事」の言う「朝鮮国は中国の所属たりと強て宣言せしめたる程の支那」のあらましであるが、ここにおいて福沢は、対清開戦論を一旦は掲げながらも、自らの経験のアナロジーでは対処できない清と朝鮮の宗属関係という問題に逢着したのである。

福沢が予想したとおり、清は壬午軍乱に介入する。天津に滞在していた金允植と魚允中の要請を受けてのことであった。清は八月二日に三隻の軍艦とともに馬建忠を朝鮮に派遣し、五日に黎庶昌《れいしょしょう》駐日清国公使を通じて明治政府に朝鮮への兵船派遣を通告するとともに、朝鮮との調停を申し出た。明治政府はこれを謝絶したが、清は九日に黎公使を通じて、出兵して「属邦」を救援するとともに、「属邦」にある日本公使館の保護の任に当たると通告した。朝鮮を公然と「属邦」とした通告にパニックとなった明治政府は対清開戦を覚悟したが、清の側にも対日開戦の意図はなく、対清開戦は回避される。(20)

「大院君の政略」（八二・八・一五―一六⑧）は、清に日朝の調停の意図があり、すでに朝鮮に官員を派遣しているという風聞に言及しながら論を展開しているが、日本が清に対して取るべき具体的対応策については言及がない。

清の朝鮮派兵の事実を確定して論を展開した最初の社説の「日支韓三国の関係」（八二・八・二一、二三―二五⑧）は、清が大院君政権と花房公使との交渉に対してどのような態度を取るか予測できていないが、末尾で「虚妄自大の満清が其虚を忘れて実に自から強大なるものと信じ、今回の事変を奇貨として大に朝鮮の内治外交に立入り、朝鮮国は我属国なり、朝鮮政府は北京政府の別府なり、属国別府に起りたることは本国本府にて処分すること当然なり」と主張した場合、「諸外国人の所視所評もあらんなれば、世界中に我日本の体面を失ふて支那の妄漫を逞ふせしめんよりも、寧ろ彼の所望に応じて戦を開き、東洋の老大朽木を一撃の下に挫折せんのみ」と対清開戦をほのめかしている。しかし、事態が平和裏に収束するか日清開戦に至るかは、「唯清廷の意見如何に在て存するものと知る可し」と結んでおり、この社説は対清開戦を主張するものではなかった。

「支那国論に質問す」（八二・八・二九―九・一⑧）は、前日の社説「竹添大書記官帰京」（＊八二・八・二八）で詳らかにした朝鮮における清側の動向を踏まえたものであるが、清との和戦に関する議論ではなく、李鴻章の日本認識を糺す質問状の形式を取っている。この社説はまず、李はかつて朝鮮の高官に宛てた書簡(21)で、日本は国庫が不足して国債が多く、それを償うため朝鮮と台湾を奪おうとしていると述べたが、たとい日本が窮乏しているとしても朝鮮・台湾を奪って得られる利益はその費用に見合わないため、日本にそのような意図はないと主張した。

次に、李はその書簡で、日本の「琉球廃藩」は朝鮮・台湾併呑の端緒であるとも述べたが、琉球は「数百年の旧国」であっても日本の政令に服してきたのだからその他の藩と異ならず、琉球の「廃藩置県」は正当であるけれども、朝鮮は「独立の王国」なのだから、日本が朝鮮を併呑することはないとして、そもそも日本による朝鮮併呑には国際法上の正当性がないことを強調する。そうして、李がこのような猜疑を朝鮮人に吹き込み、朝鮮人の日本人に対する「嫌忌の念」を煽ったことが今回の事変の一因なのだから、こうした計略によって「東洋の安寧」を害するのは「日支韓三国の不利」であり、さらに今回の事変で清が速やかに三隻の軍艦を朝鮮に派遣したのも不必要なものであると李鴻章を批判した。

最後に、今回の事変における清の行動は、朝鮮よりもむしろ日本を恫喝するものではないかと疑われるが、日本政府の朝鮮政府に対する要求は条約関係（国際法）にもとづく「尋常普通」のもので、清に干渉される謂われはないと、清の朝鮮への軍隊派遣を批判した。

この社説での「琉球廃藩」に関する段は、琉球「両属」論を踏まえると無理な議論だとも言えるが、朝鮮を併呑しても日本に何の利益がないというのは、福沢のかねてからの持論である。朝鮮「属邦」論については最末尾で、「朝鮮為中国属邦《ちょうせんはちゅうごくのぞくほうたり》の論は、今回の事変とは全く別の問題なれば、別に之を論ぜざる可らず。朝鮮果して支那の属邦たる歟。［中略］但し斯くの如くなるときは、従前日韓の条約と名づけたる書面は全く無効のものたる可きが故に、更に日本と支那との条約を改正すること要用なる可し」と、現行の日朝、日清の条約の破棄という強硬な対応も示唆されるが、「兎に角に此属邦論は第二段の事」であるとして深入りせず、日本はあくまでも軍乱の事後処理を日朝の条約関係にもとづいて処理するだけだとして閉じられる。

結局、宗属関係が重大問題として浮上したにもかかわらず、福沢がこの問題に対して明確な態度を示さないまま、八月三〇日に花房公使と朝鮮側全権の間で調印された済物浦条約・日朝修好条規続約の報が伝わった。済物浦条約の内容は以下のとおりである。

第一　今ヨリ二十日ヲ期シ、朝鮮国ハ兇徒ヲ捕獲シ巨魁ヲ厳究シ重キニ従テ懲辦スル事
日本国ハ員ヲ派シテ立会処断セシム。若期日内ニ捕獲スル能ハサルトキハ応ニ日本国ヨリ辦理スヘシ

第二　日本官吏ニシテ害ニ遭ヒタル者ハ優礼ヲ以テ瘞葬《えいそう》シ、以テ其ノ終ヲ厚フスル事
第三　朝鮮国ハ五万圓ヲ支出シ、日本官吏ノ遭害者ノ遺族竝ニ負傷者ニ給与シ、以テ体卹《たいじゅつ》ヲ加フル事
第四　兇徒ノ暴挙ニ因リ日本国カ受クル所ノ損害、公使ヲ護衛スル海陸兵費ノ内、五拾万圓ハ朝鮮国ヨリ塡補スル事
第五　日本公使館ハ兵員若干ヲ置キ警衛スル事
兵営ヲ設置修繕スルハ朝鮮国之ニ任ス
若朝鮮国ノ兵民律ヲ守ル一年ノ後、日本公使ニ於テ警備ヲ要セスト認ムルトキハ撤兵スルモ差支ナシ
第六　朝鮮国ハ特ニ大官ヲ派シ、国書ヲ修シ以テ日本国ニ謝スル事(22)

軍乱の首謀者の処罰（第一条）、日本人被害者に対する補償と賠償（第二条・第三条）、公使館の被害と陸海軍派遣に対する賠償（第四条）、漢城での日本軍の駐屯（第五条）、日本への謝罪使節の派遣（第六条）を朝鮮政府が認めたことに対し、『時事』社説「朝鮮談判の結果」（八二・九・四⑧）は満足の意を表明した。

ところが、その直後に衝撃的な事実が判明してくる。その第一が、八月二六日の馬建忠による大院君の拘束と天津への押送である。当初これは馬が大院君とともに軍艦で北京に向かったという消息として伝わった（「馬建忠大院君を以して帰る」＊八二・九・五）。『時事』は波多野承五郎による「大院君李夏《ママ》［昰］応」（＊八二・九・七―八、一一―一二、一四）を連載し、この事件に関する三つの説を

検討する。第一は大院君が済物浦条約第一条に定められた壬午軍乱首謀者の懲罰規定によって自分が罰せられるのを恐れ、自ら清に奔ったという説、第二は清が大院君を処罰するために馬が大院君を諭して北京に送ったという説、第三は、済物浦条約は大院君の当座しのぎにすぎず、大院君はいったん北京に逃れて日本に対する雪辱を計画しているという説である。別の言い方をすれば、この時点で、①馬建忠が「[朝鮮]国王が[中国]皇帝に冊封されたものならば、一切の政令は王から出なくてはならぬ。[中略]王を欺くのは皇帝をないがしろにするにひとしい[23]」と述べて、皇帝を軽んじたことに対する懲罰という名分で大院君を天津に押送したこと、②軍乱は清軍によって鎮圧されて閔氏政権が復活し、済物浦条約は大院君政権とではなく、馬の斡旋を受けて閔氏政権と締結したものであるという八月二六日以後の事実関係を『時事』は把握できていなかったことを示している。

　しかし事実関係が明らかになってくると、波多野の社説も先の三つの説のうち事実に近い二つ目の説に絞って論評することになる。九月一一日掲載分で波多野は、馬による大院君押送が「若し或者の報ずる如く北京に拘致して李夏応《ママ》反逆の罪を糺さんと欲する者ならしめば、豈に啻《た》だ清国は朝鮮の内治に干渉するの端緒を開くのみならんや。実に其裁判主宰の特権を刧奪して之を北京に行はんと欲する者なり。嗚呼。此報をして真ならしめん乎、鶏林八道の独立は此時よりして滅び、朝鮮王国の政権は此時よりして移らん」と述べている。「若し」という文脈ながらも、ここに朝鮮の「独立」問題が、西洋勢力の東漸ではなく宗属関係問題と明白に結びつけられたのである。

　次いで「不愉快なる地位」(＊八二・九・二六)は、題名のとおり朝鮮「属邦」論に対する不快感を表明したものであるが、ここに至って『時事』は壬午軍乱中の清の動きの全貌を整理し、そのうち「最も不審に堪えざるもの」として七点を挙げた。事実関係を補足しながら内容を紹介すると、第一に、黎庶昌駐日清国公使が「朝鮮為清国所属之邦《ちょうせんはしんこくしょぞくのくにたり》の論」を掲げて日本の朝鮮に対する「問罪談判」を阻止しようとしたこと（先述した八月五日と九日の黎公使の日本政府への通告）への不快感である。第二に、長崎に退避した花房公使が政府の訓令を受けて仁川に戻った時（八月一二日）に、馬建忠が先に朝鮮に到着していたこと（馬の朝鮮到着は八月一〇日）への不快感、第三に、清が追加で軍艦七隻と三〇〇〇の兵を朝鮮に派遣し、漢城の四門を警衛したことへの不快感、第四に、大院君を「北京」に押送し、その諭告文（皇帝が大院君を懲罰するという内容）を公布したことへの不快感、第五に、済物浦条約について、馬が花房に書を寄せて既成の条文の変更を求めたこと（済物浦条約第四条で、朝鮮政府は日本に五〇万円の賠償金を支払うこととしたが、馬は五万円以下にするよう要求した）への不快感、第六に、清軍によって朝鮮の「暴徒」を捕縛したことへの不快感、第七に、大院君はすでに帰国の途にあること（これは事実と異なる）への不快感である。

三点目に述べられた三〇〇〇の清国軍は、軍乱鎮圧後も朝鮮に留まることになった。結局、福沢は壬午軍乱の結末で「属邦」朝鮮に対する「宗主国」清の実力を見せつけられる形になったわけであり、ここに福沢の「朝鮮改造論」は挫折を余儀なくされたのである。[24] 一〇月に入ると『時事』に朝鮮関係社説が掲載されなくなることが、それを端的に物語っている。これが福沢の「朝鮮改造論」の第一の小挫折である。

2　壬午軍乱後における「朝鮮改造論」の再展開と挫折

（1）朝鮮「独立」論の再編

前節の最後に述べたように、壬午軍乱は清軍によって鎮圧された。これによって福沢の言う「頑固党」ないし「斥和党」は決定的な打撃を受け、朝鮮政府は開国政策推進でおおむね一致したものの、清の宗主権は軍事力を背景にして格段に強化され、朝鮮政府も対清協調派が主流となった。ただし、壬午軍乱によって金玉均らが政府内で力を失ったわけではない。むしろ、済物浦条約第六条によって派遣が決められた日本への謝罪使節の全権大臣に弱冠二二歳の朴泳孝《パク・ヨンヒョ》が抜擢され、これに金が顧問格として加わり（徐光範も同行）、さらに閔氏の実力者である閔泳翊《ミン・ヨンイク》も同行しているのである[25]（一行の東京到着は一〇月一三日）。朴泳孝は帰国後に漢城府判尹という要職に任命されているし、朴の帰国後も日本に留まった金も、不在中に清の影響下で設置された外交官庁である統理交渉通商事務衙門（外衙門）の参議に任命されている。また、朴と一緒に帰国した兪吉濬も、統理交渉通商事務衙門の主事に任命され、初めて官職を得ることになる。朝鮮政府が開国政策推進で一致したことによって、開化派も政策推進の担当者として頭角を現したと

朴泳孝．1882年の渡日時に撮影されたものと推測される（鈴木真一撮影「大朝鮮上使　朴泳孝氏像」，新潟県立近代美術館・万代島美術館所蔵）

いうのが正しく、坂野潤治が、『時事小言』執筆の段階で朝鮮国内での金玉均らの立場が悪化しており、「壬午軍乱によって親日＝改革派は政府の要職から排除されてしまった」(26)というのは当たらないのである。

つまり壬午軍乱は福沢の「朝鮮改造論」に挫折をもたらしたのであるが、その一方で朴泳孝の日本派遣を契機に福沢と朝鮮開化派との関係がより密接になったのである。『時事』が朝鮮問題について沈黙を守っていた時期、福沢は新たな「朝鮮改造論」を練り直していたのであり、その新たな「朝鮮改造論」のマニフェストが「東洋の政略果して如何せん」（八二・一二・七―九、一一―一二⑧）、および「牛場卓造〔蔵〕君朝鮮に行く」（八三・一・一一―一三⑧、以下、「造」は「蔵」に改める）であった。いずれも朴泳孝一行の帰国（一二月二七日東京発）に合わせて発表されたものである。

「東洋の政略果して如何せん」は冒頭で、日本は「東洋に文明の魁《さきがけ》を為したるもの」として「三国の文明を謀り、共に文明の賜を与《とも》にして、共に自国の独立を固くし、東方復《ま》た西人の鼾睡《かんすい》を容る丶なきこと」をその責任としているという（「鼾睡」とはいびきをかいて眠ることで、ここでは西洋人が東洋を自家のように見なして振る舞うことを意味する）。これは壬午軍乱以前と同様の「アジア盟主論」であるが、しかし続けて壬午軍乱の際に日本は「飽くまでも平和の主義を重んじて、其目的とする所は唯東洋三国の文明開進に在るのみ」だったのに、清の軍乱への介入によって「我東洋の政略は支那人の為に害しられたりと云はざるを得ず」と述べて、「東洋」の「独立」にとって最も危険なのは、西洋ではなくて清であるという主張を押し出す。そうして日本が「東洋」政略を積極的に推し進める理由として、以下のように朝鮮問題を掲げるのである。

支那と朝鮮と其交際親密なりと云ふと雖ども、二者対等にして親しきに非ず。一方より所属と傲言すれば、一方は臣と称して事《つか》へんとするの情あり。加之《しかのみならず》其親密も永久の親密に非ずして、支那の政略、口蜜腹剣、一旦の機に乗ずれば八道を挙げて本国の版図に入れ、十八省に一を加へて新に高麗省を置くなきを期す可らず。高麗王室の如き、既に其父を執へたり、何ぞ其子に憚る所あらんや。即ち朝鮮の廃国置省なり①。斯る大変動に当て東洋の形勢如何を憶測すれば、大清の西北露国との関係は、其葛藤を引て東辺の高麗省に及ぼし、露廷の政略、西北の所損を東に償はんとて、露艦忽然として元山津に出現するなきを期す可らず②。露人将さに韓鼎《ママ》［廷カ］に指を染めんとす、欧洲他の諸強国にして黙止傍観する者あらんや。（傍線は引用者）

傍線①に見られる朝鮮「廃国置省」論は李鴻章の採る所ではないが[27]、清朝内の一角にあった議論[28]を持ち出し、さらにそれが傍線②のように西洋（ロシア）の朝鮮侵略を招くという二段構えの論である。『時事小言』の「類焼」論は、西洋の直接の朝鮮侵略を警戒する議論だったが、ここではそれと異なり、朝鮮「属邦」論が西洋の朝鮮侵略（「類焼」）を招くという構造になっているのである。そして、

朝鮮の関係に於ても、吾人は固より其独立を妨げざるのみならず、常に之を助けんと欲すと雖ども、支那人が頻りに韓廷の内治外交に干渉して、甚しきは其独立をも危くするの勢に至るときは、吾人は日本国人の本分として支那人の干渉を干渉して之を抑制せざる可らず。即ち我兵備を要するの一点なり。

と、朝鮮の「独立」のための清との開戦を念頭に軍備増強を訴える。こうしてこの社説は、福沢の年来の「官民調和」論に朝鮮の「独立」という論点を追加し、国会開設を待たずとも清との戦争に備えて増税を行うべきだという結論を下すのである。

以上のような壬午軍乱後の福沢の「アジア盟主論」は、それなりの事実関係の調査と分析を踏まえた理論的根拠を有するものだった。この点について、以下、壬午軍乱後の朝鮮の状況変化に関する補足説明を兼ねて論じてみたい。

「東洋の政略果して如何せん」によると、日本が「干渉」すべき清の朝鮮に対する干渉とは、以下の七つである。

①大院君を清に押送し、朝鮮国王に清皇帝の「臣」を称させていること。
②済物浦条約第五条によって日本は公使館保護のための漢城駐兵が認められたが、清は日本兵が漢城にいる間壬午軍乱で派遣した兵を引き上げないと主張していること。
③李鴻章の周旋で招商局が朝鮮政府に「五十万金」を貸与したこと。
④朝鮮と商民水陸貿易章程を結び、清国商人の朝鮮内地通商を認めさせたこと。
⑤仁川港は清国人に独占され、また李鴻章が推薦したドイツ人フォン・メレンドルフを朝鮮政府の顧問とし、仁川の海関に従事させていること。
⑥馬建常（馬建忠の兄）を朝鮮政府の顧問に任命したこと。
⑦招商局が芝罘《チーフー》と仁川との間に定期汽船航路を開く予定であること。
⑧朝鮮の軍制は清国人が伝習しており、朝鮮政府が日本人から伝習を受けるのを禁じたこと。

「支那朝鮮の関係」（＊八三・一・一七―一九）は、清が朝鮮政府に対して以上のような干渉を行う根拠である「朝鮮為中国所属之邦」論を反駁し、朝鮮「独立」論に理論的根拠を与えようとするものである。特に①の朝鮮国王が清皇帝の「臣」を称することは、朝鮮「属邦」論の根幹に関わる問題であり、この社説もこの点を重点的に反駁している。紙幅の関係上詳論は避けざるを得ないが、社説は一六三六年のホンタイジ（太宗）の朝鮮親征（丙子胡乱）以来の清・朝関係史を展開して、朝鮮「属邦」論を〈事実〉によって反駁し、「仮令《たとい》二百五十年の昔に在ては臣と称し属国と称したるにもせよ、爾来二百五十年の間、絶て臣たり属国たるの実を表せず」と結論づける。さらに、馬建忠起草の朝鮮国王の照会「朝鮮は素より中国の属邦であり、内治外交は向来均しく大朝鮮国王の自主に由る」について、「属邦」と「内治外交自主」は矛盾すると述べ、また第一款で「朝鮮国ハ自主ノ邦ニシテ日本国ト平等ノ権ヲ保有セリ」と謳った日朝修好条規に清が同意しているなら、朝鮮が「自主の独立国」であることを清自ら認めていることになると主張し、さらに「中国」が「属邦」を「優待」するものなので他国に「均霑」しないとした商民水陸貿易章程について、その片務的商務委員裁判権と清国商人の朝鮮内地通商権の規定を批判している。(29)

これは、李鴻章（さらに金允植と魚允中）が言う華夷秩序上の「自主」を、近代国際法上の「独立自主」と解釈したもので、両者の議論には噛みあう余地がないが、しかしこの社説には一二年後の日清戦争開戦の際の日本側の論理がほぼ出尽くしており、また近世朝清関係史論としてもこの社説は興味深いものである。こうした朝鮮「独立」論に関する理論的根拠作りは、福沢とその周辺の日本人のみによって行われたとは到底思えない。壬午軍乱後に結びつきを緊密にした朝鮮開化派の政客・留学生との協力によるものだと考えるのが自然である。一方、金玉均らの朝鮮「独立」論も、福沢の壬午軍乱後の「朝鮮改造論」の形成過程と軌を一にして形成されたと考えるのが妥当である。朝鮮側で朝鮮「独立」論を公然と書籍の中で唱えたのは兪吉濬（甲申政変には不参加）の『西遊見聞』第三編「邦国の権利」であるが、その起点はこの時期の福沢との協力に求められるべきである。

（2）文化政策における第二の小挫折

次に、壬午軍乱後の「朝鮮改造論」のもう一つのマニフェストである「牛場卓蔵君朝鮮に行く」の内容を検討する。先の「東洋の政略果して如何せん」に、「我日本国が東洋に在て文明の魁を為し、隣国の固陋なる者は之を誘引するに道を以てし、狐疑する者は之に交るに直を以てし、文を先にして之に次ぐに武を以てし、結局我が政略と我が武力とに由て、東洋の波濤を其未だ起らざるに鎮静するの一法あるのみ」とあるように、この時期の「朝鮮改造論」も「文」と「武」の二本立てで成っている。軍備増強を訴えた「東洋の政略果して如何せん」が「武」のマニフェストだとすると、「牛場卓蔵君朝鮮に行く」は「文」のマニフェストということになる。

朝鮮「独立」論は壬午軍乱後に明治政府も採用したものであるが、しかしそれをめぐる清との開戦は回避するという消極的でかつ矛盾したものだった。井上馨外務卿の立場はさらに消極的で、清の朝鮮「属邦」論が名分論にとどまるなら容認するのもやむを得ないというものである。また、「文」による朝鮮政府への援助にしても、井上は清との葛藤を恐れて慎重であった。福沢の立場は山県有朋の積極論に近い(30)。

さて、「牛場卓蔵君朝鮮に行く」は、門下生の牛場卓蔵（高橋正信、井上角五郎も同行）が朝鮮政府に招かれて朴泳孝一行とともに朝鮮に赴いたのに際し、かれらが朝鮮で行う文化事業に期待を表明する社説である。ここで福沢は、朝鮮の「数百年の沈睡」の原因として、日本の蘭学・洋学の伝統が朝鮮にないことを挙げる。日本では嘉永年間のアメリカ艦の来航に際して「一時の騒擾実に名状す可らざるもの」があったが、蘭学者は西洋の事情を知っていたためこれに騒がず、その後も西洋によく学んだために新政府を開国主義に転じさせることができたのに対し、朝鮮の現状は「正に我百余年前、延享明和の時代に等しきものと云ふて可なり。或は其開国以来斥攘論の盛なるは、我嘉永以後慶應年間の事情に等しと云ふも可ならん」というのである。

ここでも日本、さらに洋学者福沢自身の経験のアナロジーで朝鮮を理解している。そうして、「闔《こう》国《こく》「国中に」一士人のよく洋書を読む者あるを聞か」ない朝鮮の「固陋」を内から開くために、「慶應義塾に於て洋学を勉め」た牛場の文化事業に期待を表明するのである。その文化事業の目的は、社説の末尾で「啻に朝鮮の独立をして堅固ならしむるのみならず、尚進て支那の本国に及ぼし［中略］共に文明の賜を与にして東洋全面の面目を改めんこと」にあると述べているように、朝鮮の「独立」にあった。もちろんこの主張は明治政府の消極策とは異なり、清との葛藤につながるものである。社説中に「学者と政治家の分業」という文言があるが、福沢は「文」について自らが朝鮮に対して積極策を担いつつ、「武」については山県ら陸海軍の積極策に期待していたのであろう。

牛場が朝鮮で行う文化事業は新聞の創刊であった。帰国後漢城府判尹に任命された朴泳孝は漢城府新聞局を開設し、兪吉濬がその「章程」を漢文で、新聞「創刊辞」を国漢文、つまりハングル・漢字混じり文で起草した。朝鮮において政府の公文や士大夫が公的に書く文章は漢文である。その朝鮮で政府が発行する新聞に「国文」を使用することは、画期的なことであった[31]。

ところで、『時事』が兪の「新聞の気力を論ず」（八二・四・二一）という寄書を載せていることは都倉武之が指摘しているとおりである。(32) 福沢がその「世俗文」に強い自負心をもっていたことは、「福澤全集緒言」でその考案の苦労談とともに語っているところである。主著『西遊見聞』でも用いられる兪の国漢文は、基本的に福沢の「世俗文」の翻訳体であるが、「文」による「朝鮮改造」を目論んでいた福沢が、朝鮮でも自らの「世俗文」を応用して新聞を発行させるため、留学中の兪に「世俗文」で習作させたという推測が可能だろう。しかし、四月に朴が漢城府判尹の職を解かれると、国漢文による新聞の創刊は頓挫した。(33) 真相は不明であるが、清の影響下で日本の支援による文化事業が困難を極めたことは確かである。(34) 牛場と高橋は五月に帰国した。なお、陸軍戸山学校に留学する徐載弼《ソ・ジェピル》（一八六六―一九五一年）はこれに同行して日本に渡った。残った井上角五郎の関与のもとで『漢城旬報』が一〇月三一日付で創刊されたが、これは専ら漢文で書かれた。(35) 後年の井上の評価とは異なり、福沢の文化政策の第一弾は挫折したのである。「朝鮮改造論」の第二の小挫折である。

一方、金玉均が朴泳孝一行に遅れて帰国したのは一八八三年三月であるが、直後にまた日本に渡り、六月二八日に東京に到着した。この三度目の訪日の目的は日本からの三〇〇万円の借款の導入であり、金は翌一八八四年四月末まで日本に留まる。『時事』は一八八三年六月初めに「朝鮮の政略の急は我資金を朝鮮に移用するに在り」（八三・六・一⑨）、「日本の資本を朝鮮に移用するも危険あることなし」（八三・六・二⑨）、「朝鮮国に資本を移用すれば我を利すること大なり」（八三・六・五⑨）を掲げて、まずは朝鮮に資金を与えて「蒸気船車、電信、郵便法の如き文明の実物」を知らしめ、その後に「学問を以て彼の不明を開くの誘導法」を用いることを主張している。これは金の目的達成を背後で援助しようとするものである。ただし、三〇〇万円という金額は朝鮮政府の歳入に匹敵するもので、もとより実現性は薄く、金が用意した担保(36)もその能力が不足しており、朝鮮への資金提供は実現せず、金の目的も挫折するのである(37)。金はその原因を日本政府の妨害のためだと見なし、『甲申日録』（後述）で井上馨外務卿を非難することになる。

その後の『時事』には「朝鮮改造論」に関連する社説がほとんどないが、数少ない中で特に注目されるものは、朝鮮と同様に清の「属邦」であるベトナムが、一八八三年八月のフエ（アルマン）条約によって「安南為中国之属邦《あんなんはちゅうごくのぞくほうたり》を変じて、安南為《あんなんは》仏蘭西《フランス》之保護国《のほごこくたり》とな」ったという「安南朝鮮地を換へば如何なりし歟」（八三・一〇・二二⑨）である。この社説によれば、フランスの安南侵略の起点は一八六七年のコーチシナ西部三省の占領であるが、この年は宣教師殺害事件の問罪のためフランス艦隊が朝鮮の江華島《カンファド》に侵攻した年でもあった（実際は一八六六年のいわゆる丙寅洋擾）。同じ年にフランスの侵略を受けていながら、朝鮮が「独立」を保ち安南が失ったのは、朝鮮が安南より「一歩東洋に僻在」しているため一八六七年の段階でフランスの「蒸気電信」という「文明力」が朝鮮まで及ばなかっただけで、もしフランスの「文明力」が一八六七年に朝鮮近海まで及んでいれば、朝鮮も「第二安南国」になったかもしれないという。ましてやその後「西洋の文明力」は格段に進歩しているのだから、「我輩東洋人が今後心事の多忙なる、亦前日の比に非ざるべきなり」と述べて、朝鮮「属邦」論が西洋の朝鮮侵略（「類焼」）を招くという主張に臨場感を与えようとしているのである。「脱亜論」の背景にあるアジアの現状認識は、この社説で述べられたそれの直接的延長線上にあることがわかるだろう。

ベトナムをめぐって清仏の対立が強まる中、「日本は支那の為に蔽はれざるを期すべし」（八四・三・五⑨）は、日本は「嘉永開国明治維新」以来西洋文明を学んで「亜細亜洲中」の「第一流の国」

となったが、日本より「土地広く人民多く物産豊かに、又外交事件の広く大」な清のほうが、とかく西洋人に「見栄えをする国柄」なので、日本人はますます「文明」化と貿易と国権拡張に努めて「支那の為に蔽はれ」ないようにしなければならないと主張した。一方、金玉均が三度目の日本滞在を終えて帰国するのは四月末であるが、「眼を朝鮮に注ぐべし」（八四・四・二二⑨）は、清が大院君を帰国させるとともに「監国使と称する者を朝鮮に派遣するとの世評」によって、「朝鮮独立論の如きは京城中全く其跡を収めて聞る所なし」と述べて、朝鮮「独立」論が危機的状況にあることを強調する。さらに、「東洋の波蘭《ポーランド》」（八四・一〇・一五―一六⑩）は、フランスの宰相の筆になるという清仏戦争後の「支那帝国分割案」なる得体の知れない文書を掲載して「東洋」の危機を露骨に煽り、日本も西洋列強と同列に立って清の分割に加わるとする「支那帝国分割之図」を掲げる。

ここで詳論する余裕はないが、金玉均の三度目の日本滞在中に、福沢と金との間で行き詰りを打開するための朝鮮政府の武力改革について、後藤象二郎を交えて何らかの合意がなされたことは確実である。[38]上述した『時事』の論調から見て、福沢は西洋人の日本と清に対する認識を逆転させるため、清仏戦争に際して清が一八八四年四月に朝鮮駐屯の軍隊の半数を引き揚げた機に乗じて、朝鮮「属邦」論の最終的解決を決意したものと思われる。おそらく条約改正交渉も念頭にあったと思われるが、これについては後述する。ただし、『福澤諭吉傳』は井上角五郎の証言を引用して福沢が日本刀などを金らに送っていたと述べているが、[39]福沢が甲申政変の準備の過程に直接に関与したかどうかは、率直に言って分からない。少なくとも同時代史料でそのような事実は確認できないのは確かである。

また、金玉均が日本亡命後に著した『甲申日録』では、竹添進一郎公使が政変の計画過程で金玉均と意を同じくして、相当の援助の言質を与えたことになっているが、後述するように、『甲申日録』

がわざと事実を曲げていることについては、つとに指摘されているとおりである。実際に竹添がどれほどの協力の言質を金に与えたのか、あるいは言質そのものを与えなかったのかという問題、さらに竹添は一一月一二日に、清との衝突を避けずに金ら「日本党」を扇動すべきか、清との衝突を避けて「日本党」を保護するだけにとどめるか、政府に請訓していたのにもかかわらず、これへの回訓を待たずに政変への関与に踏み切ったことの不可解さについても、つとに田保橋潔によって疑問が提示されているのであるが(40)、本書では触れる余裕がない。史料にもとづいて事実関係を確定することが、極めて困難であることだけは確かである。

(3) 甲申政変後の第三の小挫折

一二月四日夜、洪英植《ホン・ヨンシク》が主管してきた郵征総局(41)の開設祝賀宴に乗じて金玉均らがクーデターを起こした。実行部隊が郵征総局近隣の民家に放火して混乱を生じさせ、祝賀宴に出席していた閔泳翊を切り付けたが、閔は一命をとりとめる。金玉均・朴泳孝らは王宮を占拠して国王を確保し、『甲申日録』によれば、国王から「日本公使来護朕」という勅書を取り付け、これを日本公使館に届けさせた。竹添進一郎公使は、国王から護衛の要請があったとして公使館警備隊一五〇人とともに王宮に入る。一方、金玉均らは袁世凱によって編成されていた朝鮮の軍隊である四営の長のうちの三人、すなわち韓《ハン・》圭稷《ギュジク》(前営使)・李祖淵《イ・ジョヨン》(左営使)・尹泰駿《ユン・テジュン》(後営使)を殺害した(残る右営使には閔泳翊が就いていた)。また変報を聞いて駆け付けた、閔台鎬《ミン・テホ》・閔泳穆《ミン・ヨンモク》・趙寧夏《チョ・ヨンハ》の閔氏政権要人を殺害した。

そうして新政府が組織され、金玉均の『甲申日録』によれば、この新政府は全一四カ条からなる新政府の政治綱領を策定した。その第一条は、天津に押送された大院君を早急に帰国させ、「朝貢の虚礼は議して廃止を行う」という「独立」に関するものだった。ところが六日に呉兆有・袁世凱らが率いる清軍一五〇〇人が介入して戦闘となり、竹添が撤収を決定すると新政府は崩壊した。七日、竹添は漢城から仁川に撤退し、同行した金玉均・朴泳孝・徐光範・徐載弼らは日本に亡命する。なお、日本軍の撤収後も国王に付き従った洪英植は、清軍によって殺害された。漢城の日本公使館・兵営は放火され、日本の軍人、漢城在住の日本人に死者が出た。福沢の「朝鮮改造論」の第三の小挫折である。

甲申政変の事後処理として明治政府が立てた方針は、朝鮮に対しては竹添の内政干渉を否定して、逆に日本側の被害に対する処罰と賠償、国王の謝罪を要求し、清に対しては朝鮮からの日清両国の撤兵、日清衝突の清側責任者の処罰を要求するというものである。朝鮮との事後処理は一八八五年一月九日調印の漢城条約、清との事後処理は四月一八日調印の天津条約でなされることになる。

さて、甲申政変の報を受けて福沢が『時事』紙上で取った措置は、政変への日本の関与を否定することであった。『時事』が最初に政変について詳論した社説「朝鮮事変」(八四・一二・一五⑩)は、政変以前の朝鮮の政治情勢を「独立党」と「事大党」の対立と説明し、今回の事変は「独立党」と「事大党」の軋轢によるもので、「独立党」が先に手をだしたのだろうと推測する。この社説で福沢が強調するのは、金玉均ら「独立党」が世間で「日本党」と呼ばれることについて、これはかれらが日本に来たことがあるからというだけで、

日本国が朝鮮に対するは唯国と国との交際なれば、固より彼の国事に参《あずか》る可きに非ず。況や其朝臣等の間に行はるゝ内部の情実に於てをや、断じて我国の知る所に非ず。故に仮令《たと》ひ其中の誰れ彼れが日本党と云はるゝことあるも、唯偶然の名にして、彼の国形の実際に於ては事大党と独立

党と二派あるに過ぎざるなり。

というように、「独立党」と日本は無関係だということである。翌々日の「朝鮮国に日本党なし」（八四・一二・一七⑩）も再度この点を強調した。

一方「支那党」＝「事大党」については、清が朝鮮を「属邦」視している以上、「今朝鮮国内に於て支那党の名あるは至極相当なる唱《とな》へにして、支那政府が朝鮮の内政に干渉して其干渉を悦ぶ者なれば即ち支那党ならん」と「支那」と朝鮮の一体性を強調するのである。これは取りも直さず、政変に対する竹添および福沢自身と井上角五郎ら門下生の関与を否定する意図によるものである。こうして朝鮮問題に関する積極論としての「朝鮮改造論」は撤回され、むしろ朝鮮問題において日本は被動者だという点が強調されるようになる。

「朝鮮事変の処分法」（八四・一二・二三⑩）は、竹添の帯兵入闕は朝鮮国王の依頼によるものであり、一方で日清の衝突で先に発砲したのは清軍側であり、日本公使館を放火し日本人を殺害したのは清兵と朝鮮兵であるとして、事変において「支那と朝鮮とは致害者にして、日本独り其被害者」という構図を作り上げ、「実に支那人朝鮮人の乱暴狼藉は我輩の曩《さ》きに想像したるものよりも遥かに大にして、我日本人の蒙りたる恥辱と損害とは我輩の想像したる所よりも又更に大にして且つ広」いと述べて、この事変は壬午軍乱以来の日本の屈辱であるとする。この社説での清に対する要求は、日清両国の朝鮮撤兵ではない清の単独撤兵と、賠償金二〇〇〇万円の支払いであった。

明治政府は朝鮮政府との談判のため井上馨を特派全権大使に任命するが、井上が一二月二一日に出発した後、『時事』の甲申政変に関する社説は、もっぱら清に対する強硬論となる。「戦争となれば必勝の算あり」（八四・一二・二七⑩）は、朝鮮政府に日本側の要求を貫徹させると同時に、「我兵は海陸大挙して支那に進入し、直ちに北京城を陥れ、皇帝熱河《ねっか》に退き給はゞ熱河に進み、如何に剛愎の支那人も詮方尽きて止むを得ず我正当の要求を承諾して低頭其罪を謝せしむるの所置を為さゞるべからず」と対清開戦を唱える。ただし、これは単なる対清開戦論ではなく、

支那と戦ひて勝たざれば、我日本は自今永く支那の凌辱を蒙るのみならず、世界各国のために軽侮せられ侵凌せられ、到底国の独立を維持すること能はざるべく、これに勝てば我日本の国威忽ち東洋に燿くのみならず、遠く欧米列強の敬畏する所となり、治外法権の撤去は申す迄もなく、百事同等の文明富強国として、永く東方の盟主と仰がるゝなるべし。

とあるのを見れば、前掲「日本は支那の為に蔽はれざるを期すべし」に見られた、「朝鮮改造」による日本の国際的地位上昇の主張を、甲申政変の失敗によって、対清開戦による地位上昇の主張に変えて論じたものであることがわかるであろう。ここで日本を「永く東方の盟主と仰」ぐのは、「東洋」の国ではなく「欧米列強」である。

ただし、「戦争となれば必勝の算あり」の対清開戦論が、果たしてどこまで本気の主張なのかははなはだ疑わしい。都倉武之は、「今回之一条ハ結局平和を以て我が体面を蔽ふこと難し、無茶ニも兵に訴へて非を遂るの外なしと存候、時事新報抔《など》ニも専ら主戦論を唱へ候事なり、新聞紙面と内実とハ全く別ニして我非を蔽はんと〔す〕るの切なるより態《わざ》と非を云はず、立派ニ一番ニ戦争ニ局を結て、永く支那人ニ対して被告之地位ニ立たんとしたるもの、み」という内容を含む一八八五年四月二八日付

田中不二麿宛福沢書簡をもとに、『時事』の対清開戦論を「国内外の世論誘導」のためのものだったと述べている(42)。都倉によれば、その「世論誘導」とは、甲申政変失敗後に予想される清の朝鮮に対する干渉強化に備えて、朝鮮政府を清から離反させるための対外的な「世論誘導」、また日本政府に清への強硬な態度を取らせるための対内的な「世論誘導」であるが、この二点についてはそのとおりであろう。

ただし、もう一点考えておかなければならないのは、条約改正との関連である。「戦争となれば必勝の算あり」も「治外法権の撤去」に言及しているが、三月七日社説「条約改正と北京の談判」(※)は題名のとおり、清との談判の成否と条約改正の成否を直接的に結び付けて論じている。甲申政変の事後処理に関して福沢の一番の力点は、田中不二麿宛書簡にも「我非を蔽はんと〔す〕るの切なるより態《わざ》と非を云はず」とあるように、甲申政変への日本人の関与の否定であったことはこれまで見てきたとおりである。もし甲申政変が日本の朝鮮に対する「文明」化と「独立」の支援でなく、国際法に違反する内政干渉で、しかも朝鮮で日本が清に敗北したとなっては、「日本は支那の為に蔽はれ」て、日本の国際的な地位上昇にダメージを与える。そのため、福沢は甲申政変において日本に非がなく、非があるのは朝鮮を「属邦」視する清であって、日本はその被害者であるということを内外に示そうとした。「日本は支那の為に蔽はれざるを期すべし」以来の国際的地位上昇の主張が、条約改正に向けた国内外の「世論誘導」という意図を有しており、「開戦となれば必勝の算あり」も、「日本は支那の為に蔽はれざるを期す」という国際的地位上昇のための主張なのである。

一月九日調印の漢城条約で朝鮮側が国書による謝罪、賠償金の支払い、日本人死傷者への補償、公使館再建費の負担などを認めると(43)、「朝鮮丈けは片付きたり」(八五・一・一三⑩)はそれに満足の意を表した。ところが朝鮮で「独立党」残党が処刑されると、「朝鮮独立党の処刑」（八五・二・二三⑩）は、「独立党」が「事大党政府」によって残酷に処刑されたのみならず、その父母妻子まで絞罪に処されたことを挙げて、「我輩は此国を目して野蛮と評せんよりも、寧ろ妖魔悪鬼の地獄国と云はんと欲する者なり」と述べたのち、

我輩は朝鮮国に対し、条約の公文上には固より対等の交際を為して他なしと雖ども、人情の一点に至ては、其国人が支那の羈軛を脱して文明の正道に入り、有形無形一切の事に付き吾々と共に語りて相驚くなきの場合に至らざれば、気の毒ながら之を同族視するを得ず。（傍点は引用者）

と憤慨する。「脱亜論」（八五・三・一六⑩）は「支那朝鮮」を区別して論じていないが、これまでの『時事』の論調を踏まえると、それは甲申政変で日本と「支那朝鮮」は被害者と加害者の関係だとする主張に即して両者を区別していないだけで、「脱亜論」の内容は、日本の国際的地位が清より上であることを西洋諸国に認めさせるという清に関連する主張と、「朝鮮改造」を担うはずだった「独立党」が無残に処刑されたことに対する朝鮮に関連する憤懣に分けることができるのである[44]。別の言い方をすると、「脱亜論」は甲申政変後の状況的発言と、前年来の「東洋」政略論の残滓と、掲載直前の福沢の感情が混淆している文章なのである。

もとより三月一六日の時点で甲申政変の事後処理は済んでいない。「脱亜論」の後も『時事』は朝鮮関係社説を掲載し続けるのであり、たとえば「朝鮮国の独立」（＊八五・四・二）は「朝鮮人も亦両間の人類にして一国の国民なり。国民にして其国の独立を欲するは殆ど其天性とも名く可きものな

れば［中略］昨年の禍乱は誠に禍乱なりしと雖ども、之に由て事大党の首領を除くと共に、事大の気風をも一変し始めて国民独立の精神を発動して其本色を現はすの端を開きたるは、彼の国のために謀て転禍為福と称す可きのみ」というように、「朝鮮改造論」の再展開を予告するものだった。「脱亜論」を「朝鮮改造論」の「敗北宣言」と言うわけにはいかないのである。

四月一八日に伊藤博文と李鴻章の間に調印された天津条約は、以下の条文からなっている。次に全文を引用しておく。

一議定ス、中国朝鮮ニ駐紮スルノ兵ヲ撤シ、日本国朝鮮ニ在リテ使館ヲ護衛スルノ兵辨ヲ撤ス、書押蓋印ノ日ヨリ起リ四箇月ヲ以テ期トシ、限内ニ各々数ヲ尽シテ撤回スルヲ行ヒ、以テ両国滋端ノ虞アルコトヲ免ル。中国ノ兵ハ馬山浦ヨリ撤去シ、日本国ノ兵ハ仁川港ヨリ撤去ス

一両国均シク允ス、朝鮮国王ニ勧メ兵士ヲ教練シ、以テ自ラ治安ヲ護スルニ足ラシム。又朝鮮国王ニ由リ他ノ外国ノ武辨一人或ハ数人ヲ選傭シ、委ヌルニ教演ノ事ヲ以テス。嗣後日中両国均シク員ヲ派シ、朝鮮ニ在リテ教練スル事勿ラン

一将来朝鮮国若シ変乱重大ノ事件アリテ、日中両国或ハ一国兵ヲ派スルヲ要スルトキハ、応ニ先ツ互ニ行文知照スヘシ。其ノ事定マルニ及テハ、仍即チ撤回シ再タヒ留防セス(45)

朝鮮からの清の単独撤兵ではなく日清同時撤兵を規定し、また清側の処罰と賠償に何等言及していない。それまでの福沢の主張からすると満足できる内容ではないのであるが、しかし天津条約の調印とほぼ同じ頃、福沢が朝鮮問題から手を引かざるをえない状況が生まれた。アフガニスタンでの英露

対立に端を発してロシアが朝鮮の済州島《チェジュド》を占領し、これに対抗してイギリスが朝鮮南端の巨文島《コムンド》を占領するという風聞が伝わってきたのである（「英露の挙動、掛念なき能はず」八五・四・一三⑩）。

詳しくは次章で検討するが、この時福沢の頭をよぎったのは一八六一年のロシア軍艦による対馬の一部占領（ポサドニック号事件）であり、福沢はロシアが済州島ではなく対馬を占領するのではないかと推測した（「対馬の事を忘る可らず」八五・六・二四⑩）。実際は四月中旬にイギリスがまず巨文島を占領するのであるが、こうして『時事小言』以来の「類焼」論がいざ現実味を帯びると、朝鮮問題に積極的に関与することが、ロシアとの対決につながりかねなくなり、完全に行き詰った福沢は「巨文島に関する朝鮮政府の処置」（八五・六・二七⑩）で、

今日朝鮮の為めに謀て最も良策なるべしと思はるゝものは、先づ露国と全く其の利害を異にし、露国が朝鮮を取るが為めに最も損害を被むるべき国にして、又能く露国に抗敵するに足る程の力を有する国に向て其保護を求め、苟も自国の独立と両立する限り迄は、力を尽して其歓心を求むるの一策あるべきのみ。

と述べて、朝鮮はイギリスのある種の保護国になるべきだと主張する。一八六一年のロシア軍艦による対馬占領事件が、イギリスのロシアへの圧力で収束したことを踏まえての主張であろう。

「朝鮮人民のために其国の滅亡を賀す」（八五・八・一三⑩）および同社説による『時事』の発行停止のため掲載されなかった「朝鮮の滅亡は其国の大勢に於て免る可らず」（⑩）は、朝鮮に波及した英露対立を受けて、朝鮮がイギリスによって「滅亡」させられるべきことを述べたもので、この二つ

の社説を機に福沢は「朝鮮改造論」を放棄し、その後の『時事』に日清戦争前夜まで朝鮮関連社説の掲載がほぼ皆無になるのである。

最後に本章での考察をまとめて、次章以下での考察の展望を示しておきたい。

『時事小言』に始まる福沢の「朝鮮改造論」は、一八八〇年の朝鮮との出会いを契機に形成されたが、これは福沢自身の幕末の経験のアナロジーによる朝鮮理解を基盤としていた。そこでの朝鮮の「独立」は、西洋勢力の東漸からの「独立」という水準のものだった。福沢は壬午軍乱の発生を契機に、「朝鮮改造」を実行に移そうとしたが、その背景には結びつきを強めた朝鮮開化派から得た朝鮮の状況に関する理解の深まりがあった。また、兪・尹連名上書に見られるように、朝鮮開化派の側も福沢の「朝鮮改造論」と歩調を合わせて朝鮮の改造を主張した。

壬午軍乱が清軍によって鎮圧され、清の朝鮮に対する宗主権が強化されると、福沢の「朝鮮改造論」は挫折した。しかし、朴泳孝一行の渡日を機に朝鮮開化派との関係がより強まると、福沢は清の朝鮮「属邦」論が西洋の朝鮮侵略を招くという認識にもとづいた新たな「朝鮮改造論」を形成した。朝鮮開化派（「独立党」）の朝鮮「独立」論も、この時の福沢との協力のもとに形成されたものと推測される。しかし、一八八三年初頭から実行された「朝鮮改造論」も行き詰りを見せる。甲申政変は清仏の対立という状況を利用して行き詰りを打開しようとするものだったが、福沢には朝鮮「独立」を支援することで、日本の国際的地位を上昇させようとする目論見があった。

甲申政変が失敗すると、福沢は「朝鮮改造論」を撤回し、日本は被害者として朝鮮・清に対して要求を貫徹することを主張した。「脱亜論」は撤回したはずの「支那分割」に乗じた「朝鮮改造論」の残滓と、甲申政変後の状況的発言と、発表直前の感情が混淆した文章であった。ところが、巨文島事件によってロシアの脅威が高まると、福沢の「アジア盟主論」にもとづく「朝鮮改造論」は最終的に挫折した。強いて「敗北宣言」という語を使うなら、巨文島事件を受けて書かれた社説「朝鮮人民のために其国の滅亡を賀す」および「朝鮮の滅亡は其国の大勢に於て免る可らず」こそが壬午軍乱後の「朝鮮改造論」の「敗北宣言」だったのであるが、むしろこれは「状況」の変化によって「朝鮮改造論」放棄のやむを得なきに至ったことの婉曲的表現というのが実情に近い。社説「朝鮮人民のために其国の滅亡を賀す」が発表されるまでの「状況」の変化については、次章で改めて論ずることとする。

　自らの幕末の経験のアナロジーによる朝鮮理解にもとづいて形成された福沢の「朝鮮改造論」は、壬午軍乱の発生とともに実行に移されようとしたが、朝鮮「属邦」論を掲げた清の軍乱への介入によって挫折した。これによって福沢は清と朝鮮の宗属関係という日本の経験のアナロジーで対処できない問題に逢着したのであるが、結局は近代国際法という「文明」の立場から宗属関係を「野蛮」とすることによってこれに対処した。結果として福沢は、松沢弘陽が言う、「朝鮮について理解し難い他者に接しているという感覚、自己の理解力についての限界の自覚」を持つことはなかった。ただし、本書の第三章で見るように、アジアの立場を完全に離れて「世界文明の立場」に立った日清戦争期の「朝鮮改造論[46]」に較べると、壬午軍乱以後の福沢の「朝鮮改造論」ははるかに緊張感に満ちたものである。その意味で、壬午軍乱から甲申政変に至る時期の福沢は、アジアへの「膨脹の正当化について思想家としてもっとも真剣に対処した[47]」という坂野潤治の指摘は正鵠を射たものだと言えるのである。ただし、日清戦争期の「朝鮮改造論」も当然のことながら「状況」に即したものであり、それなりの論理があるはずであるが、これについては次章以下で検討していきたい。

　一方、巨文島事件を契機に福沢が「朝鮮改造論」を放棄した直後、日本亡命中の金玉均と、アメリカ留学から帰国した兪吉濬は朝鮮の「中立化」を主張する。「中立」を主張することは、朝鮮に対する清の特殊な地位（宗主国）を否定することも意味する。兪はさらに『西遊見聞』で宗属関係にさらに一歩踏み込み、朝鮮は清の朝貢国（＝属邦）であることを事実として認めた上で、朝貢国は近代国際法上の「独立国」であるという議論を展開することになるが、そこには「文明」を批判する視点はほとんどなく、朝鮮も「未開」から「文明」の道を歩むべきだという福沢と同様の「同系発展の観念」が定着していくようになる。朝鮮におけるこの観念の成立の過程について、朝鮮開化派の日本経験、当時の朝鮮をめぐる「状況構造」との関わりで議論を深める必要があるが、これについても次章以下で検討することとする。

註

（1）秋月望「魚允中における『自主』と『独立』」『年報朝鮮学』一、一九九〇年、一四頁。なお、福沢も魚が天津に赴いた事実を知っており、『時事新報』一八八二年八月二一、二三―二五日社説「日支韓三国の関係」に「左ればこそ昨年魚允中の一列が日本へ来航、魚氏は帰路天津に行て李鴻章に面晤《めんご》、米英其他諸外国の使船が朝鮮に来たるに先だちて其締盟の趣向を談じ、李大臣の教を承けて本国に帰り、其後も復た天津に往来して、外国締盟の事に付ては一も二も皆支那に依頼し、我在韓の公使へは何等の相談もなくして、恰も日本を疏外するの姿を現はしたるは、即ち朝鮮人の情態を表して明なるものと云ふべし」と記している。

（2）中央研究院近代史研究所編『清季中日韓関係史料』二、中央研究院近代史研究所、台北、一九七二年、五九三頁。

（3）清と朝鮮との宗属関係を軸とした朝鮮の対外関係について、岡本隆司『世界のなかの日清韓関係史』講談社（選書メチエ）、二〇〇八年を参照。

（4）月脚達彦『朝鮮開化思想とナショナリズム』東京大学出版会、二〇〇九年、第一章、参照。

（5）坂野潤治前掲『近代日本とアジア』の第一章、参照。坂野はのちに見る『時事新報』社説「朝鮮の交際を論ず」を併せて検討することによって、『時事小言』で「福沢が日本の手による文明化の対象と考えていたのは、実は朝鮮のことであり、清国の日本の手による文明化という主張は、言葉の上での語勢としてつけられていたにすぎない」とし、だとすれば「朝鮮改造論」と「壬午事変以後の福沢の対清国決戦論」は「論理的に一貫する」と述べている（同書、三八頁）。なお、福沢の「東洋」政略論において「朝鮮問題と中国問題とを区別せずに論じることができ」ないという点について、坂野は竹内好の「日本のアジア主義」から示唆を得たと述べているが（三一頁）、実際にこの点に踏み込んだのは竹内の問題提起を受けた橋川文三の「福沢諭吉の中国文明論」『橋川文三著作集』七、筑摩書房、一九八六年（初出は一九六八年）だと思われる。この点と関連して坂野のもう一つの重要な問題提起は、福沢の中国評価は時によって正反対になるのであるが、これは「中国認識の誤りや変化からきているものではな」く、「福沢にあっては、あるいは福沢の想定する当時の読者にあっては、『支那』は単なるマイナス＝シンボルであって、それ故に福沢は自説の反面教師として勝手気儘な『支那』像を登場させているにすぎないのである」という福沢の中国認識の「一貫性のなさ」に関するものである（坂野潤治前掲「福沢諭吉にみる明治初期の内政と外交」、六六―六七頁）。この点について、本書でも以下に福沢ないし『時事新報』の中国評価が「朝鮮改造論」の帰趨によって融通無碍に変わることが示されることになる。

（6）田保橋潔前掲書、上巻、九〇九頁、参照。

（7）本名は弘集であるが、清の乾隆帝の諱が「弘曆」であるため回避し、公文で金宏集《キム・グェンジプ》の名を用いた。

（8）松沢弘陽前掲書、三六一頁。

（9）李光麟「開化僧李東仁」『開化党研究』一潮閣、ソウル、一九七三年、萩原延壽『遠い崖――アーネスト・サトウ日記抄14 離日』、朝日新聞社、二〇〇一年、参照。

(10) 以上、石河幹明『福澤諭吉傳』三、岩波書店、一九三二年、二八八―二九〇頁。
(11) 松沢弘陽前掲書、三六一頁。
(12) なお、奥村円心「朝鮮国布教日誌」では、この事件の大略が明治一四年一〇月の項に記されているが、何らかの錯誤によるものだろう（柏原祐泉編『真宗史料集成』一一、同朋舎出版、一九八三年、四八八頁、参照）。
(13) 松沢弘陽前掲書、三六一頁。
(14) 李鴻章と李裕元の書簡の往復については、原田環「朝・中『両截体制』成立前史」前掲『朝鮮の開国と近代化』、参照。なお、李鴻章は一八七九年八月二六日の李裕元宛て書簡で、日本は「富強の術」を得るために国庫が「空虚」になって国債が「累累」としているとし、これが琉球の廃藩置県などの日本の領土拡張の原因であると述べている（同書、二〇六頁）。この李鴻章の指摘は、日本の富国強兵策に批判的な朝鮮の官僚の日本認識のステレオタイプになるのだが、本章でのちに見るように、福沢は『時事』社説でこの李鴻章の書簡を批判することになる。
(15) 「上書」は彭澤周『明治初期日韓清関係の研究』塙書房、一九六九年の二二九―二三〇頁、金栄作『韓末ナショナリズムの研究』東京大学出版会、一九七五年の一七五―一七六頁、原田環前掲書の二八八―二八九頁に収録されている。
(16) 鹿野政直『日本近代思想の形成』講談社（学術文庫）、一九八六年、二一七―二一八頁。
(17) 原文は、兪吉濬『西遊見聞』（兪吉濬全書編纂委員会編『兪吉濬全書』I、一潮閣、ソウル、一九七一年、所収）、一二七頁。引用は、月脚達彦訳注前掲『朝鮮開化派選集』、二二七頁。
(18) 以上、原田環前掲書の第一〇章、参照。金允植の言は、『陰晴史』高宗一八年一二月二七日（国史編纂委員会編『従政年表　陰晴史』探究堂、ソウル、一九七一年、五七―五八頁）。
(19) その後の欧米諸国との条約締結に際しても、朝鮮国王は相手国元首に同様の照会を送ることになる。
(20) 高橋秀直前掲書の第一章、一節、参照。

(21) 本章の註14、参照のこと。
(22) 条文は外務省編『日本外交年表竝主要文書』上、原書房、一九六五年、九〇頁に拠る。
(23) 岡本隆司『馬建忠の近代中国』京都大学学術出版会、二〇〇七年、一三八頁。
(24) 『福澤諭吉全集』八の「時事新報論集」には、九月八日の「朝鮮の償金五十万円」を最後に、一二月七日の「東洋の政略果して如何せん」まで朝鮮関係社説が収録されていないが、実際は九月中に前掲の「不愉快なる地位」など数編の朝鮮関係社説が掲載されている。しかし一〇月、一一月は皆無と言ってよい。
(25) 閔泳翊は一八八三年七月に朝鮮政府最初の遣米使節である報聘使としてアメリカに渡るが、翌年五月の帰国ののち、金玉均と対立するようになる。
(26) 坂野潤治前掲「福沢諭吉にみる明治初期の内政と外交」、七三頁。
(27) 李の朝鮮政策は、飽くまでも「属邦自主論」にもとづくものであった。茂木敏夫「李鴻章の属国支配観」『中国—社会と文化』二、一九八七年、参照。なお、朝鮮の「廃国置省」という言葉が、福沢が正当とする琉球の「廃藩置県」と対になっていることは明らかである。
(28) 田保橋潔前掲書、八六一—八六二頁、参照。
(29) なお、この章程の調印は陰暦八月二三日（陽暦一〇月四日）であるが、すでに陰暦六月一二日（陽暦七月二六日）にその条文は確定しており、締結交渉に当たった魚允中もこれに賛同していたため、この章程は壬午軍乱後の清の宗主権強化によって朝鮮が強制的に結ばされたものではなかった。そもそもこの章程は、朝鮮側が宗属関係を前提として「中国」に懇請した結果結ばれたものであり、朝鮮国王および政府もその内容におおむね満足していた。崔蘭英《さいらんえい》「一八八〇年代初頭における朝鮮の対清交渉」『朝鮮学報』二二六、二〇一三年、参照。朝鮮政府は決して「独立」や「自立」を望んでいたわけではないのである。
(30) 高橋秀直前掲書、五五—六七頁、参照。
(31) この時期の兪吉濬の文字認識について、月脚達彦前掲「兪吉濬『世界大勢論』における『独立』と『文明』」、参照。

(32) 都倉武之「福沢諭吉の西洋文明認識論」東北亜歴史財団・韓日文化交流基金編『韓国と日本の西洋文明受容』景仁文化社、ソウル、二〇一一年、一四三頁。なお、この事実はすでに李光麟《イ・グァンニン》「兪吉濬の文明観」『韓国近現代史論攷』一潮閣、ソウル、一九九九年で明らかにされている。

(33) 李光麟「漢城旬報と漢城周報についての一考察」『韓国開化史研究』一潮閣、ソウル、一九八一年改訂版、参照。

(34) なお、朴泳孝は間もなく広州留守に任命されるが、これについては左遷と見なされることが多い。しかし、広州留守は漢城（府）判尹と同じ正二品で、極めて高位の官職であり、左遷とは見なせない。朴の広州留守任命と同じ日に、金玉均は東南諸島開拓使兼管捕鯨事に任命されているが、これは後述するように、金が三度目に日本に赴いて日本から借款を得ようとしたことに対する高宗の便宜措置である。これと併せて考えると、朴の広州留守任命は、広州での軍隊養成という要務を担わせるためのものだったと考えるのが妥当である。高宗の対外政策は、ある外国勢力とそれに結びついた国内勢力が力を増すと、それに対抗する勢力によって牽制しようとする「勢力均衡政策」と呼ばれるものになっていくが（森山茂徳『近代日韓関係史研究』東京大学出版会、一九八七年、五六頁）、この時点でも清の干渉強化を牽制するために、金玉均や朴泳孝の日本接近に一定の支持を与えていたと考えられる。

(35) 井上も『漢城旬報』で清兵による朝鮮人殺害事件を報じたことにより、一時退去させられた。原田環「井上角五郎と『漢城旬報』」『季刊三千里』四〇、一九八四年、参照。

(36) 金が用意した担保は鬱陵島《ウルルンド》の森林伐採権と周辺での捕鯨権であり、そのため金は国王から東南諸島開拓使兼管捕鯨事に任命された。李光麟「金玉均の『東南諸島開拓使兼管捕鯨事』任命について」『韓国開化史の諸問題』一潮閣、ソウル、一九八六年、参照。

(37) 田保橋潔前掲書、上巻、九一一—九一四頁。

(38) 山辺健太郎『日本の韓国併合』太平出版社、一九六六年の第Ⅳ章、第Ⅴ章、参照。

(39) 石河幹明前掲『福澤諭吉傳』三、三四一—三四二頁、参照。

(40) 田保橋潔前掲書、上巻、九一六―九四五頁、参照。
(41) 朝鮮の郵便事業は、一八八四年一一月一八日に漢城に郵征総局、仁川に分局が開設されたことによって始まったが、それを主管したのが同年四月に郵征総局総辦に任命された洪英植である。洪は一八八一年に朝士の一人として日本を視察し、一八八三年には報聘副使としてアメリカを訪問した経験を持つ。金玉均は洪と謀議して、閔氏政権要人殺害のために郵征総局開設祝賀宴を執り行うこととした。
(42) 都倉武之前掲「福沢諭吉の朝鮮問題」、一八六―一八九頁、参照。
(43) 条文は以下のとおり(外務省編前掲『日本外交年表竝主要文書』、一〇一頁に拠る)。
第一　朝鮮国国書ヲ修メテ日本国ニ致シ、謝意ヲ表明スル事
第二　此次日本国遭害人民ノ遺族竝ニ負傷者ヲ恤給シ、暨《およ》ヒ商民ノ貨物ヲ毀損掠奪セラルル者ヲ塡補シテ、朝鮮国ヨリ拾壹万圓ヲ撥支スル事
第三　磯林大尉ヲ殺害シタル兇徒ヲ査問捕拿シ、重キニ従テ刑ヲ正ス事
第四　日本公館ハ新基ニ建築スルヲ要ス。当ニ朝鮮国ヨリ地基房屋ヲ交附シ、公館暨ヒ領事館ヲ容ルニ足ラシムヘシ。其修築増建ノ処ニ至テハ、朝鮮国更ニ二万圓ヲ撥交シ、以テ工費ニ充ツル事
第五　日本護衛兵弁ノ営舎ハ、公館ノ附地ヲ以テ択定シ壬午続約第五款ヲ照シ施行スル事
(44) なお、右に引用した社説「朝鮮独立党の処刑」に、「条約の公文上には固より対等の交際を為して他なしと雖ども、人情の一点に至ては[中略]之を同族視するを得ず」とあるところから推して、「脱亜論」末尾で「我れは心に於て亜細亜東方の悪友を謝絶するものなり」というのは、心情としては朝鮮と絶縁するが、朝鮮との条約による外交関係を絶つことを主張するものではないという留保を付けた表現だと解釈できる。
(45) 条文は外務省編前掲『日本外交年表竝主要文書』上、一〇三―一〇四頁に拠る。
(46) 吉野誠「福沢諭吉の朝鮮論」『朝鮮史研究会論文集』二六、一九八九年、参照。
(47) 坂野潤治前掲『近代アジアと日本』、六四―六五頁。なお、坂野の言う福沢の「膨張主義」には、「朝鮮の領有もしくは支配」(同書八〇頁)が含まれるが、しかし福沢が朝鮮の領有ないし植民地化を主張したことが

ないということは、本書でこれまで言及してきたとおりであり、また壬午軍乱発生直後の社説「朝鮮の変事」で、福沢は朝鮮に「朝鮮国務監督官」と「護衛兵」を置いて保護国支配することをいったんは唱えたが、その後、壬午軍乱の処理過程でその構想を展開することがなかったことも、本章で述べたとおりである。

第二章　巨文島事件とイギリス・ロシアの脅威——一八八五—一八九一

福沢の「朝鮮改造論」放棄の表明は、『時事新報』一八八五年八月一三日社説「朝鮮人民のために其国の滅亡を賀す」であった。前章で見たように、福沢の「朝鮮改造論」は、「アジア盟主」である日本が武力を行使してでも朝鮮を「文明」化させ、それによって朝鮮を「独立」させなければならないというものである。その内実は、一八八一年の『時事小言』では、西洋勢力の東漸から朝鮮の「独立」を守るというものだったが、一八八二年七月の壬午軍乱による挫折を経て、同年末に西洋勢力の東漸から朝鮮の「独立」を守るために、武力を行使してでも清の朝鮮「属邦」論を打破しなければならないというように変わった。しかし、壬午軍乱後の朝鮮政府に対する清の干渉強化のもとでこれも頓挫し、さらに事態の打開を図った甲申政変も失敗した。「脱亜論」は甲申政変に対する自らを含めた日本の関与を否定するとともに、政変失敗とその後の状況に対する福沢の憤懣が吐露された文章である。

「朝鮮人民のために其国の滅亡を賀す」は、イギリスの巨文島占領を機に「朝鮮国独立の運命も旦夕に迫」っているにもかかわらず、朝鮮政府のもとでその人民は「私有」「生命」、「独立」国民としての「栄誉」が保護されないのだから、「露なり英なり、其来て国土を押領するがまゝに任せて」、朝鮮人民が「強大文明国の保護を被り、せめて生命と私有とのみにても安全にするは不幸中の幸ならん」と述べて、日本が「アジア盟主」として朝鮮の「文明」化と「独立」を成就させることを完全に放棄している。ただし、この論説によって『時事』は停刊処分を受けたことからも分かるように、そこには巨文島事件後の日本政府の朝鮮政策に対する批判も込められている。また、巨文島事件は、福沢と接触を持った朝鮮開化派にも、後述するように多大の衝撃を与えた。本章ではまず、イギリスの巨文島占領期の『時事』社説の朝鮮および清に対する認識を検討し、続けて同時期の朝鮮開化派の動向について考察することにする。

1　巨文島事件と朝鮮「独立」論の危機

（1）イギリスの巨文島占領とロシアに対する危機感

中央アジアからアフガニスタン方面に南下するロシアが一八八五年三月三一日にペンジュでアフガニスタン軍と衝突すると、イギリスは臨戦態勢に入り、その一環としてヴラジヴォストーク攻撃のため朝鮮全羅道興陽《フンヤン》県所属の巨文島《コムンド》の占領を計画した[1]。イギリス海軍が巨文島を占領したのは四月一五日である。金容九《キム・ヨング》によれば、四月初めからイギリスの諸新聞は巨文島占領に関して熱狂的に報道していたが、その中には巨文島と済州島《チェジュド》を混同して伝えたものもあったという[2]。イギリスの巨文島占領の動きについて初めて言及した『時事』社説は、「英露の挙動、掛念なき能はず」（八五・四・一三⑩）であった。なお、それに先立つ「朝鮮の始末も亦心配なる哉」（八五・四・一一⑩）が朝鮮の現状について、「其独立は覚束なし、扨《さて》其時に至て寧ろ支那の内附属国となればまだしものことなれども、支那の内実其力量あらざれば、詰まる所は露英仏独諸国の餌食たる可きに過ぎず」と述べていることから、福沢は四月一〇日までにはすでに英露対立の朝鮮近海への波及に関する風説に接しており、それに端を発する朝鮮をめぐる西洋列強の角逐に日本は対処する能力がなく、また清にもその能力がないと判断していたものと推測される。

社説「英露の挙動、掛念なき能はず」は、隣国が強国であるのと弱国であるのと、どちらが危険かという自問に対し、「我輩は弱隣、或は強隣よりも危険なりと云はざるを得ず」と述べたのち、「彼の比隣薄弱にして其資産を守る可きの藩屏もなく、其盗難失火等の飛炎、或は我に及ばんとするが如きに至ては、我は唯其災を機先に察して大に戒心するの外なかる可きのみ」というように、『時事小言』以来の「類焼」の比喩で危機感を表明している。なお、この社説に「我輩近頃横浜にて風説する所を聞くに、露国は朝鮮の済州島に注目して、一時之れに占拠するか、或は永く之を略有せんとの見込みにて、〔中略〕又英国は此程朝鮮済州島の東北なる巨文島（Port Hamilton）に国旗を掲げたりとも云ふ」（括弧は原文のとおり）とあるように、福沢が接した風説は横浜の居留地でのものであり、そこではまずロシアが済州島を占領ないし領有する可能性があり、それへの対抗のためにイギリスがすでに巨文島を占領したとされていた。したがって、この社説の危機感は、イギリスよりもむしろロシアの動向に起因したものである。

次に『時事』に掲載された巨文島事件そのものに関する社説は、二カ月ほどのちの「対馬の事を忘る可らず」（八五・六・二四⑩）である。ここではイギリスの巨文島占領に対抗してロシアが済州島を占領するのではないかという推測に反論し、「元来この済州島は島の周囲に良港なく、多数の軍艦を碇泊するに便ならず」という済州島の軍事的価値の低さから、巨文島からそれほど遠くなく、幕末に海兵隊を上陸させたこともある対馬にロシアが目を向けるのではないかと述べている。ここでの福沢の危機感は、イギリスの巨文島占領に対抗してロシアが日本所属の島を占領する可能性に関するものとして表明されていた。

一方、イギリスの巨文島占領の風説が日本に伝わった頃、伊藤博文は大使として天津に赴き、甲申政変の事後処理について李鴻章と交渉していた。四月一八日調印の天津条約は、前章で見たとおり、①日清両国は調印から四カ月以内に朝鮮から撤兵すること、②朝鮮国王に外国人の軍事教官を雇用させ、日清両国は朝鮮に軍事教官を派遣しないこと、③将来朝鮮に「変乱重大の事件」があって日清の一方が朝鮮に軍隊を派遣する場合は、互いに「行文知照」し、事態が収まれば撤退することの三カ条からなっている。第三条の「変乱重大の事件」には他国の朝鮮侵略が含まれるが、その場合に清が朝鮮に派兵する論拠は「属邦」保護になる。にもかかわらず、伊藤が第三条を承認したのは、高橋秀直によれば、伊藤の英露葛藤に対する不安からであった[3]。

さらに日本政府は五月に、①ロシアが天津条約第三条の派兵権の均霑を朝鮮政府に要求しようとしている、②外交において清との関係を機軸に据える金弘集《キム・ホンジプ》・魚允中《オ・ユンジュン》・金允植《キム・ユンシク》（いわゆる穏健開化派）が権力から疎外されている、③国王は日清の圧力に対抗するためロシアへの接近を図っているという朝鮮の状況に関する情報を現地からの報告で得た。そうして井上馨外務卿は、六月一〇日に「辨法八ヶ条」をまとめたが、その内容は、次に引用するように、清の朝鮮に対する完全支配を認めないものの、ロシアの朝鮮侵出への対抗に伴う危険負担を清にのみ負わせるために、朝鮮における清の優位を認めるものだった。

第一　朝鮮ニ対スル政策ハ、総テ最秘密ノ手続ニテ常ニ李鴻章ト本官ト協議ノ上李氏之ヲ施行ス

ベシ
第二　朝鮮国王ヲシテ現今ノ如ク内廷ニ於テ自ラ政務ヲ執ラシメズ、且内官ノ執権ヲ剥キ、其政務ニ関スルノ途ヲ絶ツベシ
第三　挙国第一等ノ人物ヲ撰ンデ之ニ政務ヲ委任シ、之ヲ進退スルニハ国王必ラズ李鴻章ノ承諾ヲ得右第一等ノ人物トハ金宏集金允植魚允中ノ如キ其人ナルベシ
第四　右ノ人物ニ委任スル政務トハ、外交軍事会計ノ三務ヲ以テ主要トス
第五　可成速ニ、モルレンドルフ氏ヲ退ケ、至当ノ米国人ヲ以テ之ニ代ラシムベシ
第六　陳樹棠ハ篤学ノ人物ナレドモオ力足ラズ。他ノ有力者ヲシテ之ニ代ラシムベシ
第七　右陳氏ノ跡役ヲ李鴻章ヨリ任命シ、米国人ヲ朝鮮ニ推薦シタル上ハ将来ノ政策ニ付十分ノ訓令ヲ与ヘ、其者ヲ日本ニ送リ本官ニ面会セシムベシ
第八　陳氏ノ跡役ハ京城ニ在留ノ日本代理公使ト深ク交誼ヲ結ビ、諸事協議シテ事ヲ執ルベシ(4)

その一方で、日本政府は巨文島占領についてイギリスに対して抗議や撤退要求をせずに、朝鮮政府に対して巨文島占領の不承認の意思表明をすることを勧め、清に対してもイギリスへの巨文島からの撤退要求の先導者になるよう勧めていた(5)。この時の井上馨の考えは、英露対立によって日本にもたらされる危険が回避されるなら、事実として朝鮮が清の「属邦」であることを認めてもよいというものであり、その意味で壬午軍乱以後に見られたような、戦争を避けるためなら朝鮮「独立」論を後退させても構わないという考えと同じものだった。これに対して『時事』社説「巨文島に対する朝鮮政府の処置」（八五・六・二七⑩）は、朝鮮はロシアの侵略を防ぐためイギリスの保護下に入るべきだと

いう内容である。この社説の題目に見られる「朝鮮政府の処置」とは、実際には以下のようなものであった。

(2) イギリスの保護下での朝鮮保全

イギリスは四月二〇日に清国政府と日本政府に対して巨文島占領に関する覚書を伝達したが、朝鮮政府への公式な通達は五月一九日になってからである。一方、駐英清国公使曾紀《そうき》澤《たく》は、イギリスの巨文島占領計画に異議を唱えないことと引き換えに、イギリスに清の朝鮮に対する宗主権を認知させようとし、イギリス政府もこれに応じて清との協定締結に動いていた。イギリスはそれまでの認識を変え、清の朝鮮に対する宗主権を認知する方向に転じたわけであるが、その論拠の一つになったのが、朝英条約締結の際にアメリカとの条約締結の際と同様に朝鮮国王がイギリス女王に送付した「朝鮮は素より中国の属邦であり、内治外交は向来均しく朝鮮国王の自主に由る」という照会である。李鴻章の立場も当初曾と同様だったが、しかし駐清ロシア公使ポポフが対抗措置を示唆すると、イギリスに撤退を促すことを決め、水師提督丁汝昌《ていじょしょう》を朝鮮に送って国王にイギリスへ巨文島を貸与も賃貸もしないよう警告させた(6)。

軍艦で朝鮮に赴いた丁が、朝鮮政府の厳世永《オム・セヨン》とドイツ人顧問フォン・メレンドルフとともに巨文島に到着したのが五月一六日である。ここでメレンドルフは、巨文島に駐屯していたイギリス海軍のマクリーア大佐に占領について抗議し、さらに長崎に向かって五月一八日にイギリス中国艦隊指令長官ダウエルに抗議した(7)。社説「巨文島に対する朝鮮政府の処置」は、このメレンドルフによる抗議を「我輩の目より見れば愚も亦極まれりと云はざるを得ず」と批判する。「朝鮮国が微弱にして自ら其国を維持するの力な」く、「然るに其北隣なる露国が夙《つと》に之に垂涎して、折もあらば其全土若くは其一部を押領せんとするの企図を包蔵するは、何人も之を知らざるものなきが如し」という状況において、朝鮮が取るべき最良の策は、以下のようにイギリスの保護下に入ることだというのである。

今日朝鮮の為めに謀て最も良策なるべしと思はるゝものは、先づ露国と全く其の利害を異にし、露国が朝鮮を取るが為めに最も損害を被むるべき国にして、又能く露国に抗敵するに足る程の力を有する国に向て其保護を求め、苟も自国の独立と両立する限り迄は、力を尽して其歓心を求むるの一策あるべきのみ。而して今斯かる国は何国なるやと問はゞ、英国なりと答ふるの外なかるべし。

ここで留意すべきは、朝鮮がイギリスから受ける保護は、「自国の独立と両立する限り迄」の範囲であるとしていることである。これは先に見た井上馨の「辦法八ヶ条」が朝鮮「独立」論をある程度譲歩しても、清の宗主権を黙認して清の主導でイギリスの撤退を実現させようとしたのとは異なっているのである。

以上のような激越な主張は、『時事小言』以来のパワー・ポリティクスの論理によって説明されている。次は「巨文島に対する朝鮮政府の処置」の後半部分からの引用である。

英国が謂れもなく無沙汰に他国の属地を占領したるは、固より言語同〔道〕断の処置にして、国際法の道理より論ずれば英国は一言の申訳もなきこと言ふ迄もなき所なれ共、仮初《かりそめ》にも英国が一旦之を決行したる以上は、公法学者の非難を受るが如きは固より覚悟の上なるべく、又之を行ふの前には、朝鮮は愚ろか、欧洲諸強国が此一挙に対して如何なる感情を見《あら》はし、如何なる異議を出し、又如何なる所為を示すべきやと、一々思慮を廻らして、偖《さ》て之に応ずるには斯々すべしとの目算も略定まりたる上にて、始めて之に着手したるものなるべし。然る上は仮令《たとい》朝鮮一国が如何なる論礎に拠りて之に抗論したりとて、到底其言に承服して一旦占領したる土地を引揚ることなきは、少しく思慮あるもの、容易に前見するを得る所なるべし。左《さ》れば他国の為めに其土地を占領せられて見す〳〵之を不問に付するは、独立国の名義に対しては如何にも恥辱に相違なしと雖も、小恥辱を忍ぶこと能はざるが為めに、万一の場合には一国の保護を委託すべき一大国の歓心を失ひ、独立の大計を誤まるが如きは、智者の取らざる所なれば、斯かる場合には已を得ず、一時の屈辱を忍びても百年の長策を画せざるべからず。

イギリスの巨文島占領はもとより国際法違反であるが、イギリスはそれを重々承知の上で行っているのであって、朝鮮はおろか西洋列強が非難しても、やすやすと撤退するはずがないというのである。なお、駐朝鮮イギリス総領事代理カールズから五月一九日に巨文島占領に関する駐清イギリス公使オーコナーの通達を受け取った督辦交渉通商事務金允植は、翌二〇日、カールズに抗議の文書を伝達した[8]。おそらく李鴻章からの警告を踏まえてのものであろうが、金允植はカールズへの抗議の文書で、「この島［巨文島］は我国の地方であり他国が占有することはできず、万国公法に本来このような道理はない」ので、もしイギリスがこの島から去らないのなら、「同盟各国に声明して、その公論を聴くつもりである」[9]と述べた。ここでいう「同盟各国」とは朝鮮と条約を結んで公使を派遣している日本・アメリカ・ドイツと、商民水陸貿易章程によって総辦朝鮮商務の陳樹棠を派遣している清のことで、文字どおりの同盟国でないのはもちろんである。金允植は同日、これらの公使館と陳に対して、「我が同盟国は必ず公平の論を有しているはずなので、どうか弊邦のために心力を尽し、公議に拠って国権を保全させてほしいが、いかがか」という文書を送付した(10)。もっとも、この申し出に積極的に応じた国はない。

「巨文島に対する朝鮮政府の処置」の時点で、福沢はこの金允植の抗議を知らなかったものと思われるが、この社説の論理は「万国公法」や「公論」「公議」にもとづく金允植のイギリス批判を予め無に帰させているものである。このような福沢のパワー・ポリティクスの論理に対して、福沢と接点を有していた朝鮮開化派が異なる認識を持っていたのかは興味深いところであるが、これについてはまたのちに論ずることにする。

2　巨文島事件後における「朝鮮改造論」の放棄

(1) 朝露密約とロシアの脅威

「巨文島に対する朝鮮政府の処置」の段階では、福沢は朝鮮国王のロシアへの接近、いわゆる朝露密約について情報を得ていなかったと推測される。清の干渉強化を嫌った高宗《コジョン》は、すでに一八八四年五月にロシア国境の北側の南ウスリー地方へ使節を送り、早期の条約締結を申し入れていた。朝露修好通商条約の締結は同年七月七日であるが、この頃からメレンドルフがロシアへの朝鮮の保全に対する協力要請に動き出した。和田春樹は、メレンドルフが朝鮮をロシア単独の保護国にするのがよいと考えるようになった時期は不明であるが、「甲申政変の激動のあとで、メレンドルフと悩む高宗が話し合って、この案でいくしかないと選択したと考えて間違いないであろう」と推測している(11)。メレンドルフが長崎のロシア領事館を通じて駐日ロシア公使ダヴィドフに朝鮮保護を依頼する要請を伝えると、一二月二八日に東京のロシア公使館一等書記官シペイエルが軍艦で仁川に到着し、高宗に拝謁する。この時にはロシア政府の態度は曖昧だったが、一八八五年二月にメレンドルフは漢城条約にもとづく謝罪使節の副全権として東京を訪問し、ダヴィドフと密談して朝鮮に対するロシアの影響力の増加を求めるとともに、日清両国軍の朝鮮からの撤退後にロシアが朝鮮に軍事教官を送るべきことを提案した(12)。

イギリスが巨文島を占領すると、ロシア政府は六月にシペイエルを再び朝鮮に派遣し、ロシア人軍事教官について朝鮮政府と折衝させた。しかし督辦交渉通商事務金允植は、国王はアメリカ人軍事教官の招聘を計画しているとしてこれを拒否する。六月二二日の謁見でシペイエルからロシア人軍事教官の招聘を迫られた高宗は板挟みになって困窮し、政府に再びシペイエルとの交渉を命じた。シペイエルは金允植との二回目の会談で軍事教官派遣はロシア政府の決定事項であると圧力をかけるが、金允植はシペイエルがロシア皇帝の委任状を有していないとして斥け、七月一日に朝鮮政府はロシア人軍事教官を謝絶する決定を下し、翌日にこれをシペイエルに伝達した(13)。

「己れを知らざる者は危し」(＊八五・七・二二)は、「他人の国土を奪ふに個の口実を要せず、唯我れは強国なり、汝は弱国なりと云ふを以て十分なりとす」る近年の世界情勢において、「従来の交情餡の如く、曾て一毫の怨もなき英国にして卒然朝鮮王国の一部分を奪領して聊《いささ》かこれを憚るの色な」いことは当然であると述べ、続けて以下のように朝鮮政府のロシアへの対応を非難する。

仮りに露熊英獅其慾相同しとするも、英獅既に来れば露熊これに次ぐの覚悟なかるべからず。況んや熊の強慾は獅子に倍するものあるに於てをや。又況んや兵士雇入れの事に付、公証の有無を口実にして露の請求を拒絶し、其使節をして満腹の憤懣を齎《もたら》し帰らしめたるに於てをや。我輩は朝鮮の為めに謀りて其後難を避るの工風なきを悲むなり。

イギリスもロシアも他国の領土に対する野心は同様であるが、しかしロシアの貪欲さはイギリスのそれに倍するので、委任状の不携帯などという理由で要求を斥けることによってロシアを憤慨させれば、のちにロシアの反撃に遭うだろうというのである。言い換えれば、朝鮮がイギリスの保護国になれば、朝鮮政府がロシアと難しい交渉をする必要もなくなるのであるから、この社説も「巨文島に対する朝鮮政府の処置」の主張の延長線上にあると言えるのである。

巨文島事件を契機とする福沢の「朝鮮改造論」の放棄について最も重要な問題は、福沢のパワー・ポリティクスの論理における自国の軍事力に関する認識である。これを如実に表しているのが、「日本帝国の海岸防禦法」（八五・七・二三—二五、二七—三〇⑩）という七日間にもわたる連載社説である。

且つ我輩の大に恐るゝ所は、斯く西洋人が東洋与《く》みし易きの眼を以てその侵略を恣にする最中に、我日本国をも併せて其与みし易きものゝ一に算入し、他の東洋国に加ふるの筆法を以てこれを我にまで施さんとすることは無きや、甚だ以て心配に堪えず。左れば政法商業学問宗教の事より日常の習慣風俗に至る迄も悉く西洋の風を取り、日本は地球上の位置こそ東洋国なりと雖ども、その文明の実相は純然たる西洋国なることを表示し、羽化蟬脱、独り日本国を亜細亜の群中より抜去るの工夫、素より大切なれども、是は文事の業にして、差当り目下の急に応ずるに足らず。たゞ今日只今、日本国がその羽化蟬脱を行ふ迄は、自からも与みし易き東洋列国の一に数へ立てらるゝこともあるものと覚悟し、好し、彼れは如何様に思ふとも、日本国周囲の毒、触るゝ者に大怪我を与へ、以て彼をして畏縮してその手を再たびせざらしむるを恃みと為さゞる可らざるなり。而して今の日本国三千七百里の沿岸四周に果して此自衛の毒ありやなしや、そは我輩の言ふまでも無き処にして、亦戦慄寒心の至りとも云ふべし。

日本が西洋人から他の「東洋国」と同様に「与みし易し」と見られてはならないという前半の主張は、甲申政変以前と同様であり、また「脱亜論」の主張でもある。その背景に進行中の条約改正交渉のための欧化政策があることは、「日本は地球上の位置こそ東洋国なりと雖ども、その文明の実相は純然たる西洋国なることを表示し」なければならないというくだりに明らかである。甲申政変以前においては、日本がベトナムをめぐる清仏の対立に乗じて清と対抗し、朝鮮を「独立」させることで、その目的が達成されるとしていた。しかし、英露の対立が朝鮮に及ぶに至った状況でのこの社説では、日本は朝鮮の「独立」を脅かす勢力に「大怪我」を与えるどころか、自衛のための軍事力（「毒」）すら持ってないと断言している。これは具体的には、かねてから表明しているロシアの対馬占領に対する自衛能力の不足を指している。

この社説は初日掲載分で「我輩は今日を幸ひに聊か日本の独立防禦法を開陳して世人の注意を仰が

んと欲するなり」と述べつつも、三日目の七月二五日からのちは、独自の「独立防禦法」が示されることはなく、西洋の最新の水雷に関する説明が延々と続いている。おそらく西洋の書籍にもとづく説明であろうが、あたかも『雷銃操法』『洋兵明鑑』のような翻訳を専ら事としていた頃の福沢に戻ったかのようであり、この社説の構成そのものが「日本の独立防禦法」に対する福沢の行き詰りを示しているのである。先の引用文の最後の「戦慄寒心の至り」というのは福沢の偽らざる本心であった。

(2) 現実における清の優位

福沢の「朝鮮改造論」の放棄宣言としての「朝鮮人民のために其国の滅亡を賀す」は、以上のような福沢の行き詰まりによってもたらされた挫折の表明でもあった。この挫折は、同社説の掲載ののちにも『時事』に表明されている。「処世の覚悟」(＊八五・八・二九)がそれである。

今の日本の武力は小弱の朝鮮国を蹂躙し得る事さへ甚だ覚束なし。況んや広大の支那国をや。又況んや欧洲の国々をや。蓋し日本の武力、其実は朝鮮よりも強大ならん、既に強大なりとすれば、朝鮮を征服するは容易なりとの考もあらんかなれども、今の国交際は大に古に異にして、唯我力或る一国に勝ること一尺なりとて直ちに其一国を凌ぐ工風あるべからず。世界は万国の世界にして、一二国の世界にあらず。若し我力を計らずして妄《みだ》りに傍若無人の挙動を働くこともあらば、忽ち他の強大国の責罰する所と為り、臍《ほぞ》を噛《か》むの後悔を招く事あらん。是即ち日本の武力は朝鮮へ対してすらも其威を輝かすこと能はざる所以なり。朝鮮を威することは甚だ易しと雖ども、之を威すべからざるは他に重大なる国交際なるものあればなり。朝鮮尚ほ且つ我力の外なりとすれば、最早其他を云ふに及ばず、結局の所日本は唯其武力のみを恃む可らざるものなり。日本の武力を以て世界に驕る事を得べしと信ずるは、日本をも知らず世界も知らざる天保弘化時代の旧陋見なりといふべきのみ。

この社説は『全集』「時事新報論集」には収録されていないが、ここまでの議論を踏まえれば、これこそ巨文島占領期の福沢の心情が吐露された文章だと見なせよう。

また、『時事』のその次の号の社説「支那は果して其大版図を保つ能はざるか」(八五・八・三一―九・一⑩)は、それまでの福沢の清に対する評価と異なるが、こちらは『全集』「時事新報論集」に収録されている。この社説は、「支那」は今後「文明」化できずに「瓦解の有様」に至るだろうという説と、「文明」化して「東洋の雄邦」になるだろうという説の二つに対して、後者の説に与するニュアンスを醸し出している。主要な部分を引用しつつ検討してみたい。

一方の議論に於て、支那は遂に滅亡すべしとは、[中略] 其結局する所は西洋各国互に便宜これを分割して、支那は東洋の波蘭《ポーランド》とならん。西洋人支那を亡ぼして後ち天下始めて太平ならんと云ふに在るなり。此理甚だ明白にして一点批すべきの箇条を見ずと雖も、右の所論は支那を文明の敵とし、迚《とて》も支那人は西洋の文明を採用する能はざる者と見做したるに外ならざるなり。然りと雖も、今十九世紀の文明は有形の事物を変動せしめて、随て無形の事物をも変革し、その働きの如何に依ては意外反対、思ひも寄らざる結果を生ずること一般その常にして、西洋の文明、敵としては支那を亡ぼすべしと雖も、友としては又能く支那を存せしむるに相違なし。而してその敵たり友たるの変動は、機微、髪を容れざるの処に在て存するが故に、支那帝国の前途、亦この機の変動一つにて、存亡は如何様ともなることならん。我輩は二、三年以来の支那の国状を視、就中《なかんづく》仏朗西戦争後の有様を察して、その運命変動の機、漸く文明を友とするに近づくある歟と思惟する所あるなり。若し然らんには支那帝国は亡を免れて存となり、将来の隆盛、或は人の耳目を驚かす奇観あらんと思わるゝなり。

ここで言う「仏朗西戦争後の有様」というのは、一八八五年六月九日に調印された清仏天津条約後の清の動向である。前章で見たように、『時事』は甲申政変直前の一八八四年一〇月に、清仏戦争での敗北によって清は西洋列強に分割され、日本もその清国分割に加わるだろうとの予言めいた社説「東洋の波蘭」（八四・一〇・一五―一六⑩）を掲げていた。一〇月一日に基隆《キールン》を再攻撃したフランス軍が台湾を封鎖するのが一〇月二三日であり、さらに翌年三月三一日には澎湖島を占領している。引用文の前半は、甲申政変前の時点での自説であると言ってもよい。しかしその後、陸戦で清軍が反撃して三月二四日に鎮南関でフランス軍に勝利し、二九日に諒山《ランソン》を奪回した。フランスでは敗戦による政情混乱でフェリ内閣が三月三〇日に倒れる。(14)

清仏戦争の講和条約である清仏天津条約を論評した「仏清新天津条約」（八五・六・一六⑩）は、上海の『北支那日々新聞』に掲載された同条約の「箇条に付一々其意義を解剖」した結果、「我輩の目を驚したるものは此条約の文意不分明なると、又一には此条約中に清国に便利なる者甚だ多」いとの当惑を表明したものである。その多くは『北支那日々新聞』に掲載された条文が不正確だったために生じたものであるが、その最初は第二条に起因するものである。

社説「仏清新天津条約」が引用した『北支那日々新聞』掲載の天津条約第二条は、「仏国安南ノ間ニ清国ノ迷惑トナルベキ何等ノ取極ヲモ為スベカラズ」であった。坂野正高によれば、この第二条の実際の内容は、「中国はフランス・ベトナム間の現行および将来の条約を尊重し、中国とベトナムとの関係は中国の『威望体面』("la degnité")を傷つけず、またこの条約に造反しないものであること」[15](括弧は原文のとおり)であった。ベトナムをフランスの保護国としたフエ(アルマン)条約などフランス・ベトナム間の現行条約を尊重するとしても、岡本隆司の指摘のように、清側が「威望体面」をベトナムの朝貢であると見なしているのであれば、天津条約締結後も「清朝はなおヴェトナムを属國と位置づけることが可能[16]」な条文である。

その上、社説「仏清新天津条約」が引用した第二条は、フランス・ベトナム間の条約を尊重するという前半部分を欠いていた。そのためこの社説は、「仏国が安南を保護国となし、其首府に駐在官を置きて其国政を管理するが如きは、清国に取りて迷惑の最大なるものに相違な」いのであるから、「仏国は此条約に従ひ、直ちに順化府[フエ]の駐在官を召還し、再び安南の独立否名義上清国の属邦たるを公認」するのかと強い疑義を呈することになる。

この他に、社説「仏清新天津条約」は、清仏天津条約第四条に「保勝竝ニ諒山ニ於テハ清国政府ヨリ租税ヲ取立ツルベシ」とあることに疑念を表明しているが、実際の第四条にそのような規定はなく、これも『北支那日々新聞』の不正確さによるものであろう。さらに、清によるフランスへの賠償金の支払い、フランス側にさらに有利な形での清仏通商条約の更新、フランス軍が占領した澎湖島の割譲などに関する規定がないことから、この条約を前年の李・フルニエ協定よりもフランスに「遥かに不利なるものあるは最も我輩が意想外に出たる珍事なり」と述べる。清仏戦争の結果、清は敗北して西洋列強に分割されるどころか、予想よりも遥かに有利な条件で戦争を終え、ベトナムを「属邦」として維持し続けるのではないかという疑念を、福沢は持っていたのである。

その後、清仏天津条約の理解がどのように是正されたのか不明であるが、清仏戦争後半から清仏天津条約締結の時期にかけて、福沢の清に対する評価が、西洋列強とともに分割に参与する対象というものではなくなったことは確かである。社説「支那は果して其大版図を保つ能はざるか」は、このような清に対する評価の転換を受けて、清の「文明」化が進展する可能性を示唆しているのである。

ところで、福沢が中国を「強力な国家統合への意志を内発的に基礎づける条件を完全に欠如した世界」と見なし、そうした「明晰な『国家』としての輪郭を持たない液状化した不定型な流動体」に対する「恐れ」とともに中国を見ていたという山田賢の指摘がある。[17] たしかに、それは清仏戦争前半までの時期については当てはまり、実際、山田が右の論を導き出すために引用した『時事』の社説は全て一八八四年に発表されたものである。ところが、「支那は果して其大版図を保つ能はざるか」は、これとは反対に、

支那内地の電線は四、五年以前より追々に延長し、特に昨年の仏朗西戦争以来、俄にその敷設を取急ぎ、目下の処にては北京より次第に東南西に向ひ、沿岸各省の地とは大抵聯絡を附け、直隷、山東、江蘇、浙江を経て福建、広東より広西、雲南の奥に入るまで、瞬時通信の便開けたりし為め、この線路に沿ふ各省府の地方官は、これ迄は思ひも寄らぬ処へ突然と北京政府の命令伝はり来り、従前なれば一箇月二箇月も費して漸く御達しの到来したるものが、今は其日の分が其日に往渡りて、地方官の猶予、俄に剝ぎ取られたるが如く、又自分施政上の処置振りに付ても、以前

は伺ひに一箇月、指令に一箇月と、都合二箇月以上を費したる処を、今は其時〳〵に中央政府の厳令到来し、放縦自在に働き居たる地方官等は、孰れも急に羽翼を剝がれ、その究苦一方ならずと云へり。即ちこれと同時に中央政府の権力は増加して、支那帝国の基礎は益〻堅固なるものと知るべし。

という仮定を提示する。電信が急速に整備されて、「強力な国家統合」がなされるのではないかという仮定である。以上は電信に関する仮定であるが、鉄道についてもまた、

若し今後支那内地に前記四、五条の鉄道開通するに至るとせば、これが為めに中央政府の権力増加して其大版図を維持することの容易なる、亦将に測り知る可ざるものあるに疑ひ無きなり。〔中略〕左れば支那国存亡の論は、亡の点より見たらば甚はだ滅亡に近き処もあらんかなれども、又た存の点よりして見ればその版図を今の儘に維持して永く東洋の雄国たる、亦左迄《さまで》難事に非ざるもの、如し。只その存亡の機の分目は、支那政府が能く西洋の文明を友としてその助を求るか、但しは文明の精神は何分にも三代以来の教育に浴したる支那人の精神に適はずして、一時小運動の如何に拘はらず、遂に之を敵として其鋒《ほこさき》に衝当てらる、かの一事に在るものなれば、我輩は唯二様の想像を書きて他年の真影を待たんのみ。

と述べる。あくまでも仮定しうる二つの可能性のうちの一つという前提下ではあるが、清仏戦争後の清が電信・鉄道という「文明の利器」を急速に整備し、「露熊背後より窺ふも、英獅腋下より狙ふも、

神経知覚の敏捷なる支那帝国に取りては、又何の恐る、所も無」く、「内外ともに危険破裂の憂を絶ちて、大版図の維持、亦甚だ容易」な近代「国家」に変貌し得るとの観測である。

先に見たように、福沢は英露の対立が朝鮮に及ぶことを察知した四月の段階で、朝鮮を保全するための力量が清にない以上、朝鮮は「露英仏独諸国の餌食たる可きに過ぎず」と述べていたことからすると、清についての評価が大きく変化していることが分かるのである。ましてや「脱亜論」に較べれば大転換である。イギリスの保護下で朝鮮の「独立」を保全するとしても、清がロシアの侵出に対抗できなければ、「東洋」の情勢は危険にさらされる。そのような状況で、福沢は清の「文明」化の可能性を唱えなければならなくなったのである。翌年になっても「支那人の活潑なるは文明の利器に由るものなり」（＊八六・九・一）という社説が掲載され、その翌日の「今後支那帝国の文明は如何なる可きや」（×八六・九・二）では、現今の清は「唯西洋文明の武器を利用するまでのことにして、銭を以て買たる文明に過ぎず」、「其人の心身を支配する文明の主義」は「陶虞三代孔孟の道今尚存して自尊卑他謬信惑溺の精神」であるが、今後「鉄道電信等の利」が広まれば「新主義の流行、留めんと欲して留む可らず」、「支那社会の大変革は早晩免かる可らず」と観測している。

なお、この間の一八八六年八月一三日、長崎に停泊していた丁汝昌の率いる清の軍艦、定遠・鎮遠・威遠・済遠の水兵が上陸、泥酔のうえで乱暴を働いて日本の巡査に取り押さえられ、さらに一五日に清国水兵数百人が長崎市内で乱暴を働いて警官・長崎市民と衝突し、日本側死者二人、負傷者二九人、清側死者四人、負傷者四六人を出すという、いわゆる長崎事件が起きている[18]。世論は激昂し、清との国交断絶の主張も現れたというが、『時事』のこの事件に関する論調は、穏健な解決を求めるものだった。

社説「支那軍艦を如何せん」（八六・八・二〇⑪）は、清は「文明」化に向かいつつあるというそれまでの論調を改めて、清の海軍は「軍艦の数は相応なれども、唯銭を以て俄に買入れたるまで」であり、あたかもそれは「西洋制［製］の器物に支那料理を盛」ったようなものであって、「軍艦中の事務都《すべ》て整頓するの暇なくして、随て其規律号令の厳粛なるを得ざるも亦推して知る可し」というように、事件自体は「不都合の至り」ではあるものの、それは「文明」化していない清国水兵を軍艦の司令官が統御できなかったために起こったものであって、清が日本を威圧するために意図的に起こしたものではないだろうと推測する。やはり、福沢の清国評価は状況に応じて融通無碍に変化することがうかがえよう。

さらに「九州への往来便利迅速なるを要す」（八六・八・二四⑪）は、もし神戸・長崎間に鉄道が敷設されていたとすれば、一三日に長崎で騒動が起こったのち、二四時間内外で東京の政府の出張員が現場に到着して事後処理を行うことが可能であったはずであり、だとすれば一五日の騒動を未然に防げていたかもしれないと述べている。このように清側への強硬な責任追及ではなく、事件の再発を予防するための措置をこの社説が講じているのは、「頻年東洋地方に事端の繁き、露艦の出没する所必ずしも浦塩斯徳《ウラジオストク》の近傍に限るべからず。露艦の往く所には支那艦も往き、随て支那海日本海の航路の衝に当たる九州の海面には、周年終に黄龍の旗影を絶たざるの時節あるべきも知るべからず」というように、イギリスによる巨文島占領のもとで、ロシアの朝鮮侵出を防ぐ役割を清に対して認めざるを得なかったからにほかならない。

事件の事後処理は、日清両国の責任・被害に関する主張が食い違ったために長引き、当初は長崎県知事と長崎駐在清国領事の談判によって決着すると見込まれていたものが、八月末に至って両国の御雇西洋人法律顧問を加えた委員会による談判になったもののまとまらず、一二月には井上馨外務大臣と徐承祖清国公使との間の国際談判の様相となった。結局、ドイツ・イギリスの忠告を容れて翌一八八七年二月八日に、死傷者数に応じて「撫卹金」を清側が合計一五五〇〇円、日本側が合計五二五〇〇円支払うことで決着する。その間の『時事』の事件についての論調は、水兵の乱暴と警察の取り押さえというよくある「無辜の児戯」のような事件に、「ワザ〳〵大法律家を雇ひ来りて斯る騒動の際の事情を調べ」ることは無駄であるというように、やはり早期の解決を求めるものだった（「長崎事件、支那の外交官に告ぐ」×八七・二・三）。談判の落着後の「長崎事件平穏に落着す」（八七・二・一一⑪）は、甲申政変の際の清国兵による日本兵への発砲について袁世凱が譴責されなかったことを「甚だ不快に感ずる所なり」として、今回の事件こそは日清ともに「果して罪の罰すべきあらば毫もこれを押隠すことなくして明白に其罪を正」すべきだと注文をつけつつも、「今回の落着の如く無事平穏に双方相退《あいの》きして両国の親交を全うする事となりたるなり」と満足の意を表した。

このように、朝鮮問題について論ずる場合、西洋列強に対する立場において、日本よりも清の方が優位であるという現実を福沢も認めざるをえなくなった。しかし、清に対する強烈な対抗意識を持つ福沢としては、このような認識を積極的に表明し続けることは無理であろう。一八八五年九月以降、『時事』に朝鮮関係の社説がほとんど掲載されなくなることは、こうした現実における清の優位に対する福沢の行き詰まりという面からも説明可能だと思われる。

以上、巨文島事件勃発から一八八七年初頭までの『時事』の朝鮮および「東洋」に関する認識の変遷である。その頃、日本政府が朝鮮における清の優位を認定したこともあって、李鴻章は朝露密約を主導したメレンドルフを一八八六年九月四日に朝鮮政府の外交顧問から解任し、ロシアを引き込んで清に対抗しようとする高宗を牽制するため、保定府に幽閉していた大院君を一〇月に帰国させ、さらに外交事務のみならず朝鮮国王・政府の行動の管理・監督を任務とする駐箚朝鮮交渉通商事宜に袁世凱を任命して一一月に朝鮮に派遣した。このような清による締め付けの強化に対して、高宗も反発をやめなかった。

アフガニスタンでの英露対立は、九月初めに「英露間でアフガニスタンの国境部およびその勢力範囲が確定されたことによって収拾された(19)」が、ロシアの朝鮮侵出に対する警戒心のためイギリスは巨文島から撤退しなかった。イギリスが巨文島から撤退するなら、朝鮮に対する宗主権を主張する清が、ロシアの朝鮮侵出を阻止するという保証をしなければならないが、清としてもそのような保証はできなかったのである。

一八八六年八月、高宗は前年一〇月に駐朝鮮ロシア公使として漢城《ハンソン》に赴任していたヴェーベルのもとに閔泳翊《ミン・ヨンイク》を送り、袁世凱の圧迫を訴えて、他国との間に不和が生じたら、朝鮮を保護するために軍艦を派遣してくれるようロシア政府に伝えてほしいと要請した(20)。いわゆる第二次朝露密約である。この情報を入手した袁世凱は、高宗を廃位して大院君の長子李載冕《イ・ジェミョン》の子李埈鎔《イ・ジュニョン》を国王に据えようと画策したが、李鴻章は軍艦四隻を仁川に派遣したものの、高宗廃位の計画は中止させた。駐清ロシア公使館一等書記官・臨時公使ラドゥイジェンスキーと交渉した李鴻章は、ロシア側からイギリスの撤退後に巨文島を占領する意図はないとの保証を得て、これをもとにイギリスと交渉した結果、一八八七年二月二七日にイギリス艦隊は巨文島から撤退した(21)。

その間『時事』社説は大院君帰国や第二次朝露密約などについて、漢城から送られてくる情報をもとに間歇的に言及するだけで、独自の朝鮮政略論を掲載することは皆無だった。それはイギリス艦隊の巨文島撤退後も同様で、本書の付録2「関連年表」に示したとおり、一八八七年に掲載された朝鮮関係社説は五本で、一八八八年、一八八九年、一八九〇年にはそれぞれ一本のみ、一八九一年には三本だった。『時事』に朝鮮関係社説が俄に増え始めるのは一八九二年のことである。

3　巨文島事件後における朝鮮開化派の動向

(1) 金玉均の小笠原抑留

甲申政変の事後処理のため一八八五年一月に漢城で行われた全権大使井上馨と朝鮮政府との交渉で、朝鮮側は日本に亡命した金玉均《キム・オクキュン》・朴泳孝《パク・ヨンヒョ》・徐光範《ソ・グァンボム》・徐載弼《ソ・ジェピル》の四人の甲申政変の首謀者の引渡しを求めた。井上は金らが政治犯であることを理由としてこれを拒絶する[22]。承服できない朝鮮政府は、漢城条約第一条にもとづいて日本に派遣した謝罪使節にも、井上に対して金らの引渡しを要求させたが、井上は同様の理由でこれを拒絶した。ところが同年一一月、自由党の大井憲太郎・小林樟雄らが壮士を朝鮮に送り込み、閔氏の有力者を殺害して日本亡命中の金玉均らの政権を樹立しようとしていることが発覚した。大阪事件である。朝鮮政府は危機感を強め、のちに刺客を日本に送り込むことになる。

天津条約と巨文島事件を経て、日本政府が朝鮮における清の優位を認めるようになると、金玉均らが日本政府の支援を受けて朝鮮で再起することは絶望的になった。五月末、朴泳孝・徐光範・徐載弼はアメリカに渡航し、金玉均のみが日本に留まることになった。これについて田保橋潔は、「日清協調主義」を取っていた日本政府が、金らが「日本を根拠地として政治的策動することは、外交上重大な紛議を生ずることを惧れ、密かに福沢に内諭して、彼等を安全な第三国アメリカに渡航せしめ、其旅費を給与したものではないかと疑われ」、ただ金玉均だけがこれを拒否したのであろうと推測している。[23]

一方、高宗・閔氏戚族は、高宗の従兄李載元《イ・ジェウォン》を囮《おとり》にして金玉均らに朝鮮での再起を持ちかけて誘引し、一網打尽にしようとした。李載元は甲申政変によって樹立された新政府で領議政に任命された人物である。李が日本に派遣した張殷奎《チャン・ウンギュ》の教唆に応えて金玉均が李に宛てた書簡に、朝鮮政府転覆の計画が記されていたことから、金允植は一二月二〇日に高平小五郎代理公使を通じて日本政府に金玉均の逮捕を要求した。日本政府がこれを拒絶すると、高宗・閔氏戚族は金玉均の暗殺のために池運永《チ・ウニョン》を刺客として日本に送った。池が自らを狙う刺客であることを察知した金玉均は、一八八六年六月、日本政府に身辺の保護を要請する。政府の命令を受けた神奈川県令は六月二三日、池を朝鮮に送還した。また金玉均について、日本政府は一五日以内の国外退去を命じることとし、一二日に神奈川県令にこれを金玉均に送達させるとともに、アメリカへの渡航を勧告した。しかし金玉均が退去に応じなかったため、日本政府は金を小笠原に移すことにし、八月九日に警察に金の身柄を拘束させて小笠原に護送、父島に抑留した。[24]

金玉均の処遇について、日本政府は李鴻章からも逮捕を要求されており、また日清の不和を望まない駐清イギリス公使オーコナーもプランケット駐日公使を通じて金の監視の強化を日本政府に要請していた。金のアメリカへの移送に対して清の反対があり、井上馨は苦境に陥ったが、オーコナーが総理衙門に理解を求めるよう要請した。結局、金が小笠原に移送されることによって、プランケットも安堵したという。[25] つまり、日本に亡命した金玉均の処遇問題も巨文島事件後の朝鮮情勢と密接に関係したものであり、井上馨としては清とイギリスに対する配慮から金の処遇を考えなければならなかったわけである。

さて、『時事』一八八六年八月一一日社説「金玉均氏」⑩は、金玉均の国外退去に関する山県有朋の内務大臣命令の背景として、金が日本に滞留することによる日本政府の不都合を「第一、朝鮮現政府に不快の感覚を起こさしめ、第二、日本の治安を妨害するの恐れあり、第三、外交上の平和を障礙するの恐れあり」という三点にまとめている。そうして「金玉均が日本帝国に居る限りは、必ず内外の政略に容易ならざる不都合あるが故に、其帝国に在るは僅かに十五日間を許すと公命を伝へたることにして、大臣の言に間違のある可きにあらず」としつつ、金が退去に応じないため小笠原に移したことについては、「同じ日本帝国の版図内にして而かも東京府の管下たる小笠原島へ氏を護送したるは、我輩の意外に出たる所なり」と疑義を呈する。

これは一見して、福沢が日本政府の国外退去の命令に理解を示しつつ、遠島の小笠原に抑留した政府の非道のみを非難しているようである。しかし福沢の本意は、両者の矛盾を衝くことによって、先の不都合の第一を理由に朝鮮政府に配慮して、金を国外に退去させようとしたこと自体に対する政府批判にあるのではないかと推測される。そののちの「小笠原島の金玉均氏」（八六・八・二五⑪）は「金氏は朝鮮の国事犯罪人なれども、日本に居て日本の法律に触れざる限りは其身の安全なる可きこと、我々日本人に異なることなし」と述べているが、これは国事犯の保護は日本の主権にかかわることであり、朝鮮政府や清国政府の不快感とは別問題だということであろう。

この社説は『全集』の註にあるように内検閲によって二カ所が削除されており、削除部分の復元はできないが、恐らくは政府の弱腰を批判する文言だろうと推測される。福沢からすれば、日本内地で金をよく保護できなければ、日本は「文明」国としての評価を得られないのであり、他国に刺客を送る朝鮮こそ「野蛮」だということなのである。

一方、日本亡命後に井上馨から受けた冷遇に対して金玉均は憤慨しており、金が日本亡命後に執筆した『甲申日録』の記述にそれが反映していることは、つとに山辺健太郎が指摘しているとおりである。具体的には、金は『甲申日録』で甲申政変準備過程に対する竹添進一郎公使の関与を暴露することによって、竹添は政変の計画に無関係だったと主張する井上馨を困らせようとしたのだというのである。それに反して『甲申日録』で金は甲申政変に対する福沢・井上角五郎の関与を隠蔽しているなどの理由から、『甲申日録』は「金玉均をめぐる福沢諭吉、井上角五郎、後藤象二郎たちと、井上馨らの対立から生まれたものだともいえる」[26]と山辺は述べる。『甲申日録』が書かれたのは一八八五年秋のことであり、その成立の背景には、金に対する日本政府の処遇に対する憤懣のほかに、巨文島事件以後の日本政府の朝鮮政策に対する福沢および金の不満がありそうなのであるが、これについては当時の日本の政治状況の中で、別途さらに検討を進める必要があるため、本書では踏み込まない。

池運永が刺客であることが露見したのちの一八八六年七月八日と七月一三日の『朝野新聞』に、それぞれ金の国王に対する上奏文（日本文）と「与李鴻章書」（漢文）という記事が掲載され、これらがそれぞれ九日と一五日の『東京日日新聞』にも転載された[27]。上奏文は高宗が池運永を「渡海捕賊使」に命じて委任状を与え、日本に送り込んだことを諫めるとともに、巨文島事件後の危機的状況を訴えたものである。

ここで金は、高宗が自らに対する刺客を送り込んだことについて、「広く天下万国と共に交通の条約を訂」した時代にこのような「軽挙」を行うのは「国体を損し、聖徳を汚す」ことだと批判する。たとい日本政府に「曩《さ》きに朝鮮の事に干渉したるを悔い、臣を殺して其口を滅せんとするの意」があるとしても、朝鮮から派遣された刺客を「傍観して妨げざるのみならず、却て其の刺客を保護せんとする」ことを李鴻章と約束するなどということについて、「堂々たる一国の政府にして斯くの如き児戯に類するの条約を為すことはなかる可し」と言う。『甲申日録』を書いて甲申政変の計画に対する竹添の関与を暴露したため、日本政府は自分を怨んでいるとしても、「文明」国の政府として外国から送り込まれた刺客を帮助することなどありえず、逆に外国に刺客を送り込む朝鮮が「野蛮」なのだというわけである（なお、ここで金は、竹添の甲申政変関与を暴露して日本政府を困らせるために『甲申日録』を書いたということを、間接的に述べている）。『時事』の金玉均の処遇に関する論評と符合している。

巨文島事件への対応について、金は「今日の朝鮮国に於て、英国の名を知る者は果て幾人かあるや。設令《たとい》在朝の諸臣と雖ども、英国の何の辺に在るやを問はゞ、茫として答ふる能はざる者、往々皆然り」というように、朝鮮政府の無知無能を批判する。背景にある国際情勢認識は、やはり福沢のパワー・ポリティクス的なそれと同様である。

幸にして天下無事、英魯の東洋に相争ふことなしとするも、殿下試に身を英仏独魯の君となして之を思へ。若し茲に一の国あり、我れ之を取るも毫《ごう》も抵抗する者なきに於ては、殿下果して之を如何せんとするか。今日の朝鮮は即ち是れなり。然るに在朝の諸臣、復《また》一策の国家を維持する者なく、唯売官賄賂を事として、平民を残虐し、人を任ずるに賢愚を問はず、誰は大院君の党派なり、誰は金玉均の党派なりと、児戯に均しき言を以て取捨を行ふに過ぎず。

外国の侵略に抵抗する者がいない国であれば、侵略されても当然だというのである。朝鮮に侵略に抵抗する者がいない理由について、金は「今や我邦の人口殆ど二千万に過ぎ、其物産の如きは設令ひ人遺の精品に乏しきも、其天産物品に至ては之を日本及び清国の北部に比して却て遥かに優る者あるにもかかわらず、

人民一物を製すれば、両班《ヤンバン》官吏の輩恣《ほしいまま》に之を横奪し、百姓辛苦して銖錙《ママ》［錙銖《ししゅ》、わずかな金］を積めば、両班官吏等来て之を掠取す。是に於て人民皆な以為《おもえ》らく苟《いやしく》も自から力作して衣食せんとする時は、両班官吏の為に其利を吸収せらるゝのみならず、甚きに至ては、貴重の生命を失ふの恐れあり。寧ろ農商工の諸業を棄てゝ、危を免るゝに如かずと。是に於てか遊手の民、終《つい》に全国に充満し、国力をして日に消耗に帰せしむるに至れり。

というように、政府が人民の生命・財産を保護していないからだと述べる。そのため「今日我邦の急務は所謂両班（士族の職名）を芟除《さんじょ》するに在り」（括弧は原文のとおり）ということになるのであるが、ここで想起されるのは『時事』社説「朝鮮人民のために其国の滅亡を賀する」の朝鮮の「有様」に関する記述である。

今朝鮮の有様を見るに、王室無法、貴族跋扈、税法さへ紊乱の極に陥りて民に私有の権なく、啻《ただ》に政府の法律不完全にして無辜を殺すのみならず、貴族士族の輩が私慾私怨を以て私に人を拘留し又は傷け又は殺すも、人民は之を訴るに由なし。

また、『時事』の未掲載社説「朝鮮の滅亡は其国の大勢に於て免る可らず」で、朝鮮の「事情」について以下のように記述されていることも想起されよう。

今我輩が実際に朝鮮の事情を述れば、土地の広さも人口の数も大凡日本国の三分の二に当り、海陸山河、天然の富源なきに非ざれども、国中に貴族あり士族あり、［中略］其支流末葉より下て士族、中族、郷族の数を共計すれば、蓋し何十万戸或は百万戸の数に上る可し。之を朝鮮国の士大夫と称す。此士大夫なるものは家に恒の産なく身に勤労の手足なし。又この中より挙げられて政府の官吏と為りたる者にても、俸給の豊あるに非ず。国中都鄙《とひ》の別なく所在に人民と雑居して暴威を恣にし、私に他の財を貪り又随て之を虐使して自から生計と為し、殊に其官吏社会には賄賂公行して、法を枉《ま》げ法を作ること甚だ易く、苟も国中に利益の営む可きものあれば、一も官吏の私に帰し、二も貴顕の専にする所と為りて、人民のこれがために疾苦難渋する其有様は、国中無数の豺狼と共に雑居するに異ならず。

金は「両班士族」という言葉を用い、福沢は「貴族士族」「士大夫」という言葉を用いているものの、福沢が述べる朝鮮の「有様」なり「事情」は、金から聞き知ったものなのではないかという推測が十分に可能であるほど、両者の朝鮮の「有様」「事情」に対する認識は符合している。

一方、巨文島事件に対処する清の能力について、金は「清国は万事朝鮮の国事に干渉して、自ら保護の責に任ずるが如しと雖ども、巨文島を回復して朝鮮の為めに封境を全うする能はざる」として、朝鮮を保護する能力はないと断定する。にもかかわらず、「殿下の奸臣は袁世凱等の如き、無識の徒と結党し国権を蔑如」しており、「是れ臣の見に堪へざる所」だと言う。また日本については、「日本は前年来何等の考へにや、一時熱心に我邦の国事に干渉し居たるも、一敗の後は忽ち之を棄て丶、顧みざるの状あり」というように、甲申政変ののちに態度を一変して、朝鮮問題に関与しなくなったと言う。そうである以上、朝鮮は「唯外は広く欧米各国と信義を以て親交し、内は政略を改革して、愚昧の人民に教ふるに、文明の道を以てし、商業を興起し、財政を整理するにあり」と述べるのであるが、「欧米各国」と「信義を以て親交」すべきというのは、朝鮮政府はロシアによる侵略を防ぐためにイギリスの巨文島占領を批判せずにむしろその保護を求めねばならず、またつまらぬ理由でロシアを憤激させてはならぬとした『時事』の論調と同一の論調である。

その一方で、「与李鴻章書」で金は李鴻章に対して、「大清国皇帝陛下」が「天下の盟主となって欧米各大国に公論を布き、これと連絡して朝鮮を立てて中立の国となし、万全無危の地とする」ことを推進するよう求めるのである。ここから推測されるのは、金は巨文島事件への対応として、福沢の主張に歩調を合わせてイギリスの保護下に入ることと、清を盟主とする朝鮮の中立化の二本立てを考えていたのではないかということである。後者は井上馨ら日本政府の姿勢に通じるものである。

（2）兪吉濬の軟禁

次に検討する朝鮮開化派の人物は、朝鮮最初の日本留学生として慶應義塾に学んだ兪吉濬《ユ・ギルチュン》である。前章で見たように、兪は一八八二年末に修信使朴泳孝の一行とともに留学を終えて日本を発ち、帰国後は統理交渉通商事務衙門主事として国漢文による新聞の発行準備に当たった。結局この国漢文新聞の発行は実現せず、兪は一八八三年七月、前年に調印された朝米修好通商条約の批准に伴う朝鮮政府最初のアメリカへの使節団に、報聘使閔泳翊の随員として参加する。閔泳翊は一〇月に帰国の途に就くが、兪は閔の取り計らいでアメリカに留まり、マサチューセッツ州セーラムのピーボディ科学アカデミー（ピーボディー・エセックス博物館の前身）館長を務めていたエドワード・S・モースの教えを受け、一八八四年九月にセーラム港から三〇マイル内陸に入ったサウス・バイフィールドにあるガヴァナー・ダンマー・アカデミーという大学進学予備校に入学した。ところが同年一二月の甲申政変の報に接すると、学業を中断して帰国の途に就く。柳永益《ユ・ヨンイク》によると、一八八五年九月以降のことだという。大西洋・地中海・スエズ運河・インド洋を経て、兪が済物浦《チェムルポ》（仁川）に到着したのは同年一二月一五日だった。帰国後、兪吉濬は捕盗大将韓圭卨《ハン・ギュソル》の自宅に軟禁された[28]。一八八七年に閔泳翊の別荘の白鹿洞翠雲亭に移され、軟禁が解かれる一八九二年春までをここで過ごす[29]。

アメリカからの帰国の頃に兪が著した文章に「中立論」（漢文）がある。先の柳永益も述べているように、兪は帰国の途中で東京に立ち寄り、福沢諭吉を訪ねて金玉均とも会ったと推測されるが、ここでイギリスによる巨文島占領下の朝鮮について、何らかの話し合いが持たれたものと思われる。「中立論」はロシアの朝鮮侵略の脅威を唱え、日本も朝鮮への侵出を狙っている状況では、「中国」が盟主となって朝鮮を中立化することが朝鮮と「中国」の利益になると主張する。その際に「中国」が朝鮮中立化の「盟主」となる根拠として兪が掲げるのは、「中国は我が邦が幾千年にわたって貢物を奉って冊封を受けてきた国[30]」であるというように、朝貢・冊封の関係であった。

前章で見たように、壬午軍乱発生直後の時点で、兪は尹致昊《ユン・チホ》とともに福沢の「朝鮮改造論」に歩調を合わせて、日本政府に支援を求める上書をしていた。しかしこの時点で福沢が朝鮮「属邦」論についてさしたる認識を持っていなかったことは前章で見たとおりで、これについては兪・尹も同様だったと思われる。やはり兪も壬午軍乱ののちに朝鮮「独立」論を構想したのであろうと考えられるのだが、その際に兪が至った結論は、朝鮮は清の朝貢国であっても「独立国」だというものであった。

兪が日本留学からの帰国直後に書いたと推測される『世界大勢論』で、朝鮮が清に朝貢する「属国」であることと朝鮮が「独立国」であることが、矛盾しないよう工夫していることは、別稿で筆者が明らかにしたとおりである。[31]「中立論」も「中国が遠人を待遇する方法は、古《いにしえ》より今まで、概ね寛大・柔和［な方法］に従い、ただその貢を納めてその封を冊し、自ら治めさせて、その余りは二度と問いません[32]」というように、朝貢国の内政外交は「自主」であると強調している。その意味で兪の「中立論」は、朝鮮が清の「貢国」であることを事実として認めた上で、「貢国」は「独立国」であるとする井上毅《こわし》「朝鮮政略意見書」（一八八二年九月）の認識に近く、また英露対立から朝鮮を保全するために朝鮮「属邦」論を黙認して清の優位を認めるという井上馨「辨法八ヶ条」にも近い。

ただし「中立論」には井上馨の考えと異なる部分がある。まず、「中立論」はイギリスの巨文島占領という状況下に書かれているのにもかかわらず、イギリスに対する批判的言辞や撤兵を望む文言が全くなく、反対に「［ロシアは］中央アジアの諸小国を誘って或いは保護の下に置き、或いはその独立の権利を担任すると謂って、盟《ちかい》を結んだ血がまだ乾かぬうちに、遂にその土地を郡県にし、その人民を奴隷にします[33]」というように、アフガニスタン方面での英露の対立について一方的にロシアの侵略性のみが強調されているのである。次に、中立国（ないし中立地）の例として挙げたベルギーとブルガリアの国際的地位と朝鮮のそれとを比較して以下のように兪が述べている。

今、我が邦は土地からするとアジアの咽喉に位置し、ヨーロッパにおけるベルギーのようであり、地位からすると中国の貢邦であって、トルコにおけるブルガリアのようです。しかし、同等の礼を以て各国と条約を結ぶ権利は、ブルガリアにはなく我が邦にはあります。貢邦の列にあって他邦の冊封を受けることは、ベルギーにはなく我が邦にはあります。(34)

ここで兪の力点が、朝鮮がブルガリアと同様に「貢邦」であることよりも、ベルギーと同様に各国と条約を結ぶ権利を有していることの方にあるのは明らかである。このように「中立論」はロシアに対する極度の警戒心、イギリスの巨文島占領を黙認する姿勢、朝鮮の内政外交に対する清の干渉の拒否という点で、井上馨よりも福沢の考えに近い面があるのである。また、これらは金允植のイギリスへの抗議に見られるような、朝鮮政府の対応、その背景にあったと推測される李鴻章の朝鮮政府への警告にも反するものである。

なお、時期は下って日清開戦前夜になるが、一八九四年六月六日の日本公使館書記生国分象太郎と兪吉濬・金嘉鎮《キム・ガジン》の会談に関する以下の記録は、巨文島占領期の兪のもう一つの考えを示唆するものとして注目される。

右両氏ハ徹頭徹尾清兵ノ招来ヲ以テ不可トシ〔中略〕今ヤ将ニ其兵員ノ一千五百ハ牙山ニ向ツテ来ラントス、事已ニ此ニ至ル、恐ラク朝鮮ノ亡兆此ニ縁由スルニアラサルナキカ、今此輩ハ殆ンド絶望ノ地ニ立タントス。只夕能フナラバ日清両国間ニ熟議ノ末、我朝鮮ニ対シテ中立若クハ保護国ノ資格ヲ与ヘ（英国トノ間ニ密約ヲ結ブ事之レハ目下ノ行掛上清国ノ斡旋ニ一任スベシ）、余命ヲ存スルノ方法モアラバ至幸ナリ。然ラサレハ我朝鮮ハ必ス東洋ニ於ケル各国ノ紛争点ト化シ之ヲ保スベカラス云々。(35)(括弧は原文のとおり)

東学党の乱への対応として朝鮮政府が要請した清の朝鮮派兵を「朝鮮ノ亡兆」と捉え、その対応として朝鮮を中立化するかイギリスの保護国とするしか朝鮮保全の方法はないというのである。この会談に先立ち、国分は安駉寿《アン・ギョンス》・金鶴羽《キム・ハグ》らと会談しているが、そこで金鶴羽は国分に「第一恐ルヘキハ、支那兵一旦上陸ノ端緒ヲ開クニ於テハ魯国ハ之ヲ好機トシテ、元山永興《ヨンフン》若クハ北境便宜ノ地ニ其兵ヲ上陸スルノ虞ナキカ」(36)と述べている。安駉寿・金鶴羽・兪吉濬・金嘉鎮はともに反閔氏政権の同志であったことからすると、「朝鮮ノ亡兆」とは、金鶴羽の言う清の派兵に乗じたロシアの朝鮮北部の占領であることは間違いない。ロシアの侵出への対応として朝鮮の中立化が掲げられるのは「中立論」と一致するが、もう一点、イギリスの保護国化というのは巨文島占領期の福沢の考えと一致する。兪も巨文島占領期に朝鮮の中立化と、イギリスの保護国化という二本立ての対応を考えていたのではないかと推測されるのである。いずれも、朝鮮に対する清の「属邦」支配強化およびロシアによる朝鮮全土あるいは一部の占領という状況を避けるために、朝鮮が列国の共同保護(中立化)ないしイギリスの単独保護に入ることを認めるというものであった。

(3) 朴泳孝の上疏

次に朴泳孝の「建白書」(37)を検討してみたい。先に見たように、日本に亡命した朴泳孝は一八八五年五月末に徐光範・徐載弼とともにアメリカに渡航した。しかし、翌年五月に朴は日本に戻っている。

「建白書」は一八八八年に朴泳孝が高宗に宛てて著した上疏で、外務次官林董《ただす》が一八九四年七月中旬に入手した原本を、おそらく朝鮮の内政改革の参考にするためだろうが、外務省記録課機密部が謄写したものである（原文は漢文）。朴は前文で甲申政変における自らの行動を弁明したのち、国際情勢・法律・経済・衛生・軍事・教育・政治・自由の八項目にわたって意見と改革案を開陳しているが、その記述に福沢諭吉の著作からの翻訳・翻案が多く見られることは、青木功一がつとに指摘しているとおりである(38)。

さて、「建白書」で国際情勢を論じた「宇内之形勢」の項は、以下のように始まっている。

現在、宇内万国はちょうど昔の戦国のようです。専ら兵勢によって強大になろうとし、強は弱を併せ、大は小を呑み、常に武備を講じて兼ねて文芸を修め、相競い相励み、先を争わないことがありません。各々その志を逞しくして天下を震い威し、他の不和に乗じてこれを奪おうとしています。故にポーランドとトルコは、もともと微弱な国ではありませんが、しかしみな自国の内乱に因って或いは裂かれ、或いは削られ、再び興復する日がありません。万国公法と均勢公義があるといっても、国に自立・自存の力がなければ、必ず削られ裂かれ、維持することができないので、公法・公義は始めから頼りにするには足りません。ヨーロッパの文明強大の国でも敗亡させられるのに、ましてアジアの未開弱小の邦はなおさらです(39)。

青木功一は、この記述に『西洋事情』「外編」巻之一「各国交際」との関連を認めている。たしかに万国公法や「均勢公義」（バランス・オブ・パワー、『西洋事情』では「国力の平均」）について、朴が『西洋事情』から知識を得たと見ることは可能であろう。しかしこの文章は、現状ではこれらが役に立たないものになっていると述べている点で、「朝鮮人民のために其国の滅亡を賀す」による停刊処分のために掲載されなかった『時事』社説「朝鮮の滅亡は其国の大勢に於て免る可らず」の以下の部分との関連に注目するのが妥当である。この社説はバランス・オブ・パワーについて次のように説明する。

> 弱肉強食とは机上の談に非ず、今の世界に行はれて隠れもなき事実なり。殊に近年欧洲の各国、交通の利器を利用して東洋に其肉を求るの急なるに於ては、朝鮮の如き弱国は到底其独立の体面を全ふするを得べからざるは、甚だ以て賭易《かけやす》きの数なり。古より国交際の言に国力権衡（バランス・オフ・パワル）と云ふことなり。是れは本と大国相互の嫉妬心に起るものにして、其一大国が小国を併するは力に於て易きことなれども、去りとては大国をます〳〵強大にして、自然他の大国のために不利なるが故に、敢て当局の小国を愛するには非ざれども、他より之を保護して独り一大国の慾を逞ふするを得せしめず、以て小国をして自然に自立の安を得せしむるものにして、小国は大国の力の釣合のために幸に免かる、を得るなり。之を国力権衡と云ふ。（括弧は原文のとおり）

しかし、この社説の主張は、以下のように、東アジアの現状においてバランス・オブ・パワーは到底なり立ち得ないというものだった。

世の論者の迂闊なる者は、動《やや》もすれば東洋小弱国の保存を謀りて、此一義に依頼せんとするの説あれども、其説甚だ陳腐にして、千八百八十年代に通用〔す可〕きものに非ず。〔中略〕又本年は英人が突然朝鮮海に現はれて巨文島を占領したれども、文明の世界中に其無理非道を咎るものとてはなくして、是れは英が露に対して先鞭を着けたるものなりと云ひ、或は英人は巨文を取りたる其代りに、露人をして自由に済州を占領せしむるならんと云ひ、眼中既に朝鮮王国なるものなきが如し。前年露人が日本の対州を占領せんとしたる時には、英人が力を尽して之を退却せしめ、其立言の主意は日本帝国の土地を無名に押領するは非なり、万国公法の許さゞる所なりなどにて、露人も之に抗するを得ず、英人の言ふがまゝに対馬を棄てたれども、爾後二十年を経て今日となれば、其英人が自から朝鮮王国の土地を無名に押領して、正しく当時露人が日本に仕向けたる無法を働きながら、欧洲の文明人にして之を非難するものなし。偶《たまた》まこれあれば、其理非を論ずるには非ずして、之を羨むの情を含むものに過ぎず。文明の変遷、日に急にして、其東洋に向ふの気勢、復《ま》た前年の比に非ざること明に見る可し。此急変劇動の衡に当りて、内の腐敗は既に極度に達したる朝鮮国が、尚其独立を維持せんとする歟、我輩の如きは到底其説を得ざる者なり。

朴がこの文章を読んだことを証明するすべはないが、「建白書」の万国公法・勢力均衡批判が巨文島占領期の福沢の言動との関連で行われたことは推測可能である。さらに、朴が「公法・公義は始めから頼りにするには足りません」と言うのは、金允植がカールズに対して「公法」「公論」「公議」を掲げてイギリスの巨文島占領に抗議したことを想起させる。この論法からすると、朴も『時事』社説

「巨文島に対する朝鮮政府の処置」と同様に、朝鮮政府のイギリスへの抗議を「愚も亦極まれり」とする結論に行き着くことになる。

また「宇内之形勢」は、以下のように特にロシアとイギリスのアジア侵略に言及しているが、これは明らかに巨文島事件を踏まえてのものである。

しかし、我がアジアの［民］族は懶惰《らんだ》で無恥であり、一時的に生きながらえようとしているだけで、少しも果敢の気がありません。これは臣が寒心して嘆息する所以です。もしロシアが東を侵そうとして、山を鑿って道を開き、そうして東海の浜に及び、諸国の形勢を察して我の無備を見、先ず我が国の西北に出て咸鏡・平安の両道を掠め取り、日本海・黄海の水利に拠って三国の両膝を絶ち、アジアの禍福をほしいままにすれば、我が邦の事はすでに去り［挽回できず］、奮起排難の志があろうとも、またいかんともできないでしょう。そもそもロシアは君主独裁の邦と言いますが、しかしその政治・法紀は我が邦より勝っています。故に我が人民が一たびその便に安んずれば、もはや我が朝の興復を楽しまないでしょう。インドはアジアの中の盛大な邦だとは言っても、またその内乱・無備に因ってイギリスの領《おさ》める所となりました。その人民がイギリスの法律がの命令を楽しんで受け入れ、自ら政府を立てようとしないのは、他でもなく、イギリス政府寛大で、政治が公正なため、人々は各々その生に安んじ、故にイギリスの政治を離れて、再び苛政に陥るのを恐れるからです(40)。

青木が指摘しているように、ロシアは「君主独裁」であっても政治・法律は朝鮮より優れているという記述は、『西洋事情』「二編」巻之二「魯西亜」の記述を下敷きにしたものであろうし、イギリスのインド支配に関する記述は、同「外編」巻之一「人民の各国に分かる、ことを論ず」の一節をほぼ忠実に翻訳したものである。ただし、この文章が単なる一般論としてではなく、東アジアないし朝鮮に差し迫った問題として記述されていることに注意する必要がある。その際に想起されるのが、「朝鮮人民のために其国の滅亡を賀す」の以下の文章である。

左れば朝鮮の人民は内に居て私有を護るを得ず、生命を安くするを得ず、又栄誉を全うするを得ず、即ち国民に対する政府の功徳は一も被らずして、却て政府に害せられ、尚その上にも外国に向て独立の一国民たる栄誉をも政府に於て保護するを得ず。実に以て朝鮮国民として生々する甲斐もなきことなれば、露なり英なり、其来て国土を押領するがまゝに任せて、露英の人民たるこそ其幸福は大なる可し。他国政府に亡ぼさるゝときは亡国の民にして甚だ楽まずと雖ども、前途に望なき苦界に沈没して終身内外の恥辱中に死せんよりも、寧ろ強大文明国の保護を被り、せめて生命と私有とのみにても安全にするは不幸中の幸ならん。手近く其一証を示さんに、過般来英人が巨文島を占領して其全島を支配し、工事あれば島民を使役し、犯罪人あれば之を罰する等、全く英国の法を施行する其有様を見れば、巨文島は一区の小亡国にして、島民が独立国民たるの栄誉は既に尽き果てたれども（是れまでとても独立の実なければ其栄誉もなし）、唯この一事のみを度外に置て他の百般の利害如何を察すれば、英人が工事に役すれば必ず賃銭を払ひ、其賃銭を貯蓄すれば更に掠奪せらるゝの心配もなし、人を殺し人に傷るに非ざれば死刑に行はれ又幽囚せらるゝこともなし、先ず以て安心なりと云ふ可し。（括弧は原文のとおり）

引用文の後半、「手近く其一証を示さんに」以下の朝鮮の「有様」に関する記述を、「建白書」は『西洋事情』「外編」のイギリスのインド支配に関する記述に差し替えたのだという見方ができるだろう。

繰り返し述べているように、朴が巨文島占領期の福沢の著作物に直接触れたということは証明できない。そもそも『時事』に「朝鮮人民のために其国の滅亡を賀す」が掲載された当時、朴はアメリカに滞在中であった。しかし、以上に見た「建白書」の記述と福沢の言説の符合からすると、やはり「建白書」の巨文島事件以後の東アジア情勢に対する認識は、同時代の福沢のそれとの関連を考えざるをえない。もし関連があったのだとすると、朴もイギリスによる保護の受容を覚悟したことであろう。「建白書」前文の以下のような高宗に対する言辞も、「朝鮮人民のために其国の滅亡を賀す」などの言説を踏まえれば、一度は亡国の臣となることを覚悟した朴の悲憤慷慨として理解できるのである。

さらに隣にある国があり、同類の人としてともに雨露の恵沢を受けて、日月の光を被り、我が邦と比べて国土に大小の違いがさほどなく、物産も豊少の異なりがありませんが、ただ事を行うことに違いがあります。彼はすでに開明の道に就き、文芸を修めて武備を治め、富強な国とほとんど一緒に馳せております。しかし、我はなお蒙昧の中にいて、痴人のように、愚者のように、酔漢のように、狂人のように、世界の事情を弁えず、自ら天下から侮辱を受け取っています。これは無恥の甚だしいものです。臣は不学無識で世事に暗いといっても、しかしこれを恥じ、これを憂えるのは、天下の人が我が朝鮮を目して、癡愚酔狂の国としているからです。いやしくも心の有る者は、誰が恥じないでしょうか。[41]

ここから、朴泳孝が福沢と同様の「同系発展の観念」を内面化していることを見て取ることもできるであろう。この内面化は、次に見る尹致昊においても見て取ることのできるものである。

(4) 尹致昊の「亡命留学」

最後に、兪吉濬とともに日本に留学して同人社に入学した尹致昊の動向について見てみたい。

尹は一八八三年五月に日本から帰国して、初代駐朝鮮アメリカ公使フートの通訳となった。その関係で尹はしばしば高宗・王妃閔氏に拝謁してその寵愛を受けたが、金玉均・朴泳孝ら甲申政変の主導者とも接触を重ねている。政変の計画に対して尹は父の雄烈とともに反対の立場を取り、甲申政変の舞台となった郵征総局開設祝賀宴にはフートの通訳として居合わせたものの、尹自身は政変に加担していない。一二月五日に樹立された新政権では統理交渉通商事務衙門参議に任命されたが、清軍の介入で甲申政変が鎮圧されると、金玉均らの一派と目されて身に危険が及ぶのを恐れ、高宗の許可を得て上海に「亡命留学」することとなった。一八八五年一月一九日に仁川を出発し、長崎を経て尹が上海に到着したのが一月二五日である。そうして尹は上海のアメリカ総領事スタールの斡旋で中西書院(Anglo-Chinese College)に入学し、一八八八年夏まで在学する。その間、一八八七年四月三日には南監理教会(南メソジスト監督教会)の洗礼を受けている。一八八八年九月に上海を出発してアメリカに渡り[42]、ヴァンダービルト大学に入学、さらに一八九〇年にはエモリー大学に入学した[43]。一八九三年からは上海の中西書院で教鞭を取り、朝鮮に帰国するのは一八九五年二月のことである。

韓国併合以前の『尹致昊日記』[44]を分析した柳永烈《ユ・ヨンニョル》によれば、尹の朝鮮「近代変革論」には「内部革命論」「平和的自主改革論」「文明国支配下の改革論」「国民啓蒙論」の側面があるが、このうち「文明国支配下の改革論」は、最善の変革論である「内部革命」と「平和的自主改革」が不可能だと尹が判断した時期に現れるもので、その最初が「巨文島占領事件の前後の時期」だった[45]。つまり、尹は巨文島事件を契機に朝鮮が「文明国支配下」に入ることを考えたわけであるが、ではその論理はいかなるものだったのだろうか。

まず、尹の朝鮮「独立」論に関する基本的な考えは、『日記』（八四・二・六）に明らかである。

〔朝鮮が〕古《いにしえ》にその〔清の〕属邦としてその下に処することに甘んじたのは、ただ時勢がそうさせただけではなく、また保国の一策であったが、今に恪《つつし》んで宗国に事《つか》え、苦《つと》めて旧規を守るのは、ただ事が無益に畢《おわ》るのみならず、反って必ず国を敗《ほろ》ぼすのみである。また、古に誠を輸《つく》して上に事えたのは、ただその庇〔護〕を望むだけだったが、今に下に居することに甘んずるのは、却って人の辱めを受けるのであるから、必ず勉めて自振を図り、独立を期するのが当今の我が邦の急務である。さらに、実に外国が〔我国を〕助成しようとしているのは、外国人が我と清の関係を知らずにそうしているのではない。故におよそ外交上の文字および新聞は、各〔格〕別に我国に独立の権があることを発明〔明らかに〕しているのである。（原文は漢文）

朝鮮が西洋諸国と条約を結ぶ以前は、朝鮮が「属邦」であることは異常なことでなく、むしろ大国による小国朝鮮の保全・保護という意義があったが、しかし西洋諸国と条約を結んだ現状では「属邦」と「独立」は両立せず、実際に諸外国は朝鮮の「独立」を支持しているというのである。これはメレンドルフが刊行した『朝鮮略記』という著作に、「朝鮮王は即ち清帝の有名無実の奴僕であるが、しかし中国人はその内政に干渉しようとしない」という文章があることに論駁したものである。「属邦」は「自主」であっても「独立」と両立しないというのは、同時期の福沢および金玉均の認識と一致する。[46]

上海に到着して二週間ほどの二月一一日、尹はイギリス租界内にある公園について日記に記している。ここで尹は、その公園に「外国男女」がみな「会遊」しているのに、清国人だけが入ることを許されないことについて、「独り豚尾人だけは入るのを許されないが、これによって豚尾人が侮りを被っていることを窺うことができる」と述べている。「豚尾人」とは辮髪した清国人を指すものである。ただし、尹は「もし我国にこのような外国園遊を設けさせれば、我国の人もまた入るのを許されないだろう」と記すのも忘れなかった。

陰暦元旦の二月一五日に尹は上海城内を散歩しているが、その日の日記には、路上の悪臭、人々の不潔・怠惰・虚勢・浮文・喧噪、拝金主義や食物の不衛生が列挙される。しかしやはりここでも尹は、「これらの評説はみな我国の評に合致し、外国人に我国を見せたら、必ずこのように評論するだろう」と付け加えている。また、上海城内の家屋は概ね二階建てで「雕欄彩椽」しているものもあって（漢城では王宮以外に二階建て以上の建築は禁止されていた）、材木は「精雅」であり、日本の道路には及ばないものの道路は「舗石」もしてあり、人々の衣服には「錦繡華麗之物」が多く、「我国の貴富人の豪奢な子弟の衣服を思い出せば、この地の平常人の平常服にも及ばない」ので、「我国の無財を知るべき」だと記している。

満一六歳になる年に日本に留学した尹のその四年後の上海経験は、幕末・維新期の日本人の西洋経験に伴う東洋（中国）経験に比肩されるものである[47]。ここで形成された尹の清国認識は、基本的に文久二年のヨーロッパ行に伴う福沢のそれと同質であるが、しかし福沢が清に対する自国優越意識を持ち続けたのに対し、尹にとって自国の現状は清と同様あるいはそれ以下であるのみならず、清の「属邦」としてその干渉下にあるという点で全く異なっている。

尹は上海で現地や日本の新聞[48]、漢城の家や知人からの手紙、時折上海を訪れる朝鮮人との会見などを通じて朝鮮の現状に関する情報を得ていた。一八八五年三月末から七月にかけて、『日記』には巨文島事件、朝露密約に関連する記述が数件ある。六月四日には「近日、英艦が我国南海の島、巨文島を侵取」したという情報について、「これは外国が初めて我国の土地を取ったことであるが、我国は兵が弱くて民が貧しく、内政が修まらないのに、外虞はこのようであるので、朝鮮が幾日持ちこたえて、人の土地になるのか分らない」と記している。同月二〇日の『日記』に「我が朝廷が恃む所は豚尾に過ぎず、外務を全てメレンドルフに托し」ている限り、「我国には久しからずして変乱が起こるだろう」とあるように、外交を清とメレンドルフに依存していることに、朝鮮の亡国の危機の原因があると尹は考えていた。二六日には、「朝鮮の今の事勢は［中略］北に鷲が力を養い機を俟って翼を奮おうとしており、西に獅子が貪を肆にして已に門を入って堂を窺っている。四隣蚕食の患は、目前に現れ、八域の卵累の危は言葉で尽すことができない」と巨文島事件以後の危機的状況を記述しているが、ここでも「ましてや豚尾の侮を被ることが、日に日に甚だしくなり、人の心を持つ士であれば、憂恨しないでいられない」というように、朝鮮の「四隣蚕食の患」「卵累の危」は、やはり朝鮮「属邦」論にもとづく清の干渉にあるとしている。

そうして翌一八八六年九月九日には、朝鮮をロシアの保護国にしようとする謀議が清に発覚して「顕官一人」が天津に押送されたという新聞記事、および「朝鮮支那間の電線」が「清人」のものになり、清国政府の電報以外に他人に使用が許されなくなったという新聞記事に接して、「これらの国勢からすると、一国生死の運命を天下無双の蛮夷の手（支那）に托すより、むしろ全土を他の文明の邦に付与して、民を重税・悪政の下から救うのがよい」（以上、原文は漢文、括弧は原文のとおり）と日記に記した。ここに至って尹は、朝鮮は清の「属邦」として人民を虐げるよりは、「文明」国の支配下に入る方がましだという、「朝鮮人民のために其国の滅亡を賀す」と同一の考えを持つようになったのである。

その後、しばらく『日記』にこのような考えが記述されることはないが、一八八八年にアメリカに渡ったのちに、再び記述されることになる。その契機の一つが、アメリカ（および渡航途中）で中国人が受けている冷遇を目撃したことだった。例えばホノルルに寄港した一八八八年一〇月二〇日には、通関で「清人」が旅券を詳しく調べられているのを見て、「清人」は至るところで侮辱を受けているのに、「この広大な世界で清人が贅沢な暮らしをしている所は我国しかないのだ」と『日記』で嘆いている。カンザス・シティに着いた一一月二日には、宿で中国人に間違えられて

アメリカ留学時代の尹致昊（『佐翁尹致昊先生略伝』佐翁尹致昊文化事業会，1998年，扉）

入れてもらえず、停車場で夜を過ごしたことから、アメリカで中国人が受けている侮辱を『日記』に記している。もとより尹は、差別を受ける中国人に同情することもなく、非白人一般に対する差別であるかもしれないものを、ことさら中国人に対する侮辱とみなすことによって、アメリカ人が「日本人やあるいは我国の人を見ても、清人だと思って冷遇が甚だしい」と嘆くのである（以上、原文は国文）。

ヴァンダービルト大学に入学してから半年ほどが過ぎると、一八八六年の頃と同様の自国認識が日記にしばしば綴られるようになるのだが、それは欧米の書物の読後感として記されている。まず一八八九年五月二五日の日記には、トーマス・マコーレーの『ウォーレン・ヘースティングズのインド政策』に関する以下のような感想が記されている。(49)

ワレン・ヘスティングのインド政略（Warren Hasting's Indian Policy. Macaulay）を読み、弱肉強食することを嘆息したが、もしインド政府がしっかりしていて、よくその人民を保護すれば、どうして英人が横行したであろうか。また、その時はインドの内政が極めて錯乱して、四面に英雄が立ち上がり、インドの江山を争鹿［王位争い］する時だった。先に［王位を］得る者が王になる時に、イギリスが天下の強国としてどうして袖手［手をこまねいて］傍観したであろうか。これによって見れば、イギリスがインドを占有したこと［に］は、間違ったこともなく、またイギリスが主人になったのち、インドの内乱が鎮定され、外憂も沈息して、人民の生命財産をよく保護し、学校を設けて人材を培養し、学問を勧勉して前日より太平を享受するので、実際はインドのために言えば、イギリスがその恩人であると言っても正しい。アジア諸国がみな孱弱《せんじゃく》［ひ弱］

でその権利を保全できず、西洋人の手中に入る国が多いのだから、恃強淩弱する西洋の政略は正しくないが、アジア各国が虐政によってその人民を孱弱にし、外患を自ら招いた咎をどうして免れようか。(原文は国文、括弧は原文のとおり)

弱肉強食は正義に悖るが、しかし植民地化を招いた責任はインドの内政の混乱にあり、むしろイギリスはインド人民の生命財産を保護している恩人だというのである。

一八八九年一〇月一〇日の日記には、書名は不明であるが、中西書院教師のボンネルから送られてきた、おそらく欧米で発行された朝鮮の事情に関する書物を読んだ感想が記されている。

我国の時事を論じた本を馮先生が送ってくれたので、おおよそ読んでみると、我国の当時［現時］の政府の無信無知な行いを詳しく述べており、ロシアが我国を取ろうとする事情を全て述べている。国であれ一身であれ、自分の行いをまずよく修めなければ、外面ではたとい友達の助けを受けても何の効験があろうか。我国の当時［現時］の急務は、内政をよく修めて民の身命・財産を保全し、国家の基本を堅固にすることにあり、外交にあるのではないのに、我国の君民はただ財物だけを貪って人民を塗炭に置き、朝廷の無用の官はその数知れず、百事に方向がなく、ただ朝夕の計に区々として、長遠な道理を用いず、小人奸臣が人君の左右に満ちて、国の安危存亡は顧みず、自分の口腹だけを満たすことに奔走するので、このような政府でこのような不完全な世の中に、我国のような弱国を保全するのは、まるで夢にも見られないことである。これまでの清人の属国であるよりは、むしろロシアやイギリスの属国になって、その開化を学ぶのがよいのである。我国の朝廷の数百年の罪悪を考えれば、そのように汚く禽獣のような政府は、とっくに亡びるのが道理であり、百万蒼生の福であろう。（原文は国文）

一二月二日にはマコーレーの『歴史』第一巻（『日記』ではMacauley's History Vol.I）を読み終わった感想として、チャールズ二世の後継をめぐるヨーク公ジェームズ（ジェームズ二世）とモンマス公ジェームズ・スコットの対立に端を発する一六八五年のモンマスの反乱に関して、以下のように記している。

イギリス史の最悪の時期の最悪の王子と最悪の裁判官の最悪の裁決は、私がこれまで見たり読んだりしたことのある朝鮮の役人の違法で邪悪で非人間的な行為よりも、人間らしさと公正さにおいて、はるかに優れている。例えば、数年前の朝鮮におけるいわゆる反逆者の処刑である。責めを負うべき反逆者は全部でたった約五〇人だった一方、死の受難を被った者は数千人を数えた。（原文は英文）

ここでいう数年前の朝鮮の反逆者とは、甲申政変に加わった人物だと見て間違いない。尹によれば、ジェームズ二世の腹心の首席裁判官ジェフリーズによるモンマスの反乱に対する裁判で処刑されたのは五〇〇人以下であり、その反逆者の両親・子供・親族は死刑にならなかった。それに対して「朝鮮では反逆者の親族は助命されなかった」。これは前章で見た『時事』一八八五年二月二三日社説「朝鮮独立党の処刑」が、甲申政変後に「独立党」残党が政府によって本人のみならず「父母妻子」まで絞罪に処されたとして、「我輩は此国を目して野蛮と評せんよりも、寧ろ妖魔悪鬼の地獄国と云はんと欲する者なり」と述べたのと同じ視線で尹が朝鮮を見ていたことを物語っている。

翌三日には『我らの黒い兄弟（Our Brother in Black）』（アッティクス・ヘイグッド著）という本をいくらか読んだ感想として、「ある国が自分自身を統治することに不適切であるなら、独立できるようになるまで、より開化した強い国民によって統治され、保護され、教えられるのがよい」とした上で、「もし朝鮮が自治に不適切であるなら、清のもとにいるよりも、イギリスのもとにいるほうが無限によいだろう」と記した。翌年の五月一八日には、「イギリスやロシアの支配下では、人民は人民として多くの苦しみが取り除かれ、多くの利益を享受することになるだろう。しかし、私は断然ロシアの支配よりイギリスの支配を選ぶ」と記している（原文は英文）。朝鮮が取りうる選択肢を①「平和的自主改革」、②「内部革命」、③「現状維持」、④「清の羈絆」（清の「属邦」）、⑤「イギリスかロシアの統治」の五つとした上で、「最初の二つは効果を発揮することが不可能であり、次の二つは耐え難い」と見なした結果であった。

最後に本章での議論をまとめておこう。

甲申政変の鎮圧による急進開化派の殺害・亡命・処刑によって、日本と結んで「文明」化と「独立」を図ろうとする勢力は朝鮮から一掃された。巨文島事件によって英露の対立が朝鮮へと及び、さらに朝鮮国王がロシアに保護を求める状況になると、福沢はせめて朝鮮が清の「属邦」支配強化やロシアの占領のもとに置かれるよりも、イギリスの保護国となって形式だけでも「独立」を維持すべきだと唱えた。福沢は「朝鮮改造論」を放棄する中で、このことを朝鮮政府の「滅亡」という激越な言辞で表現したのである。

福沢一太郎（前列左），福沢捨次郎（後列右），兪吉濬（後列中央）．前列中央は閔泳翊，後列左は井上角五郎（『福澤諭吉事典』慶應義塾，2010年，227頁）

この時期、福沢の個人的な書簡にも、朝鮮の「滅亡」という言辞が見られる。アメリカ留学中の長男一太郎と次男捨次郎に宛てた一八八七年一〇月二五日付の書簡であるが、当該の部分は以下のとおりである。

捨次郎より兪吉濬の義尋問、同人は朝鮮に帰りて禁獄せられたるよし。人に讒《ざん》せられたる事ならん。野蛮国の悪風これを聞くも忌わしき次第なり。何れにしても箇様なる国は一日も早く滅亡する方天意に叶ふ事と存候。（⑱五九）

兪吉濬は慶應義塾留学中に一太郎・捨次郎と親交があったものと推測される。さらに、一太郎と捨次郎は兪と同じく一八八三年にアメリカ留学へと出発するが、捨次郎がその後マサチューセッツ工科大学に入学し、セーラムに住んで毎日のようにモースの自宅を訪れていたことは、一八八四年八月一三日付E・S・モース宛福沢諭吉書簡[50]から知ることができる。このことは、アメリカ留学中に捨次郎と兪吉濬が交友を続けていたことをも物語るもので、同書簡で福沢は捨次郎のみならず兪についてもモースに謝辞を述べている。本章で見たように、兪はアメリカ留学から帰国したのち、政府によって監禁された。先に帰国した兪について捨次郎からその安否を尋ねられた福沢は、その返事において教え子で息子とも仲が好い兪が政府によって「禁獄」に処されたと書き、「こんな国は早く滅亡してしまえ」と書いた。朝鮮政府さらには朝鮮という国が滅亡することが、その人民の幸福だというのは、福沢の「朝鮮改造論」を放棄する際の心情を吐露したものであるとともに、自らのもとを訪れたことのある朝鮮人政客や留学生が、朝鮮政府によって処刑されたり弾圧を受けたりしていることに対する無念を露わにしたものでもあり、単なるレトリックではなく、福沢の本心だったのである。

一方、甲申政変以前に日本を訪れ福沢と接触した朝鮮開化派も、巨文島事件ののちにやはり自国の「独立」に対して絶望感を味わった。残っている文章だけからすると、とりわけ朴泳孝と尹致昊の文章から、自国の現状に対する深い絶望感が窺える。朝鮮史研究者の中には、この時期の開化派の動向について、かれらは甲申政変前の日本をモデルにした「覇道」的富国強兵論・大国主義から、甲申政変後の「王道」的自強論・小国主義への思想的転回の上で、小国への侵略を行う西洋諸国に対して「信義」の実現を訴えたのであり、中立化の主張はその小国主義の具現化だと唱える者もいる(51)。しかし本章で見たように、かれらは福沢と同様の文明観に立って自国の政府と人民を「無知」「蒙昧」「無恥」と見なし、やはり福沢と同様のパワー・ポリティクス的な国際情勢認識に立ちながら、朝鮮の完全「滅亡」、人民の塗炭の継続という事態を避けるために西洋列強に対する「信義」を唱えて保護を求めざるをえないという状況に追い込まれていたというのが実状である。一八八〇年代前半に日本を訪れ、日本の「富国強兵」を参照した自国の「国民国家」化を図って形成された、いわゆる急進開化派の開化思想は、巨文島事件を機に一度は潰《つい》えたと言ってよかろう。

註

(1) 小林隆夫『一九世紀イギリス外交と東アジア』彩流社、二〇一二年、一六一頁。
(2) 金容九『巨文島とヴラジヴォストーク』西江大学校出版部、ソウル、二〇〇九年、六四頁。
(3) 高橋秀直前掲『日清戦争への道』、一八八頁。
(4) 条文は、外務省編纂『日本外交文書明治年間追補』一、日本国際連合協会、一九六三年、三五九—三六〇頁に拠る。
(5) 以上は、高橋秀直前掲書、一九〇—一九二頁、参照。
(6) 小林隆夫前掲書、一六一—一六四頁、参照。また、李鴻章の朝鮮国王への警告の内容については、渡邊勝美「巨文島外交史」『普専学会論集』一、一九三四年、二三九—二四〇頁、参照。
(7) 渡邊勝美同右論文、二四三—二四七頁、および金容九前掲書、二二二—二二八頁、参照。
(8) 金容九前掲書、二二九—二三一頁、参照。
(9) 「英案」一『旧韓国外交文書』一三、高麗大学校出版部、ソウル、一九六八年、一三四頁。
(10) 「統署日記」一『旧韓国外交関係附属文書』三、高麗大学校出版部、ソウル、一九七二年、二〇七頁。
(11) 和田春樹『日露戦争』上、岩波書店、二〇〇九年、六〇頁、参照。
(12) 同右書、六〇—六三頁、参照。
(13) 同右書、六三—六五頁、および金容九前掲書、八九—九六頁、参照。
(14) 清仏戦争と清仏天津条約について、坂野正高『近代中国政治外交史』東京大学出版会、一九七三年の第一〇章、および岡本隆司「清仏戦争の終結」『京都府立大学学術報告(人文)』六一、二〇〇九年、参照。
(15) 坂野正高同右書、三六六頁。
(16) 岡本隆司前掲「清仏戦争の終結」、二一九頁。

(17) 山田賢「『中国』という畏怖」中村政則他『歴史と真実』筑摩書房、一九九七年。
(18) 長崎事件について概要は、外務省編纂前掲『日本外交文書明治年間追補』、四四六—四七〇頁、信夫清三郎編『日本外交史』I、毎日新聞社、一九七四年、一三五—一三六頁、および朝井佐智子「清国北洋艦隊来航とその影響」『愛知淑徳大学現代社会研究科研究報告』四、二〇〇九年、参照。
(19) 小林隆夫前掲書、一七九頁。
(20) 和田春樹前掲書、七一頁、参照。
(21) 同右書、七二—七三頁、参照。
(22) 田保橋潔前掲書、上巻、一〇五五—一〇六〇頁、参照。
(23) 田保橋潔同右書、下巻、一四八頁、参照。
(24) 同右書、一五七—一六四頁、参照。
(25) 小林隆夫前掲書、一八七頁、参照。
(26) 山辺健太郎「甲申日録の研究」『朝鮮学報』一七、一九六〇年、一二二頁。なお、『甲申日録』の記述の問題点については、月脚達彦訳注前掲『朝鮮開化派選集』の訳注および「解説」を参照されたい。
(27) 原田環は、松本正純『金玉均正伝』厚生堂、一八九四年、一一〇—一一七頁に掲載された上奏文は、『東京日日新聞』からの転載だと推測している。原田環前掲書、三三三頁の註二八、参照。なお、原田によれば閔泰瑗『金玉均と甲申政変』国際文化協会、ソウル、一九四七年所載の上奏文には国王の尊称が「殿下」から「陛下」になっているなど異同がある。なお、本書での引用は、「与李鴻章書」とともに『朝野新聞』によるが、原文の漢字片仮名文を漢字平仮名文に改めた。
(28) なお、この「軟禁」について、政府による弾圧の側面だけではなく、むしろ袁世凱を介した清の干渉強化に対抗するために、英語や西洋事情に通じた兪を「保護」するという側面があったことは柳永益が指摘したとおりである。柳永益（秋月望・広瀬貞三訳）『日清戦争期の韓国改革運動』法政大学出版会、二〇〇〇年の第三章「甲午更張以前の兪吉濬」、参照。

(29) 以上、同右書、七四―八三頁、参照。
(30) 原文は『兪吉濬全書』Ⅳ、所収。引用は月脚達彦訳注前掲『朝鮮開化派選集』、一五四頁。
(31) 月脚達彦前掲「兪吉濬『世界大勢論』における『独立』と『文明』」、参照。
(32) 月脚達彦訳注前掲『朝鮮開化派選集』、一五四頁。
(33) 同右書、一五二―一五三頁。
(34) 同右書、一五二頁。
(35) 『駐韓日本公使館記録（活字版）』一、国史編纂委員会、ソウル、一九八六年、五三八―五三九頁。
(36) 同右書、五三八頁。
(37) 原文は「朝鮮国内政ニ関スル朴泳孝建白書」外務省編『日本外交文書』二一、一九四九年。
(38) 青木功一前掲書の第七章、参照。
(39) 月脚達彦訳注前掲『朝鮮開化派選集』一〇二―一〇三頁。
(40) 同右書、一〇三―一〇四頁。
(41) 同右書、一〇〇頁。
(42) なお、尹はその途中で日本に立ち寄り、一〇月六日に福沢を訪ねているが、不在で会えなかった。後掲『尹致昊日記』（一八八八年一〇月六日）。
(43) 柳永烈『開化期の尹致昊研究』ハンギル社、ソウル、一九八五年、参照。
(44) 『尹致昊日記』全一一巻、国史編纂委員会、ソウル、一九七一―一九八九年（以下『日記』）は、尹致昊の一八八三年一〇月一九日―一九〇六年七月三日および一九一六年一月一日―一九四三年一〇月七日の日記に、雑誌『開闢』一（一九三四年）に掲載された一八八三年一月一日―一六日の日記を加えたものである。文体は一八八七年一一月二四日まで漢文、翌二五日から一八八九年一二月七日まで国文（ハングル）で、同日の日記の途中から英文に変更した。文体の変更について、漢文から国文については不明であるが、国文から英文については、その主たる理由として、朝鮮語の語彙では「現在の事象を記しきれないこと」が挙げられている

（『日記』一八八九年一二月七日）。
(45) 柳永烈前掲書、二二三頁、参照。
(46) なお、日本留学中の一八八三年一月一日から一六日の日記によれば、この一六日間に尹は三回福沢に会っており、そのうち二回は金玉均が一緒だった。尹が通訳を務めたものと思われるが、福沢と金との間に頻繁に会談が行われ、尹がその多くに同席したことを推測させるものである。
(47) 近代日本の知識人の上海経験について、劉建輝『増補　魔都上海』筑摩書房（ちくま学芸文庫）、二〇一〇年、参照。また尹致昊の上海経験の前年、一八八四年の尾崎行雄の上海経験について、草森紳一『文字の大陸　汚穢の都』大修館書店、二〇一〇年、参照。
(48) 『日記』（八六・八・二二）によると、尹はこの日、神津という日本人の家で新聞を借りて、金玉均の動向など朝鮮に関する情報を日記に書き込んでいるが、その出所として「時事新聞」と記している。上海で尹が『時事新報』を読む機会があったことを推測させるものである。
(49) 以下の『尹致昊日記』に現れる諸書籍の原本の正式な題名やその内容などについて、いまだ筆者の調査は及んでいない。今後の課題としたい。なお、鈴木利章によれば、マコーレーのヘースティングズ論は、尹が日本留学中の一八八二年に開学した早稲田大学（東京専門学校）の英文科でテキストとして使用されており、また尹が日本を離れた後の一八八五年に慶應義塾の本科でテキストとして使用されているという。鈴木利章「文明史・G・G・ゼルフィーとT・B・麻侯礼卿」川本皓嗣・松村昌家編『ヴィクトリア朝英国と東アジア』思文閣出版、二〇〇六年、参照。福沢と尹の文明観の共通点の基盤に、マコーレーから得たウィッグ史観の影響があるかもしれない。
(50) 慶應義塾編『福澤諭吉書簡集』四、岩波書店、二〇〇一年、一七一頁。また、福沢および捨次郎とモースとの交流について、同書の「補注（ひと）」のモースの項、参照。
(51) 趙景達「朝鮮の国民国家構想と民本主義の伝統」久留島浩・趙景達編『国民国家の比較史』有志舎、二〇一〇年、長谷川直子「朝鮮中立化論と日清戦争」和田春樹他編前掲『東アジア近現代通史1　東アジア世界の近代』など。

第三章　日清戦争と朝鮮の内政改革――一八九二―一八九五

前章で述べたとおり、『時事』には一八八五年九月以降、朝鮮に関する社説がほぼ皆無になった。同紙に再び朝鮮関係社説が増加するのは一八九二年以降で、一八九四年の日清戦争開始前夜から爆発的に増えるのであるが、ではほぼ皆無だった時期の朝鮮関係社説がいかなる性格のものだったかを、本論に入る前にまず検討しておきたい。

一八八九年一月には、四回にわたって「朝鮮の独立」（＊八九・一・七―一〇）という往年の「朝鮮改造論」を連想させる題目の社説が連載されている。しかし、その内容はかつての「朝鮮改造論」とは程遠いものだった。この社説は冒頭に「去頃の紙上に於て我輩は、縦《たと》へサイベリアの鉄道成るにもせよ、露国より過激手段に訴ふる如き拙策に出てざるは明白」であると述べたとあるように、ロシアのシベリア鉄道建設が日本と東アジアにどのような影響を及ぼすかを論じた「東洋問題」（＊八八・一二・一四―一五、一七―二〇）を受けて書かれたものである。社説「朝鮮の独立」はシベリア鉄道完成後のロシアの朝鮮侵略の可能性を、「殆んど謂れなき話なるべし」と否定する。その第一の理由として、ロシアは「印度、阿富汗《アフガン》、波斯《ペルシャ》、土耳古《トルコ》の事件より若しくはバルガリアの紛議に至るまで三面殆んど敵」に囲まれているため、「独り朝鮮にのみ其全力を注ぐの暇あるものならず」という、南アジアから西アジア、バルカンにかけてのロシアとイギリスをはじめとする諸国との対立状況を挙げる。また、東アジアの状勢に

関連しては、

朝鮮も亦一個の独立国なり。支那は公然之を佐《たす》けて英国も亦陰《ひそか》に声援するが故に、［ロシアが］朝鮮に向て侵略の策を行はんとすれば英支諸国を敵にするの決心にて大兵を東洋に送らざるを得ざるの理なれども、此事たる既に前日の紙上にも陳べたる如く、仮《たと》へ鉄道落成するも七千哩の無人地に兵を行るは兵法の許さゞる所にして、加ふるに本国の情勢は歳幣乏しきを告げて国内亦静《せい》謐《ひつ》ならず、内外の困難一時に重ね来るの際に朝鮮を併呑せんとするの策は、今年今月に行《や》はれざる者と称して可ならんのみ。

とあるように、巨文島事件という英露の西洋勢力による朝鮮「独立」喪失の危機が、清とイギリスの協調関係によって回避された一八八七年二月以後の情勢を是認するものだった。巨文島事件発生直後のパワー・ポリティクス的な国際情勢認識は後退し、むしろその時には否定されていた勢力均衡論に期待を示す態度に転換していると言える。

この社説と同年の一八八九年の一二月に首相に任命された山県有朋は、有名な「外交政略論」(1)（一八九〇年三月）において、「主権線」（＝「疆土」）の「安危と緊《きびし》く相関係する」「利益線の焦点」である朝鮮の「防護」について、「朝鮮の独立は西伯利鉄道成るを告るの日と倶に、薄氷の運に迫らんとす」という認識のもとに、「将来の長策は果して天津条約を維持するに在るか、或は又更に一歩を進めて聯合保護の策に出て、以て朝鮮をして公法上恒久中立の位置を有たしむべきか」と問い、後者のために朝鮮に「間接の利害を有する」英独を「東洋共同利益の範囲内に聯合」させるとともに、日本と「清国の交際を厚くす」べきことなどを説いた。
「外交政略論」の「文脈上」からは、「今我が国進んで各国を誘導し、自ら聯約の盟主と為るは情勢の許さゞる所」であるが、「朝鮮の中立」は「清国の冀望する所」であり、「李鴻章は久しく朝鮮の為に恒久中立共同保護の策を抱」いているのだから、清の「主唱」によって朝鮮を中立化させ、日本が「聯盟者」、つまりその共同保障国の位置に立つべきであるということになる。(2) この「外交政略論」の朝鮮中立化構想は、前章で見た金玉均《キム・オクキュン》と兪吉濬《ユ・ギルチュン》の中立論と近い。ただし、李鴻章が朝鮮の「恒久中立共同保護の策を抱」いているとの認識の根拠は「外交政略論」では明らかではない。金玉均の「与李鴻章書」および兪吉濬の「中立論」が朝鮮を中立化するよう李鴻章を説得するという体裁になっていることから、むしろ金と兪の認識においては李鴻章に朝鮮の中立化の意図はないということになる。

一方『時事』社説「朝鮮の独立」は、清の主唱による朝鮮中立化に一切言及しない。『時事』の朝鮮政略論は、清の主導による西洋勢力からの朝鮮の保全に批判的であるという点で一貫しているのである。むしろ、社説「朝鮮の独立」は第二次朝露密約に関連して、「袁世凱が京城に在りて国王廃立の事を行はんとし、若しくは朝鮮を其版図に合せんとするの企あるに於ては、朝鮮の政府中には寧ろ国を挙げて露国の保護を仰ぐとも支那に従属す可らずと為す露派も起り、其事一たび此に至れば朝鮮独立の問題は変して分割の争と為り、露国支那の両国は朝鮮を狐注《こちゅう》にして相鬩《せめ》ぐが如き変乱なきを期す可らず」という「極端」な「想像」を掲げる(「狐注」とは博打で最後に有り金を全て賭けること)。

朝鮮「独立」の障碍は、あくまで清の朝鮮に対する干渉強化であるという認識である。しかし、その障碍は日本の力で除去できず、「支那英国は露国と其領地を接するを以て攻守同盟の約も成立つならん。されども之に反して日本は四面繞《めぐ》るに海を以てして境界の争起る可に非されば露国を敵にして支那に結ぶの必要なかる可し」というように、あくまでロシアの朝鮮侵略を防ぐ勢力はイギリスであるという認識は、一八八五年の社説「朝鮮政府の処置」から変わっていない。社説「朝鮮の独立」は、そこにイギリスの巨文島撤退が英清の協調関係の下で行われた現実を追加したものである。その結果、「我は其［英清の］間に中立し国力平均の上に立つより外に良策なかる可し」というように、むしろ「中立」すべきなのは日本ということになるのである。

『時事』社説「朝鮮の独立」と山県「外交政略論」は、日清が相互に無断で朝鮮に軍隊を派遣しないという天津条約体制の維持を前提としている点で共通しているが、(3)イギリスの主導下で朝鮮の「独立」を維持するか（『時事』）、清の優位を容認した上で朝鮮の「独立」を維持するか（山県）という点で異なっているのである。一方、前章で見たように、金玉均と兪吉濬はイギリスの保護と清を盟主とした中立化という二本立てで朝鮮の「独立」維持を構想していたが、前者は福沢の路線、後者は「辨法八ヶ条」以来の日本政府の路線に対応するものだと言えよう。ところが、一八九二年以降、『時事』には俄に朝鮮に関する社説が増加し出し、天津条約体制の破棄を唱える主張も現れることになる。

ところで、金玉均は李鴻章と談判するとして上海に赴き、そこで洪鍾宇《ホン・ジョンウ》によって一八九四年三月二八日に暗殺される。また兪吉濬と朴泳孝《パク・ヨンヒョ》は、日清開戦とほぼ同時に日本の干渉下で始まった甲午改革という朝鮮の近代的改革で大臣を務めることになる。本章では、一八九二年以降、日清戦争へと至る時期の『時事』の朝鮮に関する論調を、福沢と関係の深い朝鮮開化派の動向と併せて分析していくこととする。

1　イギリスの巨文島撤退以後の「東洋」政略論

（1）天津条約撤廃による日清共同の朝鮮内政改革

『時事』社説における朝鮮問題の増加の画期となるのは、「一大英断を要す」（九二・七・一九―二〇⑬）である。前年の第一議会以来の「民党」による政府批判に危機感を示したこの社説は、「従前の儘にして官民互に城郭の一方に割拠し憲法を楯として相争はんか、国事は益〻停滞不通の有様に陥」ることを避けるために、「唯英断を以て対外の大計を定め、社会の耳目を此一点に集めて、以て国内の小紛争を止むるの一法あるのみ」と主張する。ここで言う「対外の大計」とは、明治元年の「朝鮮罪なしと雖も内の治安の為めには換へ難し」との目的による木戸準一郎（孝允）の征韓論[4]のひそみに倣って、「内は一般の人心を刺撃して専ら此一方に集まらしめ、外は朝鮮国の難局を救ふと共に大に我国を利せんと欲するものなり」というように、日本による朝鮮の内政改革であった。

そうして、ここで出てくるのが、日本は「明治十七年の京城変乱後は専ら無事平穏を旨として深く利害を考へず、彼の天津条約に日支両国共に相互の照合なくしては兵員を朝鮮に送ること能はずとの一項の如き、当時に於ては自から止むを得ざるの必要ありしことならんと雖も、今日より見れば不都合千万であるが故に、「斯る約束は今日の大勢に於て一日も存立を許さゞる所のものなれば、我朝鮮政略の第一着手は、取敢へず支那政府と協議して該条約を廃止すること肝要なる可し」というように、それまで是認してきた天津条約の撤廃である。

ただし、この社説で「支那政府にては朝鮮為中国所属之邦《ちょうせんはちゅうごくしょぞくのほうたり》の議を主張する其反対に、我国にては其独立を認めて、特に之を喋々したるが為め、其間の折合ひ常に妙ならざりしかども」と、久しぶりに「独立」論と「属邦」論という朝鮮をめぐる日清の対立が言及されるものの、「我国にても名義上の空論を喋々することを止め、共に赤心を披《ひらい》て東洋将来の利害を談じ、両国一致して朝鮮を助け、先づ其実力を得せしめて、遂に独立国の名を成さしむること、今日の急務なる可し」というように、日清共同の朝鮮内政改革が唱えられている。やはり、日本が「アジア盟主」となった朝鮮の「文明」化による「独立」＝「朝鮮改造論」が掲げられることはなく、天津条約も日清共同の朝鮮内政改革の障碍として破棄が論じられている。同様の論調の社説は、「朝鮮政略は他国と共にす可らず」（九二・八・二五⑬）、「所属論は論ぜずして可なり」（九二・八・二六⑬）と続く。

また、「一大英断を要す」で朝鮮問題について新たに加わった論点として、「同国政府と約束の上、我国に溢るる無数の貧民を其地に移して耕作に従事せしむるは彼我の便利にして、殊に我国の為めには未開不案内の地に植民するよりも、其利益大なるものある可し」というように、日本の過剰人口の殖民先としての着目があり、それが朝鮮政府の「苛政」の改革につながるという展望がなされている。朝鮮に殖民する以上、日本人を保護するために随時の派兵権が必要となるのであり、殖民策もそうした天津条約の撤廃論の一環と見なすことができるのである。

こうした国内の対立を外に逸らすために朝鮮の内政改革に乗り出す「英断」をせよとの主張は、当時進みつつあった治外法権の撤廃にも関係するものであった。「新内閣の方針如何」（九二・八・一〇⑬）は、成立したばかりの第二次伊藤博文内閣に対して、「朝鮮の形勢は目下焦眉の急に迫りて、危機の破裂するや間、髪を容れざるものあ」り、「一旦その機宜を誤るときは我国権の消長にも関係す可き大事」であるため、「新内閣は対韓の政略に付き如何なる手段を取るの覚悟なるや」と、内閣に「英断」を迫るのである。朝鮮問題を条約改正問題と結びつける視点は、かねてからの朝鮮政略論と同一である。

ただし、両者の結びつきは以前と異なっている。『時事』は一〇月前半に「先づ天津条約を廃す可し」（九二・一〇・一⑬）「天津条約」（九二・一〇・一一⑬）「天津条約廃せざる可らず」（九二・一〇・一二

⑬）という立て続けの天津条約撤廃に関する社説ののち、「条約改正」（九二・一〇・一三⑬）を掲げている。

社説「条約改正」は、外国人の内地雑居に反対する条約励行論者が存在することについて、外国人に「未だ日本の現況を詳にせずして隣国の支那朝鮮と一様の観を為し、其習慣法律も大抵隣国に彷彿たるものならん。斯る法律の下に服従するは如何にも不安心なりとの恐を抱」かせるものだと批判する。これに対してこの社説は、「寧ろ実際に益もなき彼の治外法権を抛擲して内地に雑居し、日本人同様自由自在に営業運動するこそ得策なれと思はざる者はなかる可し」と批判する。ここからは憲法発布と議会開設を経て、かつての「脱亜論」に見られるような、日本が西洋から「支那朝鮮」と同等に見なされることに対する危機感を払拭し、日本は西洋の「文明」国と同等に立ったという自信が読み取れる。そうした自信から、日本が再び朝鮮の内政改革＝「文明」化について、ただし清とは軋轢を起こさない範囲で、積極的に出て行かなければならないというのが、天津条約撤廃の主張になっていることがわかる。

とりわけ朝鮮の「独立」のためには朝鮮自身の軍事の改革が必要になるのであるが、天津条約が「殊に兵士訓練の為め教師を派遣することを禁ずるが如きに至りては、更に不都合極まるものと云はざるを得ず」（「天津条約廃せざる可らず」）というように、その第二条で日清両国の朝鮮への軍事教官の派遣を禁じた天津条約は障碍になるのであった。

ところで大澤博明によれば、この『時事』の天津条約撤廃論をめぐって、政府系の『東京日日新聞』が天津条約を擁護して反論を加えて、論争が交わされたという。ここで大澤は、一八九二年四月以降、福沢は『時事』社説をほとんど起筆していないという平山洋の説を引きながら、「『時事新報』の『一大英断を要す』を始めとする天津条約論争に福澤が直接関与していなかった可能性」があったことを示唆している。(5) しかし、社説「天津条約廃せざる可らず」は、天津条約について「条約其物を非難するに非ず」、「若しも当時の事情に就て見れば、啻に非難せざるのみならず、寧ろ其適当なるを公言するに憚らざれども」、「禍を幾微に防ぐの一点より見れば至当の処分と云はざるを得ず」などというように、天津条約が日清の衝突を回避するために果たして来た役割を繰り返し認めている。その上で敢えて撤廃を主張するのは、第二条で日清両国の朝鮮への軍事教官の派遣を禁ずることによって、「他の先進国の人を雇ふて其訓練教導を仰ぐの外なしとして」、日清以外の国の軍事教官を朝鮮政府が雇用することを恐れるからである。社説は「他の先進国」がどの国だか明言していないが、ロシアを指すのは明らかであろう。

一方で、天津条約が締結された当時は「彼我の感情互に相容れずして、到底両立を許さゞる有様」だったが、「今は其感情も全く消滅して痕迹あるを見ず」、「殊に日支の両国は東洋の大勢上に於て利害を同ふするのみならず、古来同文の国にして、其交際は他国に比して一層親密なる可き筈なれば、一時の感情全く消滅して和気洋々たる旧時の交態に復したる今日と為りては、天津条約の如き、甚だ不都合にして斯る条約の存するは寧ろ両国間の情誼を妨ぐるものと云はざるを得ず」と、現時点において日清関係は良好であると述べる。朝鮮への軍事教官の派遣については、清は「兵制の一事に至りては寧ろ自家の改良に忙はしく、迚《とて》も他を教ゆるの暇もなかる可ければ、差向き其任に当るものは日本人たらざるを得ず」と、朝鮮の軍事教官は日本人でなければならないと主張するのであるが、社説の結論は「日支両国ともに一致共同して其自立を得せしむるの策を講ずること、東洋目下の急務なる可し」という日清共同の朝鮮内政改革だった。

事実として当時日清が「和気洋々たる旧時の交態に復した」かどうかは関係なく、この社説が言う日清関係の現状はすぐれて方便的なものであろうが、とにかく天津条約撤廃論そのものが方便的なもので、全体として述べていることは、朝鮮へのロシアの侵出を防ぐために、天津条約を撤廃して朝鮮における日清の行動の自由の余地を広げようということのように思われる。だとすれば、一八九二年の『時事』の天津条約撤廃論は、政府と対抗する対清強硬論でもなく、また石河幹明が起筆したため、社説で福沢の考えよりも侵略的な議論が展開されたということでもないと思われるのである。

(2) 防穀事件と日本人殖民策

一八九二年の天津条約撤廃論はこれで終息し、翌一八九三年には永く日朝間の懸案だった防穀事件に関する大石正巳駐朝鮮弁理公使の談判が朝鮮問題の主題となった。防穀事件とは、直接には一八八九年に咸鏡道観察使の趙秉式《チョ・ビョンシク》が、大豆の凶作により陰暦一〇月一日(陽暦一〇月二四日)から咸鏡道内の大豆の輸出を禁止するという措置を採ったことに端を発する。(6)

朝鮮では穀類が不作の場合、地方官が食糧不足を回避するために他地方への穀類流出を禁止する防穀という措置を採ることがあった。朝鮮との貿易を開始したのちの日本政府もこれを認め、一八八三年締結の日朝通商章程ではその第三七款に「若シ朝鮮国水旱或ハ兵擾等ノ事故アリ、境内欽《ママ》[缺]食ヲ致スヲ恐レ、朝鮮政府暫ク米糧ノ輸出ヲ禁セント欲セハ、須ク其期ニ先タツ一箇月前ニ於テ地方官ヨリ日本領事官ニ照知ス可シ」(7)云々と規定していた。ところが一八八九年の防穀に際して、咸鏡道の開港場である元山を管轄する監理元山《ウォンサン》口通商事務が陰暦一〇月一日以前に日本領事館に防穀施行を通知しないまま、趙秉式は予定どおり一〇月一日に各邑に日本商民への大豆売却禁止の指示を出した。

この章程違反について近藤真鋤代理公使は外衙門を詰責するとともに、日本商民の損害額の調査を行った。一八九一年二月、梶山鼎介弁理公使は朝鮮政府に対して日本商民の損害およびその利子、合計一四万七千円余りの支払いを要求する。朝鮮政府は趙秉式の過失を認めたが、日本側から提示された賠償額は過大であるとして六万円を支払うと回答した。結局、梶山は六万円の賠償金で解決することを決心する。しかし日本商民の反発を憂慮した陸奥宗光外務大臣は外務省通商局長の原敬を朝鮮に派遣して外衙門と再協議させたが、妥結に至らなかった。さらに一八九〇年三月には黄海道観察使呉《オ》俊泳《ジュニョン》が事前通告なしに防穀を発した。黄海道防穀事件である。

　梶山の後任として元自由党の大石正巳が弁理公使に任命され、一八九三年一月に漢城《ハンソン》（ソウル）に赴任した。大石は梶山が提示した金額を上回る一七万五千円余りの賠償金額を提示して、督辦交渉通商事務趙秉稷《チョ・ビョンジク》と交渉を重ねるが一向に進捗しなかった。問題が紛糾するに及んで、袁世凱が介入する。三月七日に趙秉稷から大石に送られた照会は、防穀事件に係る朝鮮政府の過失と章程違反を否認し、日本側が当初に要求した賠償金額の根拠を否定して外衙門が同意する賠償金額を四万七千円余りとするものであったが、李穂枝《イ・スジ》によるとこの金額を策定したのは袁世凱だという[8]。憤激した大石は照会の受理を拒否し、大石と趙との間の照会の往来はその後杜絶した。大石の請訓に接した伊藤首相と陸奥外相は大石を自重させ、さらに李鴻章を通じて袁世凱に朝鮮政府との妥協への助力を求めることとする。伊藤の考えは、大石に朝鮮政府への最後通牒発送を許可する一方で、賠償要求額の落とし所を純損失高の九万五千円余りとし、それでも朝鮮側の同意金額を上回ることで大石の面子を立てるというものであった。大石が趙秉稷に一四日を期限として最後通牒を送致したのは五月四日である。

　そもそも咸鏡道での防穀事件発生の直後、『時事』は社説「朝鮮の防穀事件」（＊九〇・一・一二）で、咸鏡道は「豊年」であったにもかかわらず防穀が施行されたとの情報にもとづき、「豊年に防穀令は条約の許さゞる所にして、朝鮮政府が之を等閑に附するは両国民の貿易を保護するの道にあらざれば、此時に当り我が当局者は事実を明にして速に処分を施し、在朝鮮の日本商人をして商機を誤り利益を空ふするの憂なからしめんこと我輩の望む所なり」と、自由貿易主義の立場から朝鮮側を批判していた。結局、大石公使の最後通牒に対して、朝鮮国王は趙秉稷を更迭して後任に南廷哲《ナム・ジョンチョル》を就け、最終的に五月一九日に賠償金一一万円とその支払い方法について妥結を見る。大石が離任帰国するのは六月三日である。

『時事』一八九三年五月一七日社説「防穀事件の談判」⑭は、大石が政府に訓令を請うたという消息に接して書かれたものであるが、この社説は防穀事件の談判について「苟《いやしく》も彼政府の筋の不行届よりして損害を我貿易上に及ぼしたる次第に至りては、飽までも理由を明にして結末を付けざる可らず」と日本側の主張を支持しながらも、朝鮮が日清露の三国の間にあって「表面は独立国に相違なけれども、実際は他の勢力に依頼して自から維持する」状況であるにもかかわらず、日本政府が「時として寛大なるが如く、時として強硬なるが如く」、「我政略の主義方針を決定」していないことを批判する。『時事』の「主義方針」とは、「我輩が朝鮮政略を談じて、清国と共同一致して朝鮮をして自から独立するの力を得せしむ可しとの次第を論じたるは一にして足らず」というように、前年来の天津条約撤廃による日清共同の朝鮮内政改革という方向で、防穀事件に対処していくというものだった。背景にあるのは、朝鮮政府がロシアに接近するのではないかという憂慮である。

翌日の「防穀の談判急にす可し」(九三・五・一八⑭)は、大石の「強硬の方針」について「爰《ここ》に軽視す可らざるは其事件の為めに両国の人民が互に感情を損じたるの一事なり」とし、その「感情」の悪化が「両国間の貿易商売を衰退せしむるの原因と為りて、日本人民に非常の損害を与へつゝある」と懸念を示す。壬午軍乱前後の時期以来、朝鮮人民の日本に対する感情の悪化によって日本側に人的・物的な損害がもたらされたという認識から、この社説は「我輩は唯後来の利害の為めに一日も早く其結末を付け、彼我の感情をして旧の如くならしめんと欲するものなり」と結論づける。日本に対する朝鮮人民の感情悪化により朝鮮政府が清への依存を深め、さらにこれに反対する朝鮮政府内の勢力がロシアに接近することを恐れてのものでもある。

政府が大石に最後通牒の送付を許可したという消息に接した「談判の結局如何」（九三・五・一九⑭）は、「元来公使引払の一事は非常の場合にして、既に両国の交際破裂の端緒として見る可きものなれば、此場合に接しては朝鮮の当局者も其意見を改めて更に談判に応ずるの覚悟に出ることならん」と最後通牒送付による事件の落着を展望しつつ、大石に対して「公使が茲に心事を一転して其挙動を穏にする」べきだとの「所望」を開陳する。「強硬の方針」によって悪化した朝鮮人民の日本に対する感情を、速やかに宥めるべきだというわけである。ここで出てくるのが、前年来の殖民策であった。

「両国民相接するの機会を開く可し」（九三・五・二〇⑭）は、「明治十五年の変乱後は日本の兵隊も京城に駐在すること、なり、我国の士人にして彼政府に聘せられて事務に参ずるものもあれば、彼国の学生にして日本に留学するものあるなど、其間の感情も穏にして、随て商売貿易も前後の望乏しからざりし」と、井上角五郎の朝鮮派遣や慶應義塾への留学生受け入れという自らの経験にもとづき、たとい軍隊の駐屯という形であっても両国人民の具体的な接触が感情の悪化を防止するとの認識のもと、大石の強硬策によって、かつて甲申政変後に日朝間に「一種の感情を引起さしめた」前轍を踏まぬよう、「其内地に於ける未開の土地を借りて日本の人民を移し、開拓殖産の業に従事せしむるが如きも自から一法なる可し」と殖民による両国人民の接触を提案するのである。

一方、大石の「強硬の方針」に対しては日本国内にも批判があった。これに対して「朝鮮談判の落着、大石公使の挙動」（九三・五・二三⑭、なお『全集』の編者注に「この一編は福沢の意を承けて社説記者石河幹明の起草したものである」とある）は、壬午軍乱前後にも見られた幕末日本とのアナロジーによって大石の強硬策を弁護した。具体的には一八五八年のエルギン卿の品川湾闖入、オールコックの増上寺霊廟への騎馬での乗り入れなどの「非常の侮辱」を挙げて、これらは「畢竟大国の威厳を示さんとするの手段にして、当時の事情に於ては自から止むを得ざるの処置」であり、「抑も朝鮮目下の国情は、恰も当時の日本に異なら」ないのだから、「今の朝鮮に対する外交の手段を文明流の慣例内に求めて、苟も之を得ざれば、不穏なり例に背くものなりとて云々するが如きは、臨機の処置を知らざるのみか、抑も亦実際の事情に迂なるものと云はざるを得ず」というように、もはや日本は「文明」化したのだから、大石の「強硬の方針」は未開だった幕末の日本に対して西洋諸国が行ったものと同様のもので、「止むを得」ないものだと述べる。憲法発布と国会開設を経て、『時事』は「世界文明の立場」に立つようになっているのである。

以上のように、『時事』は大石への批判が日本外交の体面にかかわるため大石を弁護したが、同年一〇月に再び朝鮮で防穀令が発令されるという情報に接すると、「今回の防穀令は発布の時より三十日後に実施せらるゝものにして既に正当の手順を経」ているとした上で、「日本に不利なるものとあれば一も二もなく条約違反なりと称し、碌々事実をも取調ずして始めより喧嘩仕掛の談判を試んとするが如きは、外交策の熱度高きに過るものにして我輩の同意するを能はざる所なり」と述べて、日本商民および政府に自重を促した。咸鏡道防穀事件の談判を振り返った際にも、大石公使が行ったような「無理」は「世界古今の国交際に随分あり得べきことなれども、左《さ》りとは日韓の交際に無上の不幸にして又実際に永遠の不利と云ふ可し」と大石の「強硬の方針」に苦言を呈した（「朝鮮政府の防穀令」＊九三・一〇・二八）。

先にも見たように、伊藤内閣は大石公使が朝鮮政府に対して強硬方針を貫徹させようとした際に、李鴻章に談判の妥結について協力を求めていた。伊藤内閣としても、防穀事件によって日朝の対立が極度に至ることを避けたかったのである。しかし、岡本隆司が指摘するように、日朝の対立が深まり朝鮮政府の日本に対する反感が強まることによって、それまで険悪だった朝鮮政府の袁世凱に対する態度が好転したことに、防穀事件の意味があった(9)。

大石公使の強硬方針に対する朝鮮政府の対応硬化の背景に袁世凱がいたことを、福沢が知っていたかは明らかでない。いずれにせよ、朝鮮政府に対する「無理」な要求によって、朝鮮の政府および人民の日本に対する感情を悪化させることは「不利」だとした『時事』の論調は、日朝関係の悪化が清に対する朝鮮政府の依存を強め、その依存を背景にした清の朝鮮に対するさらなる干渉強化が、朝鮮政府内にロシアへの再接近を試みる勢力を生むという可能性を念頭に置いたものだろう。

こうして、『時事』社説の朝鮮政略論は、一八九二年から九三年に至って天津条約の撤廃と日清共同の朝鮮内政改革、日本人の殖民による日朝両人民の接触の増加という方針に固まって行った。

（3）朝鮮政府による金玉均の暗殺

一八九二年から『時事』の社説には朝鮮問題に関するものが増加したが、そこでは日本が盟主となって武力を行使してでも朝鮮を「文明」化させて「独立」を維持させるという「朝鮮改造論」は撤回されたままである。清が朝鮮を「属邦」として待遇することへの批判も見られない。こうした『時事』の朝鮮に関する論調が変化し始める契機が、一八九四年三月二八日の洪鍾宇による上海での金玉均の暗殺である。

金玉均が上海に渡った理由について、事件の直後から清が朝鮮政府の金玉均暗殺計画を幇助するために誘き出したのだという説があった。しかし、金玉均暗殺について最初に論評した社説の「金玉均氏」(九四・三・三〇⑭)は、金の上海渡航は元駐日清国公使の李経方の慫慂によるものだとしつつも、それが朝鮮政府の意を受けて金を暗殺するための謀略だったという説については、「斯る卑劣の陰謀は清国の為さゞる所、又為す可き要用あるを見ず」として否定する。

続く「金玉均暗殺に付き清韓政府の処置」(九四・四・一三⑭)は、金を暗殺した洪鍾宇と金の遺体が清の軍艦によって朝鮮に送り届けられたことについて、「日本人一般の感情」として「支那人に対して自から釈然たらざるものなきを得ず」と述べながらも、「金氏を上海に誘出し刺客をして殺さしめたるは全く朝鮮人の毒計にして、支那人の如きは毫髪の関係なしと云へり」という説に疑義を呈していない。この段階で『時事』は、金の遺体と洪鍾宇の扱いについて清を批判しながらも、事件によって日本人の清への感情が悪化することに懸念を抱いていると言ってよい。

一方、朝鮮について社説「金玉均暗殺に付き清韓政府の処置」は、金の「死体に対して極刑を施し、あらゆる醜辱を逞ふして以て甘心すると同時に、謀殺の当人なる洪鍾宇に至りては国家の大忠臣、よくも奸賊玉均を誅したりとて、今の在朝の閔族を始として上下一般に之を歓迎し、或は官を与へ位を授くる等の沙汰にも及ぶことならん」と、かつての甲申政変残党の処刑を想起してだろうが、朝鮮政府の金の遺体と洪に対する処遇をほぼ実際どおりに予想した。金玉均暗殺事件は、「朝鮮改造論」を放棄して以来久しく朝鮮の「野蛮」「未開」を論ずることがなかった『時事』に、再びそうした論調

楊花津に晒された金玉均の首

を復活させる契機となったのである。

そうしてこの社説は、国事犯の保護は「万国公法の通例」であるにもかかわらず、かれらを引き渡せという「無識無法の朝鮮人の怨」は、「我日本国独立の体面」を汚すものだと述べる。日本に対する「朝鮮人の怨」を解こうとすれば、日本は「自家の国権を犠牲に」しなければならないのであり、その上もし朝鮮政府が金の遺体に極刑を施すことになれば、「彼国人はさらに其感情を新にしてます／＼怨を深ふする」だろうというのである。日本が「朝鮮人の怨」を解くために「国権を犠牲に」することで自体困難である上に、もし日本が妥協してもその結果さらに「朝鮮人の怨」が深まるしかないなら、「一刀両断、力を以て悔悟の実を成さしめ、以て一段落を告ぐるの外なかるべし」というように、朝鮮に武力を行使するしかないとする。

この社説とともに、「感情を一掃す可し」（＊九四・四・二七）も、清に対する日本人の「感情」悪化への懸念とは反対に、朝鮮については甲申政変以来一定の方針を欠いていた日本政府の「対朝鮮の政略」に「一大英断を施して」、「力を以て其感情を一掃せしむるの外に手段ある可らず」と述べるもので、日朝の「感情」悪化の原因を除去するために、永く後退させていた朝鮮に対する武力行使の主張を復活させた社説であった。

このように朝鮮に対する武力行使の主張を復活させると、当然ながら天津条約の撤廃が議論されることになる。「彼条約は日清の両国が共に朝鮮の事に干渉せずして自から治安を維持せしむるの意味を明にした」ものであるが、朝鮮に「果して自から其治安を維持し又外に対して独立するの実力ある」かと言えば「実際の事実は全く反対にして、其内情を穿《うがち》て極端に形容すれば或は亡国の有様なりと云ふも不可なきが如き次第」なので、「我国の地位として決して之を傍観するを得ず」というわけである（「一定の方針なし」九四・五・三⑭）。

こうして朝鮮の「独立」問題は、「他を頼みにして自から安心す可らず」（九四・五・四⑭）において「日本立国の利害」にかかわる問題として再浮上するのであるが、一方で清は朝鮮を「属邦」視してその保護に熱心であり、とりわけ李鴻章は「朝鮮の利害に至りては之を視ること其直轄なる直隷省の事に於けると同様」であることも事実として認める。その上、「其背後には更に一大強国の隠然声援の地位に立つの事実ある以上は、他国が朝鮮に干渉を試るが如き、容易に許さゞる所」というように、李の背後に「一大強国」、つまりイギリスの支援があるため、日本の朝鮮への干渉は現実的に困難である。これに対してこの社説は、清の実態は「制度文物依然たる古代の東洋流にして毫《ごう》も改進々歩の実を見」ていないため、「今の列国競争の世界に永く独立を維持するは容易ならざる」状況にあるとして、甲申政変直前に見られた「支那分割論」を復活させるのである。福沢ないし『時事』の清に対する評価は清の実態に関係なく状況に応じて変化するのであるが、ここでもそのことが確認されよう。

2　日清戦争時における「朝鮮改造論」の復活

（1）東学党の乱と「日本立国の利害」

前節で見たように、金玉均暗殺事件を契機に『時事』は、天津条約の撤廃と朝鮮への干渉という主張を掲げるようになった。その直後の一八九四年六月、朝鮮における「東学党」の反乱とその鎮圧のために清が朝鮮に軍隊を派遣したとの消息が伝わって来た。清の朝鮮派兵に対抗して日本も朝鮮に派兵し、これが日清の開戦につながることになる。

周知のように東学は一八六〇年に朝鮮南東部の慶尚道慶州《キョンジュ》で崔済愚《チェ・ジェウ》によって創建された宗教で、民衆が窮乏化するなか朝鮮南部を中心に教勢を拡げていたものである。一八九二年夏からは教団の統制から離れつつある異端派が、処刑された教祖崔済愚（一八六四年に処刑）の無罪を訴えて東学の合法化を獲得するために「教祖伸冤運動」を始め、翌一八九三年初めには東学徒が漢城に上り、国王に教祖伸冤を訴えるとともに、漢城の市中に「斥倭洋」の掛書（体制批判の落書）を行っていた。[10]

『時事』は「東学党」の動きについて、すでに一八九三年から「朝鮮の政情」（九三・四・一八⑭）「閔族の地位」（九三・四・一九⑭）でその背景を論じていた。「閔族の地位」は、朝鮮の現状について「閔氏の一族、外戚の勢に籍《よ》りて威福を専にし、生殺与奪、意の如くならざるなき」有様で、それは「在昔我藤原氏の王朝に於けると同様の観あるが如くなれども、実際の事情は大に然らざるものあり」と言う。藤原氏も外戚ではあるが、「数代の間に権力を養成して政治上の地位を占め」ていたのに対し、朝鮮の外戚は「唯時の王妃が偶ま其家より出たる為めに一時の勢力を得るまで」に留まる

「浮雲の栄華」であり、権力の基盤が極めて脆弱だというわけである。一方、清から帰国した大院君は「外戚征伐主義の人」で、「国内の人望非常に高く」、「国王生父の神聖犯す可らず」という権威のため、閔氏はその対処に苦労していると述べる。朝鮮の政治の紊乱は、閔氏政権の権力基盤の脆弱さによる不安定さに起因すると『時事』は見ていた。

「朝鮮の近情」（九三・六・四⑭）は、同年陰暦三月に東学徒が忠清道報恩《ポウン》で開いた集会に関する論評である。朝鮮政府はこの集会に対し、魚允中《オ・ユンジュン》を両湖都御使（社説では「暗行御使」となっている）に任命して鎮撫に当たらせた。社説は、魚は「東学党は力を以て威服す可らず、恩を施して之を懐く可し」と政府に意見を上せたが、政府は「断然討伐の令を下し、一大隊四百人の兵」を派遣したとする[11]。社説によると、その兵は「本来一定の規律とてはなきが故に、一たび地方に出れば劫迫掠奪到らざる所なきの常態」で、「人民の之を恐るゝこと賊よりも甚だし」かったというのであるが、これが『時事』の朝鮮政府軍に対する評価である。

なお、この社説は東学徒による「斥倭洋」運動についても言及しており、東学徒が「若しも真実に事理を解せざる頑民輩の集合体ならんには、只一図に外人の排斥を唱ふ可き筈なるに、然らずして開港場に退去せしむ可しなど、其輩に似合はざる穏当の口気あるより見れば、或は之が謀主たるものありて窃に策を授くるには非ずやとの疑もなきに非ず」と、条約というものにある程度の知識を持った人物が背後にいるのではないかという観測を持っていた。いずれにせよ、「差当り我国人の注意す可きは、朝鮮に於ける日本人民の安全を保護するの一事なり」というように、朝鮮への軍隊派遣の必要に迫られる可能性が出てきたのであるが、この「東学党」への対処としても天津条約の撤廃問題が浮上していたわけである。

さて、「東学党」の運動は、全羅道古阜《コブ》での地方官の不正に対する蜂起を経て、一八九四年四月に全羅道泰仁《ティン》で全琫準《チョン・ボンジュン》が三〇〇〇人の農民軍を組織して、今日「甲午農民戦争」と呼ばれる大規模の農民反乱となった。「倭夷駆逐」「権貴（閔氏政権）打倒」などを掲げて漢城をめがけて破竹の勢いで北上した農民軍は、五月三一日に全羅道監営の全州《チョンジュ》城に入城する。朝鮮政府は袁世凱に相談の上、六月一日に清に軍隊の派遣を要請し、六月八日に清軍が忠清道牙山《アサン》に上陸した。

「東学党」の「猖獗」の報に接した『時事』は、「朝鮮東学党の騒動に就て」（九四・五・三〇⑭）において朝鮮政府の「威厳は毫も行はれずして紀綱全く地に墜ち」たことを察知し、「朝鮮の内乱は日本立国の利害」にかかわるとの判断を示した。その理由は、日本がこれを等閑に附せば朝鮮政府は「必ず支那に向て援兵を請求する」はずであり、もし「支那の兵力を以て朝鮮の内乱を戡定《かんてい》し其政府の自立を助くるにも至らば」、「朝鮮独立の実を害し、其結果は東洋に於ける我国権の消長にも影響すること明白の成行」だからである。

「速に出兵す可し」（九四・六・五⑭）は、題目どおり日本政府に朝鮮への出兵を求めるものであるが、その理由は「彼の国に在る我居留人民の生命財産」の保護である。天津条約との関係については、「真実の保護に必要なる数を限」って出兵し、清に通知すれば「必ず嫌忌の念もなかる可し」と、出兵の名分を得られると判断していた。

清が三〇〇〇人の兵を派遣したとの報を得たのちの「朝鮮の独立と所属と」（九四・六・一〇⑭）は、清の朝鮮出兵は「朝鮮政府より支那政府に請願したるものなるや。支那政府の特意に出た〔る〕ものなるや」と問い、さらに「朝鮮の請願なくして支那より特に出兵したりとすれば、其出兵の名義は隣国朝鮮の地に在留する支那人の生命財産を保護する為めか、又は朝鮮は属国なるが故に属国の変乱を鎮定するは本国の義務権利なりと認めたるものか」と問う。「朝鮮が属国の資格を以て助力を本国に仰ぐか、又は支那が特に属国の為めなりと公言して軍隊を差向けたることなれば、朝鮮国の独立は今日限りに廃滅したるものなり」というように、この社説において『時事』は、巨文島事件以来前面に掲げることがなかった朝鮮「独立」論を、日本の国権にかかわる問題として再度掲げたのである。

(2)「世界文明の立場」からの朝鮮「改造」

日本政府は六月二日に朝鮮への派兵を閣議決定し、七日に天津条約第三条の規定にしたがって清に行文知照を行った。朝鮮に派遣される日本軍は、戦時一個旅団の大規模に及ぶことになる。

「彼等の驚駭想ふ可し」(九四・六・一三⑭)は、「朝鮮政府の微力なる、自家の防禦さへも覚束なし」という状況で、「苟も他国人にして生命財産を彼地に托する者は、其国力を以て自から保護するの外」ないのであるから、これは「尋常一様の事にして毫も怪しむに足らざる」ことであると述べる。この社説は、永く朝鮮問題を放擲せざるを得ない状況にあった日本を侮蔑していた「我国に在る支那人朝鮮人」が、「今回日本政府の決断を聞て大に驚駭の色ある」ことを揶揄したものである。社説によれば、その清国人・朝鮮人の日本に対する侮蔑は、かれらが日本での「国会紛擾の一事を見て、政府の威令行はれず、民心は四分五裂の有様なり、日本は最早や亡国も同然、決して畏るゝに足らず」と考えたために生じたものである。社説は、この侮蔑は「周公孔子の末流が化石の如き脳髄を以て漫《みだり》に今世の観察を逞ふし」たことに等しいと断ずる。「抑《そもそ》も立憲国に於ける人民の言論は甚だ自由」であり、「内の政治に就ては千万無量の反対攻撃あるも、一旦急要の場合には一令の下に陸海幾万の兵を動かすこと甚だ自由」であって、これこそが「憲法の規定する所」であり「立憲政治の本色」だからである。憲法を発布して立憲政治を採用した日本は「文明」であり、儒教的思惟に浸っている清・朝鮮は「野蛮」であるという「文野」の認識も、日清開戦前において『時事』に表明されていた。

日本の派兵に対して、朝鮮政府は日本公使館に抗議するとともに撤兵を求めた。日本政府は六月一五日に清に対して日清共同の朝鮮内政改革を提起することを閣議決定し、朝鮮に派遣した軍隊を撤退させず、清が提案を拒否する場合は日本が単独で朝鮮の内政改革を行うこととした。六月二一日に汪《おう》鳳藻《ほうそう》駐日清国公使は共同内政改革を拒否する回答をし、二三日に陸奥宗光外務大臣は汪公使に絶交書を交付する。こうした動きのなか、『時事』は「朝鮮の文明事業を助長せしむ可し」（九四・六・一七⑭）で、「日本人目下の急は唯進んで人民保護の目的を実にするの一事に在るのみ」としながらも、「我外交官たるものは日本兵の屯在中を機会として厳重に彼政府に談判し」、「我国に非常の不利を蒙らしむるが如き不始末なきことを保証せしむる」ことを求める。具体的には、朝鮮政府が架設したものの「曾て実用を為したることなき」「京城釜山間の電信線を日本政府の監督に帰せしむる事」、および「京城仁川間及び京城釜山間に鉄道を敷設するの一事」、さらには「国内一般の組織を改め改進々歩の実」を謀るための日本の支弁による郵便・警察・教育の整備、陸海軍改革のための日本からの教師の派遣と軍艦・兵器の貸与などを朝鮮政府に認めさせることであった。

翌々日の「日本兵容易に撤去す可らず」（九四・六・一九⑭）は、これらの「文明開化の事」を行って、朝鮮に「世界の表面に独立国の体面を全ふせしめんとする」には「日本の費用と労力」を要するのみならず、「文明開化」に対して「種々の妨害の起るは自然の勢にして、其趣は我国維新革命の後、廃藩置県、地租改正、徴兵令発布等の大改革に、人民の反対を免れずして、時としては兵力を要するにも至りし場合に異なら」ないのだから、「日本の兵を彼地に駐在せしむるは単に人民保護の為めのみに非ず、朝鮮の文明進歩の為めに必要の処置なりと知る可し」と、日本の朝鮮駐兵の目的に朝鮮の「文明」化と「独立」を付け加えた。ここにおいて、日本軍の駐屯という現実のもとで、日本が武力を用いてでも朝鮮を「文明」化させて「独立」させるという「朝鮮改造論」が復活したのである。ただしそれは、「アジア盟主」の立場からではなく、「世界文明の立場」からのものに変わりつつあった。

もっとも『時事』は、朝鮮の「本来の国質は日本の内地に比して決して劣る」のではなく、「唯政治の仕組その宜しきを得」ないために朝鮮は「貧国」なのであって、「貴族士族の一流のみ私利を恣にして、人民をして塗炭の苦境に陥らしめ」ている「政治の仕組」を改良すれば、朝鮮は「次第に国の富貴を致して優に東洋の一富国たること決して難きに非ず」(前掲「朝鮮の文明事業を助長せしむ可し」)とも展望する。そうして、「遂に朝鮮国の土地を日本に併することはなかる可きや」と懸念する向きに対して、「我輩の所見を以てすれば、日本国の政略に於ては万々此事ある可らずと断言して躊躇せざるものなり」と反論するのであるが、それは「朝鮮の国土は之を併呑して事実に益な」しという、かねてからの持論にもとづくものであった。日本が併呑するよりも、「瀬戸物を重ぬるに必ず合紙を用」いるように、朝鮮を「日露支三国の間に挟さんで相互の激動を防がしむるは国交際の上策」であり、「東洋の太平」だというのであり(「土地は併呑す可らず国事は改革す可し」九四・七・五⑭)、緩衝国として朝鮮を位置づけようとするものである。

日本の駐兵は、清と朝鮮からの批判を受けた。日本国内にも批判はある。「世界の共有物を私せしむ可らず」(九四・七・七⑭)は、「朝鮮は未開の小弱国なりと雖も、自から一個の独立国なり、独立国に臨むに兵を以てして其改革を促すとは、取りも直さず他の主権を蹂躙するものにして、正理公道の許さゞる所なり」というあり得べき批判に対する反論である。
そこでは「今の世界と名くる地球の全面は、其面上に生々する人類の共有物に外ならず」、「其地面に生ずる物産の如きも亦等しく共有物」であるから、「世界の共有物を互に交換して人類の快楽を助くるは、世界万国共に文明開化の恩沢に均霑する所以」であるが、「或る一国民が鎖国自から守りて外に通ぜず、其共有物を私するが如きものあるに於ては、力を以て其国を開き天然の約束に従はしむるは世界の正理公道を行ふに止むを得ざるの手段」だと反論する。自由貿易主義の立場に立ち、「鎖国」「未開」は「正理公道」に背く「私」だとして、力ずくの朝鮮「文明」化が「正理公道」だと弁証される。続けて社説は次のように述べる。

四十年前、米国人が日本の開国を促したるも取りも直さず此理由に基きたるものにして、当時人文未開の時代に於ては漫《みだり》に鎖国攘夷の説を唱へたるもの多けれども、正々堂々これを拒むの辞はなかりしことならん。否な今日に至りても我輩は米人の要求を斥るの理由を発見すること能はざるものなり。朝鮮の現状を見るに、開国の名ありと雖も其実は国を鎖するものに異ならず。内治外交の不始末にして其自立も覚束なきのみか、国内の人民は政府の弊政の為に窘《くるし》められ、其人口の多くして富源の饒なるにも拘はらず、有無相通ずるの道を妨げて自利々他の大義を誤り、共に天与の快楽を空ふせしむるものなり。[中略] 今の文明世界に斯る鎖国の存在を許して地球面の共有物を私せしむるは、所謂天物を暴殄《ぼうてん》するものにして、人類の幸福、文明の進歩を妨ること此上もなき次第なれば、力を用ひても開国の実を挙げしめざる可らず。

アメリカの武力をともなう要求によって「開国」した日本は、「文明開化」して今や立憲主義の「文明」国になったのだから、朝鮮に武力をもって「文明」化を迫るのは「正理公道」だというわけである。

かつては「脱亜論」においても「文明」は「近代世界」での日本の生き残りという緊張感を伴うものであった。しかし、この段階で日本を「文明」に一体化させ、「世界文明の立場」に立った「朝鮮改造論」を展開するようになったのである。

「世界文明の立場」に立って朝鮮を「改造」するためには、清と朝鮮との宗属関係が障碍になる。「朝鮮改革の手段」（九四・七・一五⑭）は、「只管《ひたすら》大国に奉事して其余蔭に頼らんとする」「未開人民」に改革を行わせるには、「我日本の兵を以て支那の腐敗軍を一撃の下に打破り、朝鮮国民をして多年来の干渉を免かれしめ、事実上よりして大国の老大頼むに足らざるの形勢を目撃せしめ、其心事一転の上にて徐々に之を文明開化の門に導くこそ第一の捷路」だと述べる。ここではすでに清軍は「腐敗軍」であるとされているが、これは清が「多少文明的の外観」を備えているものの、それは「李鴻章の直轄なる直隷一省の事」に止まり、「全体の有様」は「文明進歩の刺衝を感じて其一新を見ること」はありえないという清に対する評価にもとづいている（「朝鮮の改革は支那人と共にするを得ず」九四・七・一二⑭）。もっとも、日本からむやみに戦争を始めるわけにはいかないため、社説「朝鮮改革の手段」は、朝鮮政府に期限付きで改革を約束させ、「京城駐在の日本兵」を「文明開化の番兵」として履行を迫るという結論になっている。

一方、漢城の現地では、大鳥圭介公使が政府の意を受けて七月三日に内政改革案を朝鮮政府に交付し、内政改革調査委員を任命するよう迫った。七日、朝鮮政府が申正熙《シン・ジョンヒ》・金宗漢《キム・ジョンハン》・曹寅承《チョ・インスン》の三人を委員に任命した旨通告すると、大鳥は一〇日に朝鮮側委員と会見し、二七項目からなる日本側の内政改革方案を示して期限内の実施を迫った。会談は一一日、一五日にも行われたが、一七日に朝鮮側は日本軍の撤退と改革方案実施期限の撤回の要求を通告する。ここに内政改革問題をめぐる日朝の交渉は決裂した。

「改革委員の人物如何」（九四・七・二一⑭）は、三人の委員と総理交渉通商事務に任命された金弘集について人物評を加えたのち、申と金宗漢は老論、曹は南人、金弘集は少論という党派配分から、この改革委員の人事は通常の人事と何ら異なることなく、またその人物も「決して改革の大事を担任するの経綸あるに非ず」との理由から、朝鮮政府に改革の意志なしと判断した。なお、委員らの人物や党派について『時事』がいかに知りえたか、興味深いところであるが、福沢のもとを出入りしていた朝鮮人政客らに拠るものだと考えるのが自然であろう。

同日のもう一つの社説「改革論果して拒絶せられたり」（九四・七・二一⑭）は、交渉が決裂した以上「何れ非常の決断を要することなる可し」と述べている。「支那朝鮮両国に向て直に戦を開く可し」（九四・七・二四⑭）は、交渉決裂を受けて「日本は此際宜しく文明人道の保護者を以て自から任じ、誰れ憚る所なく思ふ存分に改革の実を挙るの覚悟ありて然るべき」であるとし、交渉の決裂は「支那政府が日本の方針を妨ることに尽力」した結果に違いないので、「一刻も猶予せず断然支那を敵として我より戦を開くに如かざるなり」と述べた。

一方、漢城の大鳥公使は、汪鳳藻駐日清国公使からの行文知照に、清の朝鮮派兵の理由として「保護属邦」という文言があることを掲げ、これは日朝修好条規第一条の「朝鮮国ハ自主ノ邦ニシテ日本国ト平等ノ権ヲ保有セリ」に違反するではないかと朝鮮政府に詰問して、朝鮮政府を追い込んだ。七月二〇日、大鳥は朝鮮政府に対して清軍を撤退させること、宗属関係に則って締結された中国朝鮮商民水陸貿易章程などの章程を破棄することを要求する。朝鮮政府からの回答期限が尽きた七月二三日、漢城の日本軍は景福宮を占領、閔氏政権を倒して大院君を政権に就け、二五日に朝鮮政府から「清軍駆逐」の依頼を取り付けて、忠清道豊島《プンド》沖で清軍と会戦した。七月二九日社説「日清の戦争は文野の戦争なり」は、金玉均暗殺事件ののち「世界文明の立場」に立つものに変わりつつ復活した「朝鮮改造論」にもとづく、『時事』の対清宣戦布告であった。日本の「宣戦の詔勅」の渙発は八月一日である。

3　甲午改革と「朝鮮改造論」の展開

(1) 改革政府に対する日本の支援

日本軍による景福宮占領と閔氏政権の打倒に続き、七月二七日に朝鮮政府に軍国機務処が設置され、甲午改革と呼ばれる約一年半におよぶ朝鮮の近代的改革が始まった。『時事』の対清開戦論が「朝鮮改造論」に立脚した朝鮮の「内政改革」＝「文明開化」によって導かれ、またこの改革で福沢との関係が深い兪吉濬・朴泳孝らが大臣などの要職を歴任していることから、ここでは日清戦争に関する『時事』の論調について、主に甲午改革の動向との関わりで分析することにする。

日本軍の朝鮮派遣の主張に続けて朝鮮の内政改革を主張した『時事』は、その実行に際しての困難として、朝鮮側で改革を担う人材の不在を掲げていた。たとい国王や士大夫が「文明」化を望んだとしても、かつて朝鮮の改革に熱心だった日本が甲申政変後は朝鮮問題を放擲した前例から、「彼国人の眼より見れば従来日本の挙動は変化常なく容易に頼む可らず」（「朝鮮の改革掛念す可きものあり」九四・七・一三⑭）として、「容易に身を挺して事に任ずるものはなきことならん」（「朝鮮改革の手段」九四・七・一五⑭）というわけである。大院君摂政のもとに設置された軍国機務処には、一八八〇年代後半の朝鮮国王のロシア接近によって政権から疎外されていた金弘集（総裁）・金允植・魚允中のいわゆる穏健開化派、兪吉濬・趙羲淵《チョ・ヒヨン》・安駉寿《アン・ギョンス》・金嘉鎮《キム・ガジン》・金鶴羽《キム・ハグ》・権瀅鎮《クォン・ヒョンジン》らの「少壮文武官僚」、「貞洞派」（親欧米派）の朴定陽《パク・チョンヤン》（副総裁）、朴準陽《パク・チュニャン》・李源兢《イ・ウォングン》らの「大院君派」など一八人が総裁・副総裁・会議員に任命された[12]。軍国機務処は同年一〇月二九日の廃止まで、二一〇件に及ぶ制度改革案・政策建議案（「議案」）を矢継ぎ早に議決した[13]。八月一五日には新訂の官制にもとづく新議政府が組織され、総理大臣に金弘集が任命されて、内務・外務・度支《たくし》（財務）・法務・学務・軍務・農商務・工務の八つの衙門にそれぞれ大臣が任命された。兪吉濬は議政府都憲という閣員になっている。

民衆からの人望と、清に押送・幽閉されたという反清の象徴性から、甲申政変でも大院君の権威および大院君派の人物は利用されたが、もとより大院君は「斥和論」に立脚する人物で、「文明」化とは相容れない。さらに大臣・軍国機務処会議員の政治的性向もまちまちであった。このことについては『時事』も当初より問題視しており、「朝鮮の改革に因循す可らず」（九四・九・七⑭）は、「当局の官吏輩は平生の主義を以て合同するに非ず、報国の誠意を以て力を尽すに非ず、俗に云ふ十人十色にして一定の方針な」いため、「之を要するに今日の朝鮮政府は其名義こそ一新改革の政府なれども、内実は異分子の寄合にして、内心には銘々に何事を思ひ何事を企てつゝあるや計る可らず」と指摘し、「議案」についても「唯官制などの献立のみにして、実際の事に挙る期はある可らず」と机上の空論と見なしていた。

改革が机上の空論に留まらざるを得ない理由として、「朝鮮の改革難」（＊九四・九・一二）は、制度を改めても「人心内に発達して改革を迎ふるの素養」がないため「社会人事の瑣末に至るまで」改革が及ばないからだという。「我日本の維新」に際しては、当時の「政体は全く専制武断」だったが、「百年前より洋学を輸入して文明開化の主義を咀嚼した」「有為の人材」がおり、「開国の気運」とともに「開明進取の方針を示し国民一般も亦能く之に応ずるの資質に乏し」くなかったため「世界絶無の偉業を速成した」のに対し、「朝鮮の国内を見渡せば上下官民中能く新主義の真味を解したる者果して幾人ありや」という有様だというのである。壬午軍乱後の門下生の朝鮮派遣に際して掲げたマニフェスト「牛場卓蔵君朝鮮に行く」と同様の見解である。

実際に軍国機務処は混迷を深めつつあった。大院君政権の成立によって、その嫡孫であり第二次朝露密約の際に袁世凱が国王に据えようとしたこともある李埈鎔《イ・ジュニョン》の存在感が高まった。軍国機務処は李埈鎔を会議員に加えたが、大院君は埈鎔を王位後継者に据えようと画策、遂には軍国機務処との角逐に至る。また、時期はやや下るが、一〇月三一日には「軍国機務処の強硬分子」金鶴羽が大院君の密命を受けた刺客によって暗殺される[14]。改革が停頓すると、日本政府は大鳥圭介公使の更迭を決め、九月二四日に大鳥に帰朝を命じ、一〇月一五日に井上馨を特命全権公使に任命した。平壌の戦い、黄海海戦の直後のことである。

この頃、朝鮮政府は後藤象二郎を顧問官として招聘しようとしていた。これに福沢が関係したことについてはすでに都倉武之による研究[15]があるので、それに依拠しながら概観しておきたい。

本書の第一章で触れたように、金玉均の第三回の日本滞在の時に、福沢と金との間で朝鮮政府の武力改革について何らかの合意がなされていたが、その際に金が協力を依頼したのが後藤だった[16]。後藤も朝鮮問題に意欲を持ったようであるが、金が竹添進一郎公使に接近して甲申政変を起こしたため、後藤の支援による朝鮮の武力改革は実現しなかった。ところが日本に亡命していた朴泳孝が一八九四年八月六日に東京を発って帰国する頃に、後藤の朝鮮渡航計画が再浮上する。後藤のもとには朴泳孝から「拙者儀今般帰国ノ上ハ前年国王陛下ヨリ内命ノ趣モ有之、国事整理ノ任ニ当ル可キニ付テハ閣下ヲ政府重高ノ顧問ニ聘シ、内治外交一切ノ国勢ニ付キ助言ヲ煩ハス可キ事(17)」と記された書面が残されていた。一方、日本側では土佐出身の前衆議院議員安岡雄吉・農商務大臣秘書官早川鉄治・在日本朝鮮公使館付通訳官山崎英夫が朝鮮側に後藤の顧問官としての招聘を働きかけていた。

その頃、明治天皇皇后の命により西園寺公望を大使として派遣された朝鮮国王王妃への慰問使への返礼として、報聘大使義和君《ウィファグン》(18)が日本に派遣され、一〇月二〇日に大本営が置かれていた広島に到着する。この報聘大使一行には議政府都憲兪吉濬が随行していたのだが、兪は伊藤博文首相と会見し、日本からの顧問官の招聘、士官の招聘、日本での国債の発行という朝鮮国王の委任による三つの訓令を開示した。ここでの顧問官は後藤を念頭に置いたものである。しかし日本政府は後藤の派遣に反対だったため、伊藤はすでに井上馨を公使として派遣しているので、帰国後井上と相談するように述べてこれを拒否した。

こうして後藤の顧問官としての招聘は実現しなかったのであるが、その計画に関連して、福沢のもとには「泳孝這般帰国之上ハ前年我国国王陛下ヨリ内命ノ趣モ有之、必国務ノ校正釐革スルノ任ニ当ル可シ。其ガ為メ文武ノ諸官ハ勿論其他百般事業ニ日本国人ヲ採用ス可シ。其人物ヲ選択スルハ必ス老先生ノ協議ヲ経、且御意見ヲ納ルヘキ事(19)」と記された朴泳孝の「契約書」が残っている。朝鮮政府が招聘する日本人顧問官の人選を福沢と協議して行うというのである。都倉によれば後藤のもとに残った書面は福沢の筆跡によるものだといい、朴泳孝の帰国と朝鮮政府の後藤招聘計画に対する福沢の関与は明らかである。

『時事』は井上馨の公使任命に際して、「井上伯の朝鮮行」（九四・一〇・一四⑭）で「例えば朴泳孝の如き、大院君の内命に依て召喚せられたれども、唯僅に前年の罪名を除かれたるのみにして国王に謁見も叶はず」と不満を述べることによって、朴泳孝の登用に期待を表明している。[20]この社説は朴らによる甲申政変を「独立文明の改革」であったとし、「今回我日本国より促したる改革案も偶然に朴等の立案に符合した」と述べているが、前章で検討した朴泳孝の「建白書」が福沢の著作からの翻訳を多く含み、朝鮮内政改革案の作成の参考のために外務省記録課機密部が謄写したことからすると、日本政府と急進開化派の改革案の「符合」は「偶然」ではなかろう。

「報聘大使の来朝」（＊九四・一〇・二五）は、「随行の視察員中には前年長く慶應義塾に留学したる兪吉濬氏を始めとして他に才俊の人物少なからざるよし」と、また「彼の朴泳孝の如き、永年の間我国に在りて文明の空気に養はれ、改進の事情に通ずること浅からず、彼の国事の改革の為めには最も必要の人物」と、福沢のもとを出入りした開化派の朝鮮政府における影響力の増大を期待している。一方、井上の朝鮮派遣について、「井上伯の渡韓を送る」（九四・一〇・一六⑭）は、井上が甲申政変前後の時期に金玉均らに冷淡だったこと、甲申政変後に朝鮮問題を放擲したことと関連して、「伯が今回の朝鮮行、自から今昔の感なきを得ざる可し」と皮肉を浴びせつつも、朝鮮政府に「用捨なく鞭撻を加」えること、とりわけ「当局の老物」、つまり大院君に対する「駕御」を促した。

ところで、朝鮮政府による後藤象二郎招聘の失敗は副産物をもたらした。兪吉濬が伊藤と交渉した際、日本人顧問官として後藤の名を明示することはなかった。後藤の顧問官就任を拒否した日本政府は、朝鮮政府から日本人顧問官招聘の依頼があったことを奇貨として、朝鮮政府の各官署に顧問を送り込むことになるのである。いわば朝鮮保護国化の方向に踏み出すわけであるが、これは日本政府、とりわけ陸奥外相が「内政改革が円滑に進行するよりも、鉄道鉱山等重要利権の獲得に熱心であった」(21)ことによるものだろう。

これに対して『時事』は、先の都倉武之の研究が指摘するように、「朝鮮の独立」(九四・九・二九⑭)で「扨《さて》その進歩に就き日本を師として事を為す可きや、或は更に西洋諸国の中に依頼して謀を為す可きやは、時の事情に従ひ彼国人の自由に任して差支ある可らず」として、続けて、

或は朝鮮の独立の為めに支那と戦ひながら、其後の始末は他人に任するも差支なしとは、如何にも無慾の談にして信ず可らずとの説もあらんなれども、日本国人決して無慾なるに非ず、朝鮮に対して政治上の野心こそなけれども、積年の目的は貿易商売の一方に存して、望む所甚だ少なからず。故に其国土を併呑し又は之を保護国と為すが如きは、仮令ひ好機会あるも其機に乗ずることを為さずと雖も、彼をして他の羈絆を脱せしめ、次第に文明の風を催ほして其未開を開き、恰も一区の新開国を得て貿易の市場に供するに至るときは、対岸の隣国なる日本の利益は此上もなく、我能事終ると云ふ可し。

と述べている。朝鮮を併呑しても日本に利益はないという持論の上に立ち、諸外国の疑念を払拭するためにも、日本は朝鮮に領土的野心を持ってはならないというのである。また都倉の研究によると、福沢のもとに残った朴泳孝の「契約書」には朝鮮政府の顧問はすべて「日本国人」を招聘するとある

のに対し、福沢の筆跡になる後藤のもとに残った書面では顧問を日本人に限定していなかった。『時事』および福沢の当初の基本的立場は朝鮮保護国化に反対するものだったのである。ただし、その後の『時事』の論調には、朝鮮の保護国化を主張するものと、それに反対するものとの揺れが見られる。これは社説の起筆者の違いによるものだという推測が可能なのであるが、本書では推測にとどめておき、保護国化をめぐる社説の論調の変化をそのまま提示することとする。

　甲午改革が進展しないなか、日本政府が朴泳孝・徐光範《ソ・グァンボム》らの甲申政変主導者を帰国させて改革に従事させようとしていたことは、アメリカに滞在していた徐光範が日本政府から旅費を貸与されて九月一五日にサンフランシスコを発ち、日本へと向かったことからも理解できる(22)。しかし朝鮮ではかれらに対する怨嗟が強く、漢城にも入れない状態が続いていた。

　このことについて「朝鮮政府は何が故に朴徐輩を疎外するや」(九四・一一・九⑭)は、朴泳孝・徐光範・徐載弼《ソ・ジェピル》は「独立開明の首唱者」で、「時の執権閔族輩の専横無状、私の為めに国家を弄ぶを憂」いて甲申政変で「君側の悪を除」いた、「王家の敵に非ずして閔氏の敵」であり、「朝鮮国の罪人に非ずして支那の罪人」であり、「今日に至り朝鮮政府が立国の方針を改めて独立開明と決断したる上は、其決断と共に犯罪人の罪も亦共に消滅せざるを得ず」と述べる。それにもかかわらず朝鮮の「当路執権の故老輩」が「一度び大逆無道の罪を犯したる者なれば之を赦すこと易からず」と言っていることについて、社説は「例へば榎本陸奥二氏の如きも共に大逆無道の謀反ならんなれども、大逆無道と国事犯とは自から区別あればこそ、二氏は其罪を赦されたるのみならず、現に国務大臣の職に居て国中に怪しむ者もなきことなれ」(榎本武揚は当時の農商務大臣)と、敗者復活が容認されない朝鮮の政治文化に疑義を表明している。

（2）甲午改革の行き詰まり

さて、井上馨が公使として朝鮮に赴任したのちに着手したのが、大院君の政権からの放逐と軍国機務処の廃止であった。大院君は平壌《ピョンヤン》に駐屯する清軍に日本軍の撃退と開化派の一掃を要請する書簡を送る一方、六月一一日に政府と和約を結んで一旦解散して事態を観望していた東学農民軍に対し、密使を送って再蜂起を促していた。(23) 北の清軍と南の農民軍によって日本軍を挟撃しようというわけである。一一月上旬、全琫準は農民軍に再蜂起を命ずる。井上は大院君を詰問し、一一月二二日に政権から退けた。

『時事』社説「朝鮮の改革」（九四・一一・一一⑭）は大院君を「英邁」と評価する日本人に対して、「東洋流の英邁」は「腐儒国普通の頑固翁」に過ぎないと反論し、「例へば平壌の落城に至るまで大院君が支那の必勝を期し、窃《ひそか》に東学党に気脈を通じて日本兵を挟打などの目論見ありしとの風聞も、東洋流の英雄としては強ち無根なりと断ず可らず」と、大院君の政権からの放逐を主張する。「独り彼の金玉均、朴泳孝、徐光範の一類は、其人物の如何に拘はらず、多年来彼等の履歴上よりして、日本国人には背く可らず、他国人には依る可らざるの身分」であるが故に、これらを登用しなければならないというのであるが、先にこれらは「独立開明の主唱者」であるという理由で登用されなければならないと述べていたのに対し、ここでは「日本国人に背く」ことはないという理由で登用されなければならないと、保護国化を肯定する方向に評価が変わっていることに気付く。

それに伴って、「破壊は建設の手始めなり」（九四・一一・一七⑭）は、日本の「廃藩置県の大挙より武家の廃刀、平民の乗馬等、四民同等同権の主義を以て社会全体の旧組織を顚覆した」「日本の先例を以て標準を定」めて朝鮮の改革を行わなければならず、「唯日本国の力を以て彼等の開進を促がし、従はざれば之に次ぐに鞭撻を以てして、脅迫教育の主義に依るの外なきを信ずるものなり」と、井上の赴任前とは異なり、朝鮮の内政改革を担うのはただ日本だけだと主張する。「私を忘れて公に奉ずるは日本人の心なり。此心を以て朝鮮人を推量するは大間違いの沙汰」であるので、「斯る軟弱無廉恥の国民を導ひて文明流の改革を実行せしめんとするには、気の毒ながら脅迫の筆法に依頼せざるを得ず。既に脅迫と決したる上は国務の実権を我手に握り、韓人等は単に事の執行に当らしむるのみ」と、日本による朝鮮の事実上の保護国化論となるのである。

井上は一一月二〇、二一日の御前会議で国王に内政改革綱領を提示、逐条説明を行い、次いで一二月一七日に軍国機務処を廃止し、金弘集を総理大臣、朴泳孝を内務大臣とする第二次金弘集内閣（金弘集・朴泳孝連立内閣）を成立させた。徐光範は法務大臣に任命された[24]。年が明けて一月八日には国王が王世子・大院君・百官を率いて宗廟に展謁し、「清国に附依する念慮を割断し、自主独立の基礎を確建する」で始まる洪範十四条など、内政改革の開始を祖宗の霊に「誓告」した。明治天皇の五箇条の誓文に倣ったものである。翌日には社稷で同じ「誓告」をした。

こうして井上の強力な干渉のもとで朝鮮の内政改革が進められることになった。日本政府は臨時軍費から三百万円を朝鮮政府に貸付することを決定し、これは二月二二日に議会で可決された[25]。この三百万円の貸与との関連で、『時事』の論調は保護国化の肯定と反対とで大きな揺れを見せる。まず、議会での可決の直後の「朝鮮国債について」（＊九五・二・二六）は、この決定には賛成するものの、「腐敗混乱」した朝鮮政府に「金品を投ずるは瘋癲白痴を対手に貸借を約するに等し」いのだから、損失を未然に防ぐためには「政務の要機は暫く之を日本人の手に預かり、猶ほ日本人同士にて貸借すると同様ならしめ」なければならないと、保護国化を主張している。この社説では、朝鮮政府への金銭の貸与について、日本で不必要になった機械などの物品の朝鮮政府による買い取り、および「日本人の続々彼の政府に赴任する」ことが条件になっている。

　ところがその次の朝鮮関係社説である「義俠に非ず自利の為めなり」（九五・三・一二⑮）は、「此度び又三百万円を貸与して貧政府の困厄を救ふが如きに至ては、事の行掛とは云ひながら如何にも深切至極の沙汰」と歓迎しつつも、これは日本人の「義俠」ではなく、将来の「商売上の利益」のための措置で、もとより「朝鮮の土地を割て譲受けん」ということでも、「彼れをして我保護国たらしめんと」いうものでもないと、保護国化に反対している。

　さらにその翌々日の「朝鮮政府の改革」（＊九五・三・一四）は、「従前の実験［実際の経験］に照」して、朝鮮人が「借用したる金も、貰ひたる金も、又拾ふたる金も、自分の手に入りたる金は即ち私有金」とするのは、「迚《とて》も日本国民などの想像に及ばざる所」とし、「彼の国情に経験ある或人の話」として、「朝鮮人の公《パブリック》心《スピリット》に乏しきは実に世人の想像外にして、彼国にて錚々たる名士を以て称せらるゝ人と雖も、真実、心の底より国の為を思ふ者は甚だ少なし。今若し朝鮮の所謂愛国家に向て朝鮮政府に百万円を贈与せんか、或は君に百円を与へんかと問はゞ、彼等は必ず自から百円を得んことを望むに相違ある可らず。斯の如き者共を相手にして国事を談ずるは畢竟無益の労のみ」と記している。この社説は、そうである以上「目下第一の急務は、我輩の兼ねて主張する如く彼の政府に日本人を入れて直に事に当らしめ、改革に関する政務をば都《すべ》て日本人の手を以て処理することなり」と、強硬な保護国化を主張するのである。

　この社説の起筆者は「朝鮮国債について」の起筆者と同一人物で、「義俠に非ず自利の為めなり」

の起筆者とは別人物だろうという推測が可能である。そうすると、井上馨公使赴任後の時期、時事新報社内部で朝鮮の保護国化への賛否をめぐって異見があったということになるが、これについて判断する能力は筆者にはないため、本書でこれ以上立ち入らない。なお、平山洋は「義俠に非ず自利の為めなり」を「福沢の真筆」と見なしているが[26]、筆者は文体から判断はできないものの、内容から平山の推定は妥当だろうと考えている。

もっとも、社説間に齟齬が生じるということは、見方によれば日清戦争の帰趨が見えたこの時期になって、「朝鮮改造論」の主張から緊張感が消え、ある意味「余裕」が生じたとも言える。ところが、それも長く続かなかった。第二次金弘集内閣は金弘集・外務大臣金允植・度支大臣魚允中の勢力と朴泳孝・徐光範の勢力が対立し、その紛糾は二月上旬に激化する[27]。これについて「朝鮮の近況」（九五・三・一三⑮）は、朝鮮の「政界の士君子が忠孝を口にして忠孝を忘れ、信義を唱へて信義を知らず」ないのは「畢竟李氏の建国五百年来」「単に支那流の儒教主義を遵奉」して来たからだとし、井上に重ねて駕御・鞭撻を要求する。しかし『時事』の見るところ、朝鮮の内政改革は一向に進まなかった。

日清戦争は、四月一七日調印の日清講和条約（下関条約）で終結した。その第一条には、「清国ハ朝鮮国ノ完全無欠ナル独立自主ノ国タルコトヲ確認ス。因テ右独立ヲ損害スヘキ朝鮮国ヨリ清国ニ対スル貢献典礼等ハ、将来全ク乗ヲ廃止スヘシ」とあり、朝鮮は国際法上の「独立自主の国」であることが確認され、朝貢は永遠に廃止することとされた。しかし、「朝鮮問題」（九五・六・一四⑮）は「其戦乱は幸に治まりたれども、顧みて日清戦争の主因たる朝鮮の現状を見れば、爾来其国に独立の実」はないと述べる。その結果、「一切の国事は都《すべ》て日本人の干渉する所と為りて主人の自動を許さず、日本人は曾て支那政府の朝鮮に干渉するを見て之を悦ばず、斯くては隣国の独立を蔑視するものなりとて断じて其羈絆を脱せしめたるに、今や日本の政略は朝鮮国人を束縛すること前年の支那政府よりも甚だし」というような、朝鮮の「独立」を唱えていた日本がむしろ清よりも甚だしい干渉を朝鮮政府に加えていると批判されるようになった。これに対して社説は、「我日本は既に已に朝鮮の国事に深入したるものにして、今更ら容易に手を引く可らず。凡そ世界の外交法に、他国の事を見て手を出すの口実なきに苦しむものこそ多き其反対に、今や日本国は朝鮮より手を引かんとしても其口実なきを憂るものなり」と苦衷を吐露した。

四月二三日には、日清講和条約第二条で台湾・澎湖諸島とともに日本への割譲が認められた遼東半島について、露独仏の三国がその還付を日本政府に勧告する三国干渉が起こった。勧告には、日本の遼東半島領有は「清国ノ都ヲ危フスル」のみならず、「朝鮮国ノ独立ヲ有名無実トナスモノ」だとあり、先の社説「朝鮮問題」にあった批判が、現実にロシアを筆頭とする西洋勢力から突き付けられたのである。さらに、三国干渉を機に王后閔氏がロシアと結んで日本に対して反撃に転じると、井上は苦境に転じ、五月三日に陸奥外相に対して「ロシアと提携するのも一策であると述べたうえで、帰国許可を要請し」、六月六日に帰国する。[28]それに先立ち、五月二一日に金弘集が総理大臣を辞任して朴泳孝が総理大臣署理を兼任、五月三一日には貞洞派の朴定陽が総理大臣に任命されたが、朴泳孝は王后を廃后にする陰謀を企てたという嫌疑をかけられて七月七日に再び日本に亡命する。八月二四日には金弘集が再び総理大臣に任命されて第三次金弘集内閣が発足するが、貞洞派が勢力を増して日本と関係の深い兪吉濬が内部協辦を解かれて北辺の義州《ウィジュ》府の観察使に任命された。左遷である。

井上が帰朝したのちの社説「朝鮮の独立ます〳〵扶植す可し」(九五・七・五)は、「日本政府は何か感ずる所ありて朝鮮の助力を止むることに決心したり」との「風説」に対し、「日清戦争は朝鮮独立の問題より端を発して斯くまでの次第に立至りしものなるに、今更ら之を抛棄せんとは開戦の名義を空ふするのみならず、其名義論は兎も角もとして、目下の形勢に於て実際に手を引くことの叶ふ可きや否や、識者の言を待たずして明白なる可し」と反論する。ロシアが朝鮮に勢力を伸ばせば、「東洋全体の均勢に偏重を生」じて「東洋の平和」に危険を及ぼすことになるという理由からである。朴泳孝の再亡命については、「国務大臣たる者に何か陰謀の様子ありとて、容易に之を告げて容易に之を信じ、其事実の証拠をも調べずして一夜の間に捕縛とは、扨《さて》も〳〵軽率なる挙動と云ふの外なし」と、朝鮮の「無益有害の政府」を批判する（「朝鮮の処分如何」九五・七・一四）。しかし、朝鮮政府を「其根底より転覆」するということは現実には不可能であり、結局は「朝鮮人を教育風化す可し」（九五・七・一九⑮）で日本への留学生を増加させるべきだと主張するに留まった。

（3）王后閔氏殺害事件後の開化派政府

三国干渉ののちの国王・王后による反撃に手詰まりになった日本政府は、井上馨の後任として長州出身で陸軍中将の三浦梧楼を駐朝鮮公使に任命したが、三浦には朝鮮政策に関する明確な方針を与えることはなかった。九月一日に漢城に着任した三浦は、公使館・領事館員、日本守備隊、日本人壮士らと謀って、王后閔氏を排除して大院君を再び担ぎ出す計画を練った。

一〇月八日に、日本人壮士らが王后閔氏を殺害する事件（乙未事変）が起こると、「事の真相を明にす可し」（九五・一〇・一五⑮）は、「我国にて維新革命の前後より国内に一種の政治思想を養成して、殆んど政治狂とも云ふ可き有様を呈し、政治の為めとあれば人を殺し身を殺すの殺伐を演じて自から怪しまざるものあり」、また大津でのロシア皇太子、下関での李鴻章に対する傷害事件のように、「外国人に対しても等しく凶暴を逞」しくするのも「毎度の事」であることを踏まえ、「京城在留の日本人中に多少その事に関係したるものあるは疑もなき事実なるが如し」と述べた。「朝鮮の独立」（九五・一〇・一三⑮）では、事件は「畢竟するに出先きの者の心得違と云ふの外なし」という見方であるが、「我外交官竝に京城駐在の守備隊」の「怠慢至極」に「大に悲しまざるを得ず」として、「兎に角に日本人が関係の事実既に疑ふ可らざる以上は、厳重に実際を取調べ、官民の如何に拘はらず、罪の罰す可きものは明白に処分して一毫も仮すことなく、以て日本国民の真意を世界に表白せんこと我輩の敢て希望する所なり」と、関係者の厳重な取調べと処罰を求めた。事件によって日本による「隣国の独立」の成就という「永久の方針を変ずること」があってはならないからである。

　このように日本による朝鮮の「文明」化、「独立」の扶植の障碍になる王后殺害事件について、『時事』は当初その厳重な調査と関係者の処罰を唱えたのであるが、朝鮮現地での状況の推移に伴い、その論調は変化することになる。王后殺害事件によって、大院君が再び政権に就き、第四次金弘集内閣が成立、外部大臣金允植、度支部大臣魚允中という甲午改革開始以来の閣僚、急進開化派の学部大臣徐光範に加え、この内閣では内部大臣に兪吉濬、法部大臣に張博《チャン・バク》、軍部大臣に趙羲淵、農商工部大臣に鄭秉夏《チョン・ビョンハ》という、甲午改革で頭角を現した新進開化派が登用された。一〇月一〇日、内閣の圧迫を受けた国王は、王后閔氏が「其の親党を援引して朕の左右に布寘し、朕の聡明を壅蔽して人民を剝割」したなどとの理由で「王后閔氏を廃して庶人となす」という詔勅を発する。しかし、日本人による王后殺害事件を機に成立した第四次金弘集内閣はその正統性が薄弱で、国内からはもちろん、漢城に駐在する各国公使からも批判を受けていた。

窮地に陥った金弘集内閣は、一一月二六日に王后を復位させるとともに、王后殺害事件の責任者として軍部大臣趙羲淵と警務使権瀅鎮を更迭した。「朝鮮の近事」(九五・一一・二八⑮)は、これについて「政府の組織匆々、何故に斯る更迭を行ひたるやと云ふに、京城駐在の外国公使中には新政府は正当の者と認めずなどの説もあり」という状況で、王后殺害の「政変」の責任を趙と権に帰し、「自から潔白を表するの意味に出でたる者ならん」と推測する。それとともに、これを「政変に関係したるは単に二人のみならず、当局者たる金宏集、金允植等の如きは疑もなき一方の発頭人」であるにもかかわらず、「第二流のものに責を帰して、実際の発頭人は打揃ふて自から全うせんとするが如き、如何にも浅墓なる手段と云はざるを得ず」と批判する。ここにおいて、王后殺害は「朝鮮人が自から正当と認め自から行ひたる処置」であって、「外国人の財産生命には毫も危難を及ぼさずして、自から事の始末を全うした」「全く一国の内事」に変わっている。そうである以上、「断然進んで自から信ずる所」、つまり「独立」のための「文明」化を行うことこそ「正当の処置」であるにもかかわらず、「浅墓なる手段」を取った政府のため、「朝鮮人の力を以て国の独立は到底覚束なきに似たり」ということになるのである。

この『時事』の論法は、「従来彼の国の弊源は王妃の一身に外ならず。妃にして在らざりせば国事尚ほ為す可しとは、一般に認められたる所」なのであるから、王后の排除は朝鮮の「独立」のために必要な措置であったと朝鮮政府自身が認めて押し通すべきだというものである。「変後の朝鮮」(＊九五・一一・五)は、「此度の変に主名を博して事後の政局に当りし金宏集、金允植、魚允中、徐光範の徒は、即ち宗臣の一派にして只管《ひたすら》社稷を重んずるものなれば、多年の辛苦一挙して外戚の禍を除くの決断は前後の相違こそあれ正しく金玉均の乱に異ならず」と、王后排除は朝鮮開化派の積年の目標であったと述べている。

実際、日本亡命後の九六年二月ないし三月に兪吉濬が東京からエドワード・S・モースに送った書簡に、「我々の王妃は世界歴史上最悪の女です。彼女はポーランドのメアリ、フランスのマリー・アントワネットより悪いのです。［中略］法も彼女の目になく、国家も彼女の心中にありません。唯一の目標は金にあり、どのようにすれば金を集めることができるかを考え、晩飯を食うために飢えた虎が狩りに出かけるように、金を取り立てることに狂っています。［中略］彼女は国民の生命を、自分の食糧のために育てる豚やトウモロコシのように見くびり、国民の財産を彼女の足元にある埃以上に考えません。国王を無視していると言いたいです。それ故、わが国民の間では国王は一個の人形であり、王妃はその人形で遊ぶ人だと言われています」(29)とあるように、金弘集内閣の閣僚兪吉濬の王后閔氏に対する認識は、廃后の詔勅におけるそれと同一だった(30)。

さらに、一一月二八日、親露派の李範晋《イ・ボムジン》ら貞洞派がロシア・アメリカ公使館などと結んで金弘集内閣を打倒するため、景福宮春生門を突破するものの、密告によって未遂に終わるという春生門事件が発生した。「二十八日の京城事変」（九五・一二・七⑮）は、この事件の「暴行者の中には現に二、三の外国人も混入し居たるのみならず、外国公使館の辺にも関係者なきに非ざるが如しと云ふ」として、「外国政府に於ては必ず其関係の者を吟味して問罪に躊躇せざることならん」と推測した。王后殺害事件について日本の責任を追及していたロシア・アメリカ公使館が逆にクーデターに関与した以上、これらの日本に対する責任追及も弱まるはずだという観測であり、実際、この事件が、召喚された楠瀬幸雄ら六人の軍人に対する広島第五師団軍法会議の無罪判決（一八九六年一月一四日）、広島地方裁判所の四八人の非軍人に対する証拠不十分、免訴・釈放の判決（一月二〇日）の背景の一つとなった。さらに金弘集内閣が一二月二八日に高等裁判所所長張博（法部大臣署理兼任）の判決によって事件の実行犯として李周会《イ・ジュフェ》・朴銑《パク・ソン》・尹錫禹《ユン・ソグ》に絞罪の判決を言い渡し、処刑したことがその一つの背景となった。[31]

第四次金弘集内閣は政権の正統性が弱いだけに、「文明」化と「独立」のための改革を急進化させることによって、政権の脆弱性に対処しようとした。[32] すでに第二次金弘集内閣が発足した直後の一八九五年一月一二日には王室尊称を改定し、「主上（国王）殿下」は「大君主陛下」に格上げされていたが、第四次金弘集内閣は「皇帝進号」を議論し、一〇月二六日に皇帝即位式を行うことを計画した（実際にはロシアなどの反対で実行されなかった）。また、甲午改革開始直後の一八九四年七月三〇日には公文書に清の年号を使用せず「開国紀年」を使用することが決められていたが、第四次金弘集内閣は一〇月二六日に陰暦一一月一七日より陽暦を使用することとし、一二月三〇日には高宗《コジョン》の一世一元の年号として「建陽」を陽暦とともに施行することとした。

また、一二月三〇日には内部大臣署理の兪吉濬を主務大臣として「断髪令」が施行された。これはサントゥと呼ばれるまげを強制的に切るというもので、黄玹『梅泉野録』によれば、鄭秉夏が高宗の、兪吉濬が王太子のまげを切ったという。[33] この断髪については、報聘大使義和君に随行して日本を訪れた直後に兪が福沢に送った書簡に、「断髪は緊急の事ではないようであるが、人心を一つにする方法であり、「つとめて勧めれば必ず成就する」（原文は漢文）と述べていることから、日本訪問の際に福沢と何らかの意見交換があったことが推測される。[34]

このように政策を急進化させる第四次金弘集内閣に対して、慶應義塾の朝鮮人留学生第一号である兪吉濬が主導した改革だけに、『時事』社説「朝鮮政府に金を貸す可し」（九六・一・二三⑮）は期待を表明した。具体的に見ておこう。

朝鮮の近状を聞くに、政府の全権は金宏集、金允植、魚允中等の手に帰して、内閣の折合甚だ滑に、国王も其人々を信任して疑はず、大院君は全く政治の関係を絶ちて老を楽むの外、余念なく、閔族は王妃の不幸以来、陰にも陽にも勢力を失ふて回復の望なきのみか、一門零落、顧みるものなきは、平家の末路に異ならず。〔中略〕又従来政府にて持余ましたるは、外国人等が兎角こわもてに威張る一事にして、何かの末には常に本国より軍艦を差向くる云々の言葉を以て嚇されたることなれども、今は朝鮮人も漸く外国の事情に慣れ、軍艦の容易に来らざることを知りて容易に嚇しに乗らざるに至りし尚ほ其上に、偶然の仕合せとも云ふ可きは客年十一月二十八日の事変にして、爾来外国人等は不思議にも一切、口を緘して空威張を止めたるにぞ、政府の大に面倒を省き得たりと云ふ。

王后殺害事件ののち再び政権に担ぎ上げられた「斥和論」の大院君は政治に関与せず、王后の一族も完全に勢力を失ったなか、外国の干渉もなくなったというのである。ここで言う「客年十一月二十八日の事変」とは先に言及した春生門事件のことであり、この事件を契機にアメリカ・ロシアが王后殺害事件に対する日本と第四次金弘集内閣の責任追及の手を緩めたことを、社説は「偶然の仕合せ」と評している。以下、その続きである。

斯くて朝鮮の現内閣は内外の関係より全く自由を得て、独立の運動を逞うする其運動の主動者は前の金魚三人を中心として、之を輔くるに内部の兪吉濬、法部の張博の如き熱心なる若手の羽翼あり、百事意の如くならざるなく、基礎ます〳〵鞏固にして自から永久を期す可きが如し。［中略］今の魚允中の如きさへ、従前は純然たる支那論者の一人なりき。形の大小を見て物の強弱を定むる彼等の心に於ては無理ならぬ判断なりしかども、過般の戦争以来、心事一転、支那の頼むに足らざるを悟りたると同時に、全く日本に依頼するに決して、只管《ひたすら》改進々歩の外に余念なく、彼の断髪令の如き、其新方針を形に現したるものにして、百般の政令、悉く日本を模範とし、政府の組織は勿論、法律規則の如きも日本人の手に成りたる改正を其儘実行して毫も改む所なしと云ふ。

ここで言う「金魚三人」とは、金弘集・金允植・魚允中である。かつて対清協調路線に立ついわゆる穏健開化派だったかれらも、日清戦争以後、日本に「依頼」するようになったというわけである。とりわけ、魚允中については、一八八一年に魚が兪吉濬らの慶應義塾入学を斡旋したのち天津に渡った事実に触れて、『時事』社説「日支韓三国の関係」（八二・八・二一、二三―二五）が「恰も日本を疎外するの姿を現はした」ようだと不快感を呈していたことは本書の第一章の註一で指摘したとおりであるが、その魚ですら日本を「信頼」していることが、この内閣に対する期待の基底にあると言ってよい。甲午改革は当初から、日本の内閣制度などの「政府の組織」や「法律規則」を朝鮮に移用して行われていたが、兪吉濬によって断髪令が施行されるに至って、「百般の政令、悉く日本を模範とし」た、つまり「同系発展の観念」にもとづく朝鮮の改革が実現しつつあると期待したわけである。

ところが、やはり第四次金弘集内閣は脆弱であった。改革の急進性が増しつつある中、『東京朝日新聞』の特派員による「朝鮮時事」は、朝鮮には「金弘集政府は即ち兪吉濬政府なりとまで評するものもあ」ると伝え（一一月一六日）、さらには「兪吉濬氏の才気の鋒鋩は余り顕はる、に過ぎ、能く金弘集氏を助くるの同時に、又煩累を金弘集氏に及ぼすの尠からざるものあり。極端に許せば遂に金弘集氏を誤るもの、兪吉濬の才気ならん」（一一月二七日）と、兪の鋭利さが金弘集内閣の崩壊を招くのではないかと危ぶんでいたが、実際にそうなったのである。

二月一一日、朝鮮国王高宗がロシア水兵に護衛されて王太子とともに貞洞のロシア公使館に避難するという「俄《が》館《かん》播《は》遷《せん》」事件が発生する。断髪令に反対して朝鮮各地で起こった義兵に対処するため、漢城の警備が手薄になった機に乗じてのことである。金弘集・魚允中・鄭秉夏は断髪令に激昂していた民衆によって撲殺され、兪吉濬・趙義淵・張博らは同日の詔勅で王后殺害の「罪人」として「捕捉」が命じられると、日本公使館に避難して日本に亡命した。[35] これらが帰国するのは、日露戦争を経て一九〇五年に日本が大韓帝国を保護国化したさらにのち、高宗がハーグ密使事件によって皇太子に「譲位」してからのことである。

最後に本章での議論をまとめておきたい。

一八八五年の巨文島事件ののち、『時事』は「朝鮮改造論」を放棄して朝鮮をイギリスの保護下に置くべきことを主張していた。『時事』の朝鮮政略論で一貫しているのは、朝鮮の保全を清の主導に任せてはならないということである。一八八七年二月に巨文島からイギリス艦隊が撤退したのちも、『時事』は朝鮮問題について沈黙を守ったが、これは事実として巨文島事件が清の主導によって解決され、その現実を如何ともし難かったからである。

壬午軍乱後、巨文島事件までの福沢の「朝鮮改造論」は、清の朝鮮に対する宗主権強化が西洋による朝鮮の滅亡をもたらし、それが日本に「延焼」して日本の独立をも脅かすという認識にもとづくものだった。その意味で、「アジア盟主論」に立脚する「朝鮮改造論」は、日本をアジアの弱国と位置づけた「アジア主義」的主張である。ところが巨文島事件を機に、朝鮮の保護の役目をイギリスに担わせることを主張した福沢は、「アジア盟主論」に立脚した「朝鮮改造論」を放棄することによって、「アジア主義」的であることをやめた。『時事』が朝鮮問題について社説で言及を再開するのが、一八九二年七月の「一大決断を要す」からである。ここで天津条約の撤廃が論じられるが、これは朝鮮の「独立」をめぐって清と対抗するためのものではなく、朝鮮における日清の行動の自由の拡大を清との協議の上で行うことを主張するものだった。しかし、この時には日本はすでに憲法を発布して議会を開設しており、『時事』の認識において日本はもはや「アジア」ではなく、「世界文明」の側に立つものとなっていたのである。『時事』が社説で朝鮮に対する武力行使の議論を再開させる契機になったのが、上海での金玉均の暗殺である。イギリスとの領事裁判権撤廃交渉が大詰めに至っていた時期に起こったこの事件を契機に、『時事』は日本の「文明」と朝鮮の「野蛮」の対比を改めて強調し、巨文島事件ののち放棄していた「朝鮮改造論」を復活させた。こうして日清戦争期の福沢ないし『時事』の「朝鮮改造論」は、日本をアジアに位置づける「アジア盟主」の立場に立つものではなく、「世界文明の立場」に立つものになったのである。(36)

もし日清戦争と並行して行われた甲午改革が頓挫しなければ、朝鮮の「文明」化に対する関与は日清戦争とともに福沢の幸福な人生の一齣となったであろう。しかし、三国干渉以後の朝鮮国王と王后の巻き返しの過程で、日本は朝鮮問題について汚点を残すことになり、さらに国王がロシア公使館に身を避けて兪吉濬を中心とする政府が崩壊することによって、「朝鮮改造論」はまたも挫折することになる。一八九四年に金玉均がいなくなり、三国干渉後に朴泳孝が、俄館播遷によって兪吉濬が致命的な政治的打撃を受けることによって、福沢の「朝鮮改造論」も最終的に敗北することになったのである。

「朝鮮改造論」の最終的敗北後の福沢にとって、朝鮮は侮蔑の対象になってしまった。その時期に現れた『時事』社説の朝鮮政略論については、次の終章で検討することにする。

註

(1) 引用は芝原拓自・猪飼隆明・池田正博校注『日本近代思想体系一二　対外観』岩波書店、一九八八年所収のものによる。なお、漢字片仮名混じりを漢字平仮名混じりに改めた。

(2) 大澤博明「朝鮮永世中立化構想と日本外交」井上寿一編『日本の外交一　外交史　戦前編』岩波書店、二〇一三年、四九頁。

(3) 高橋秀直前掲書、二三八頁は、「外交政略論」にある「天津条約の互に派兵を禁ずるの条款は、正に其「朝鮮の独立」の障碍を為す者なればなり」という文言から、同文書は「中立化を実現するために朝鮮への軍事的圧力をくわえようと」「天津条約第三条の修正の必要を述べ」たとするが、これについては大澤博明同右論文による批判がある。

(4) この木戸の征韓論の性格について、吉野誠前掲『明治維新と征韓論』、一〇〇―一〇三頁、参照。

(5) 大澤博明「日清天津条約（一八八五年）の研究（二）」『熊本法学』一〇七、二〇〇五年、二五四―二五五頁、および二五九頁の註四〇、参照。

(6) 以下、防穀事件に関する概要は、特に断りのない限り、田保橋潔前掲書、下巻、第六〇「防穀事件の沿革」、第六一「防穀賠償案の停頓」、第六二「大石公使の最後通牒　損害賠償の確定」に依拠している。

（7）外務省編前掲『日本外交年表竝主要文書』上、九二頁。

（8）李穂枝「防穀賠償交渉（一八九三年）における日清韓関係」『中国研究月報』六三―六、二〇〇九年、四頁、参照。

（9）岡本隆司前掲『世界のなかの日清韓関係史』、一四四―一四五頁。

（10）趙景達『異端の民衆反乱』岩波書店、一九九七年、九二―一〇六頁、参照。

（11）趙景達によれば、この時政府が派遣した兵は、京軍六〇〇人だという。同右書、一〇七頁、参照。

（12）柳永益（秋月望・広瀬貞三訳）前掲書の第四章、参照。なお「貞洞」とは漢城の地名で、当時欧米の公使館が集中した地域であり、それらの大使館に出入りした親欧米派の人物を「貞洞派」と呼ぶようになった。

（13）同右書、一〇六頁、参照。

（14）田保橋潔「近代朝鮮における政治的改革（第一回）」『朝鮮近代史研究』朝鮮総督府、一九四四年、九六―一〇二頁、参照。

（15）都倉武之「明治二七年・甲午改革における日本人顧問官派遣問題」『武蔵野学院大学研究紀要』三、二〇〇六年。

（16）山辺健太郎前掲『日本の韓国併合』、一二九―一四二頁。

（17）静嘉堂文庫所蔵の文書。都倉前掲論文、一三三頁より再引用。

（18）名は堈《カン》。高宗と貴人張氏との間の子で、王世子（後の純宗）・英王（英親王、純宗代の皇太子垠《ウン》）の異母兄弟。後に義親王に封ぜられ、韓国併合ののちは公族となる。

（19）マイクロフィルム「福沢諭吉関係文書」所収。都倉前掲論文、一四一頁より再引用。

（20）なお、朴泳孝に国王からの罪名蕩滌の伝諭が下されたのは、九月五日である。李光麟「朴泳孝」『開化期の人物』延世大学校出版部、ソウル、一九九三年、一四〇頁。

（21）田保橋潔前掲「近代朝鮮に於ける政治的改革（第一回）」、一〇三頁。

(22) 李光麟「徐光範」前掲『開化期の人物』所収、二二四―二二五頁、参照。
(23) 趙景達前掲書、第八章、参照。
(24) なお、一八九五年一月一一日に議政府は内閣と改称し、四月一九日に八衙門は七つの部に改編される(農商務衙門と工務衙門が農商工部に統合される)。
(25) なお、この国債貸与について、日本側の貸与条件が過酷だったために朝鮮側の反発に遭い、借款契約が調印されたのは三月三〇日のことだった。森山茂徳前掲『近代日韓関係史研究』、四三―四九頁、参照。
(26) 平山洋前掲『アジア独立論者福沢諭吉』、一九四頁、参照。
(27) 田保橋潔前掲論文、一四四頁、参照。
(28) 森山茂徳前掲書、四九頁、参照。
(29) 李光麟「兪吉濬の英文書翰」『開化派と開化思想研究』一潮閣、ソウル、一九八九年、一三三頁より重訳。
(30) なお、尹致昊は王后殺害事件について日本を強く批判していたが、柳永烈によれば尹の事件の首謀者に関連する観測は、「日本公使の三浦と書記官の杉村濬《ふかし》、そして総理大臣金弘集と外部大臣金允植が乙未事変に関しており、杉村と兪吉濬がこの事件の発案者であり、在京の日本軍人と訓錬隊軍人が行動隊だった」というものであった。柳永烈前掲『開化期の尹致昊研究』、一〇一頁。訓錬隊は日本人教官の訓練にかかる軍隊で、王后はこれを解散させようとしていた。尹も王后については朝鮮に「圧制と残忍と腐敗」をもたらした人物であると見なしており、その死に対して人民が「哀悼しないのも当然であると考え」ていたが、日本の野蛮な行為に公憤を感じて第四次金弘集内閣による廃后措置に反対の立場を取り、後述の春生門事件に係累してアメリカ公使館に身を避けることになる(柳永烈同右書、一〇一―一〇二頁)。この態度には、おそらく尹が王后から受けた個人的な寵愛が作用したことも考えられよう。
(31) 原田環「閔妃殺害事件」旗田巍編『朝鮮の近代史と日本』大和書房、一九八七年、参照。
(32) 月脚達彦「甲午改革の近代国家構想」『朝鮮史研究会論文集』三三、一九九五年、月脚達彦前掲書の第四章、参照。

（33）国史編纂委員会編『梅泉野録』探究堂、ソウル、一九七一年、一九一頁。

（34）『福澤諭吉全集』一八、六四五頁、および『兪吉濬全書』V、二七八頁。月脚達彦「朝鮮の開化と『近代性』」朴忠錫・渡辺浩編『「文明」「開化」「平和」』慶應義塾大学出版会、二〇〇六年、一一五頁、参照。

（35）なお、徐光範は一八九五年一二月一一日に駐米全権公使に任命されて渡米しており、一八九七年八月一三日にワシントンで死亡した。

（36）この「アジア盟主」から「世界文明の立場」への転換において、社説「脱亜論」は思想史上の意味を特に持たないことは言うまでもない。

終　章　近代日本の脱亜主義とアジア主義

1　俄館播遷後における「朝鮮改造論」の再放棄――一八九六年以後

(1) 俄館播遷と日露対立の危懼

前章で見たように、一八九六年二月一一日の高宗《コジョン》の俄館播遷《がかんはせん》によって、日清戦争とともに始まった朝鮮の「文明」化と「独立」のための改革は挫折した。俄館播遷を初めて論評した『時事』社説「京城の変事」(九六・二・一四⑮)は、これを「只国王を中心とし其一派の輩が露国の力を後盾として王妃の復讐を謀りたるもの」とし、「日本と露国との交際は之が為めに一点の曇を見ず」と、ロシアの動向に注意を向けた。

続く「朝鮮政府の顚覆」(九六・二・一五⑮)は、第四次金弘集《キム・ホンジプ》内閣の転覆は「当局者の自業自得」との所見を示した。王后殺害の「正邪曲直は朝鮮人の自から判断する所」であり、積極消極の程度の差こそあれ、第四次金弘集内閣の閣僚は王后殺害計画に「一人の異議を唱ふる者なかりしは明白の事実」である以上、「飽までも同志の結合を固くし、同一の方針に進む」べきで、日本亡命中の朴《パク・》泳孝《ヨンヒョ》なども「数年の間、窃に胸に蓄へたる其計画が実際に行はれ、恰も宿望を達したるものにして、寧ろ主動者の一人とも見る可き者」として内閣に加わるべきだったのにもかかわらず、恩讐のため「同志の士を擠排して自から羽翼を殺」いだからだというのである。

「朝鮮平和の維持策」（九六・二・二七⑮）は、日清開戦時に日本は朝鮮の内政改革について「止むを得ず独力を以て事に当りし次第にして、其独力とは支那と共にせざるまでのことにして、一切他の国に相談せずとの意味に非ざるは自から明白なれば、今更ら他国と事を共にするに憚る所はなき筈なり」とした上で、軍事教官や顧問の派遣は「従来の関係より自から日本人に帰するは自然の成行」だとの留保を付けながらも、朝鮮の内政改革は「各国使臣会議所」のような関係諸国との共同の場で協議していくことを提案する。朝鮮における日本の優越的地位は放棄せざるをえないが、「其事に当るものは何れの国にしても、実際に商売貿易の利は自から日本に帰せざるを得」ないからである（「対朝鮮の目的」九六・三・三⑮）。

一方、ロシア公使館に「移御」した高宗は、第四次金弘集内閣の閣僚らを王后殺害の「逆魁」として処断を命じるとともに、人心を兢々とさせた断髪令を取り消して「現今、乱賊を掃討して国讐に快く報い、削髪を便に従わせる」（二月二七日の義兵に解散を命じる詔勅）ことにした。高宗からすると「開国五百三年六月［西暦一八九四年七月］以降は国家が文明進歩する名ばかり有り、其の実は尚無かったが故に、羣黎百姓が疑貳する［疑って背く］心を徒に懐くことが無くな」（二月一三日詔勅）かったというように、甲午改革で掲げられた明治日本基準の「文明進歩」は民に猜疑をもたらすものにほかならなかった。

朝鮮国王が欧米諸国の公使館と貞洞派を頼る状況になったことについて、「朝鮮人自から考ふ可し」（×九六・四・八）は、朝鮮人は「日本は窃に野心を懐き朝鮮を併呑するの志あり、決して依頼す可きの国に非ず」と考え、「真実頼み甲斐あるものは米国のみなれば此国に依頼して立国の計《はかりごと》を為す可しとの説を唱」えているようだと伝えている。これに続けてこの社説は、「今の世界に孰《いず》れの国か野心なきものあらん」として、「今日本が朝鮮を取るは誠に造作もな」いが、併呑して「精々搾取《しぼりとつ》て自から益せんとするも彼の通りの貧乏国、高の知れたることにして、ます〳〵搾取ればます〳〵衰弱せしむるのみ、収支相償ふの見込はある可らず、自から損して斯る厄介物を取込むは日本人の断じて欲せざる所なり」と、朝鮮を併呑しても日本に利益はないという持論を、より激越な言辞で繰り返す。あくまで日本に利益になるのは朝鮮が自ら改革して、「商売貿易に自利々他の目的を達」することのみだというのである。しかしこの社説は、人間にとって「利益」以外に「感情」も重要だとして次のように結論づける。

抑《そもそ》も日本人が朝鮮の発達進歩を促し自から利し他を利せんとするは、全く数理の勘定より出でたるものにして、其目的は只利益の一点のみなれども、人間には数理の考の外に別に感情を存して、一旦その感情を激せしめて堪忍袋の緒を切るに至れば、数理の域を逸して如何なる意外の珍事を引起すやも図る可らず。朝鮮人等が漫《みだり》に日本人を疎外するのみか、恰も盗賊袖児《すり》の如くに認め、不親切者なり、否な国を窺ふ不届者なりなど吾々を敵視して種々の手段を巡らし、商売その他の自由運動を妨害するにも至らば、日本人、決して無感情の人間ならず、いよ〳〵憤怒の暁には永遠の利害を別にして、自から非常の決断を断じ、或は彼等が現に云々する其想像を実際に実にするが如き場合を見るやも知る可らず。若し万一かゝる次第に至るも自から招くの災にして、訴ふる所はある可らず。朝鮮人たるもの、宜しく自から考ふ可き所なり。

これまで日本は「商売貿易」の「利益」のために朝鮮を援助してきたが、朝鮮人が日本を敵視し続けるなら、「感情」として朝鮮を併呑することもあり得るという恫喝めいた言辞である。この論法からいくと、自らの持論と異なり日本が朝鮮を併呑することになっても、それはやむを得ない措置で、朝鮮が「自から招くの災」だとして追認することになろう。

　結局、「朝鮮の独立に執着す可らず」（×九六・五・一六）は、日清戦争で朝鮮を「独立」させたのは「日本の威名を世界に轟《とどろ》かして人に威光を輝かした」ことではあったが、朝鮮人は「他人の好意を仇にして、動《やや》もすれば日本を敵視し怨望するなど呆れ果てたる始末」なので、以後、日本は朝鮮の「独立」などに頓着すべきではないと述べる。

> 好意の勧告など迚《とて》も効を見る可きに非ざれば、いよ〳〵改革の実を表せしめんとするには力を以て其国土を占領し、我が思ふ儘に行ふの外なしと雖も、之を占領するの一事は真実国の利害に訴へて日本人の欲せざる所、かゝる国人を相手に永く関係するは自から損するのみにして、今更ら他国と共同云々なども実際無益の労に過ぎざれば、今の中に断然見限るこそ寧ろ得策なる可し。日本に於て見限るときは彼の自立は到底覚束なけれども、是れとても唯その政府の滅亡するのみにして、国土国民の消滅に非ず、其国民が更らに自立して国を成すか或は他国に併せらるゝか、其辺は今より明言し難けれども、兎に角に大変革さへあれば、今の世界の大勢に於て自から発達進歩の実を見ること必然なれば、日本は恰も力を労せずして商売貿易の利を利するに至る可し。俗に云ふ厄介払とは此事なり。朝鮮の独立云々とは支那に対したる宣言にして、如何なる損失を

犯すも必ず隣国の為めに力を致す可しとの意に非ず。既に戦争の目的を達したる上は、其国の成行如何は敢て頓着す可きに非ず。独立云々の一事に執着して自から不利を蒙るも、飽までも他を見継がんとするが如きは経世家の取らざる所なり。

自力で「独立」できずに「他国」（日本以外の国）に併呑されても、それは国家・政府が消滅するだけで、その結果、「商売貿易」の利益さえ日本にあれば十分だというわけである。二月二七日社説「朝鮮平和の維持策」は、それでも朝鮮の「独立」のために日本は西洋諸国と共同しなければならないと述べていたが、ここではそれも「無益の労」となっている。巨文島事件の発生ののち放棄していた、日本は武力を用いてでも朝鮮を「文明」化させて「独立」をさせるという「朝鮮改造論」は、日清開戦前夜に再び『時事』に掲げられるようになっていたが、ここにその再びの放棄が表明されたのである。この「朝鮮の独立に執着す可らず」は、巨文島事件直後の「朝鮮人民のために其国の滅亡を賀す」に次ぐ、福沢ないし『時事』の「朝鮮改造論」放棄の表明であるとともに、「同情相憐むの念」の解消の表明でもあった。

ところで、朝鮮では日清戦争による「独立自主」それ自体は否定されることはなく、一八九七年二月二〇日に高宗はロシア公使館のほど近くに改修した慶運宮（徳寿宮）に「還御」し、八月一五日には第四次金弘集内閣のもとで制定された「建陽」の年号を廃止して、新たに「光武」の年号を定めた。一〇月一一日から一二日にかけては、再建された圜丘壇《えんきゅうだん》で高宗が天地を祀る祭祀を行って皇帝に即位し、一四日に国号を「大韓」に改めた。大韓帝国の成立である。日本政府は一一月までに皇帝号を承認するが、それは加藤増雄公使から大隈重信外務大臣（首相と兼任）への電報に「国王始メ一般ノ感情ヲ和クル、政界上大ナル便益アルヘシ[1]」とあるように、「帝国」の実を認めてのものではなく、ロシアとの関係上、高宗らの歓心を買うための決定であった。

『時事』一八九七年一〇月七日社説「事実を見る可し」⑯も、以下のように高宗の皇帝即位には極めて冷笑的であった。

> 扨《さて》今の朝鮮国の有様を見るに、独立とは名のみにして其実なきのみか、更に適切の語を用ふれば国の体を成さずして、国その国に非ずと云ふも可なり。現に近来の報知に拠れば、兼て噂の通り尊号の議もいよ〳〵決して、朝鮮国王は今後朝鮮皇帝陛下と称するよし。驚き入たる沙汰にこそあれ。国王と称するも皇帝と称するも他の勝手にして孰《いず》れにしても差支なけれども、其皇帝陛下の支配せらるゝ帝国の有様は如何と云ふに、外より見れば殆んど国の体を成さず、現に国王の如き、此程までは他国の公使館に借住《かりずまい》したる程の次第にして、一身の居住さへ定め難《がた》き其国王が、遂に皇帝と称したりとて内外に対して如何なる威厳を加ふ可きや。身代限りに瀕する貧乏士族が、我れこそは清和源氏の嫡流、源の何某なりとて空威張すると一般、小児の戯れも余りに程を過ぎて取合ふものはある可らず。

朝鮮に「独立」国の実がないというのは以前から変わらない主張であるが、「独立」に実をもたらすための内政改革すらも潰したからには「国の体」すらなさないというわけである。ましてや、高宗が一年ほどロシア公使館に留まったことは、国王さえも「一身独立」ができない朝鮮の有様を如実に示すものと映った。実際、『時事』はその後も韓国・皇帝の国号・尊号を社説で使用せず、「朝鮮」・

「国王」で通している。

なお、この社説は右の引用文とは別の箇所で「日露協定」に言及しているが、これは一八九六年六月九日調印、一八九七年二月二六日発表の「朝鮮問題に関する日露間議定書」、いわゆる「山県・ロバノフ協定」のことである。その公開条款第二条に「日露両国政府ハ、朝鮮国財政上及経済上ノ状況ノ許ス限リハ、外援ニ籍ラスシテ内国ノ秩序ヲ保ツニ足ルベキ内国人ヲ以テ組織セル軍隊及警察ヲ創設シ、且ツ之ヲ維持スルコトヲ朝鮮国ニ一任スルコト、スベシ」(2)とある。一八九六年五月にモスクワで行われたニコライ二世の戴冠式に全権大使として派遣された閔泳煥《ミン・ヨンファン》が、ロシア政府にロシア軍による国王の保護、軍事教官の派遣などを要請し、ロシア政府は一〇月にプチャータ大佐と一三人の将兵を朝鮮に派遣していた。プチャータは朝鮮の軍事問題に関する意見書を作成、高宗はプチャータ案にもとづく協定の推進を指示し、一八九七年五月五日にプチャータ案の六〇〇〇人の部隊創設案とロシアの軍事教官、将校一三人、その他八人を招請する文書に署名がなされた(3)。

「山県・ロバノフ協定」公開条款第二条は朝鮮における軍隊創設に関する条項で、一八八五年の日清天津条約第二条の「両国均シク允ス、朝鮮国王ニ勧メ兵士ヲ教練シ、以テ自ラ治安ヲ護スルニ足ラシム。又朝鮮国王ニ由リ他ノ外国ノ武辨一人或ハ数人ヲ選僱シ、委ヌルニ教演ノ事ヲ以テス［下略］」(4)と通ずるものであった。もとよりこれらの条約・協定は朝鮮政府が締結したものではないが、社説「事実を見る可し」は朝鮮政府がロシアに軍事教官などの派遣を要請したことと関連して、以下のように述べる。

例へば天津条約の如きも、本来は日清両国が朝鮮に対して平和を保証するの精神に成りたるものなりしかども、其平和の保証も実際に毫《ごう》も無効なりし其次第は、畢竟朝鮮人に自信自立の心なく、単に目前の勢に眩惑し、風の吹廻し次第に方向を転じて支那の一方のみに依頼し、遂に彼をして内政に干渉するの挙動を演ぜしめたるが為めに外ならず。

朝鮮に「自信自立の心」がなかったため、日清両国による「平和の補償」である天津条約体制も結局は朝鮮が清にのみ依頼することによって無効になったというのである。そうして、

日露協商とても同様にして、朝鮮と名くる朽木糞土を中に置て一々貸借の関係までも咎め立てするときは、互に双方の感情を傷けて如何なる益もなきのみか、国交上に不利の影響を蒙ることこそ多からんのみ。

と、天津条約体制のもとで独自に軍隊の創設ができなかった朝鮮が、やはり「日露協商」のもとでも軍隊を創設（＝「自信自立」）できずにロシアに依頼することによって、戦争へと至った日清の関係と同様に日本とロシアとの関係も悪化するだろうと批判するのである。

すでに社説「朝鮮の独立に執着す可らず」で朝鮮を「見限るこそ寧ろ得策」としていた『時事』からすれば、「自信自立」できない朝鮮は「国の体」をなさない「朽木糞土」であり、これをめぐってロシアと対立することなど極めて迷惑だというわけである。時は降って福沢の死の直前ではあるが、「朝鮮の独立」（×〇〇・八・五）に「兎に角に儼然たる一個の独立国を滅すとあれば、其事たる甚だ穏《おだやか》ならずして列国の憎悪を被むらざるを得ず、莫大之経費と勢力とを費して実際に得る所甚だ少な

く、然かも列国の憎悪を□《不明》ち得て国交の困難を招くが如き此上の拙策ある可らず」とあるように、たとい「国の体」をなしていなくとも、朝鮮の「独立」を唱えてきた日本が、続けて朝鮮問題に積極的に関わって、朝鮮併呑の野心を懐いていると疑われれば、「列強の憎悪」を買い、何らの利益もないのである。

（2）殖民策の再表明

この時、『時事』の朝鮮政策論に現れるのが、すでに一八九二年の段階で表明されていた日本人の殖民による日朝両人民の接触の増加という主張である。「朝鮮独立の根本を養ふ可し」（×九八・五・四）は、題目だけからするとまだ「朝鮮改造論」に「執着」しているかのようであるが、実際には「京城釜山間の鉄道」を敷設して「朝鮮の富源」である朝鮮南部の慶尚・全羅・忠清の三道（三南地方）を日本に連結させ、「文明先進の人を入れ又その資本を入れて殖産の道を謀」ることによって「朝鮮国を我日本の藩屏として共に東洋の安寧を謀らんとする目的」のもと、「直に其政府に迫らず広く国民に接して交際の基礎を固くせん」と主張するものだった（括弧は原文のとおり）。

続く「朝鮮渡行を自由にす可し」（×九八・五・五）は、「今朝鮮は我人民の続々移住して開拓す可きの地」であるので、「農商業者の渡行を促すと共に、坊主も教師も下女も下男も将《は》た芸娼妓も一切自由に渡航せしめて彼地に住む者をして恰も故郷に居ると同様の感を為さしめざる可らず」と述べる。特に強調したのは、朝鮮に殖民する日本人は「単に利益を目的として行き、又利益を目的として働くもの」であるので「其挙動も殺風景ならざるを得」ず、「朝鮮人と雑居して其間に種々の不都合を見るのは明白の成行」なので、東西本願寺などの僧侶を朝鮮に移住させて日本人殖民者の人心を和らげ

ることだった（「朝鮮移民に付き僧侶の奮発を望む」九八・五・一五⑯）

もとより殖民による両国人民の接触とは、相互交流による相互理解などという牧歌的なものではない。「京釜鉄道は朝鮮文明の先駆なり」（×九八・五・一二）によれば、「三南地方に於ては往々にして暴徒蜂起する」ため、「電信の例に倣ひ線路保護の為めに憲兵巡査を配置するの必要もある」のであり、そうすればもし暴動が起こっても「在朝鮮の我兵隊巡査は直に駆付けて之を鎮定すること容易」だと述べるのである。また、日本人が朝鮮で「商売貿易」をするためには、当然のことながら金融機関が必要になるが、「朝鮮に銀行を設立す可し」（×九八・五・一四）は、「内地の富豪」が朝鮮で銀行を設立して十分な利益を見込めることは、「外国の殖民地に於ける商会銀行の明に実験したる所」であり、また「貨幣を統一するの必要」のため「今日最も広く行はるゝ円銀を以て法貨に充つるの外に道なかる可し」と述べる。これでは実質的に日本の植民地と変わりなくなり、ロシアをはじめとする西洋諸国からの「憎悪」を買いかねないとも受け止められる。

この点について、「東洋政略の方針」（×九八・五・二七）は、日本が「朝鮮の世話を以て自から任」ずることにおいて「断じて国土を併呑するなどの野心な」しと、従来の持論を繰り返しつつも、「朝鮮の世話を以て自から任ずる上は、他国の進退如何は一切不問に付して、露人が来るも英人が来るも敢て関係せざれども、若し聊《いささ》かにても我事を妨るの挙動もあらんには、寸毫《すんごう》も仮すことなく其障害を排斥し、以て自から全うする覚悟なかる可らず」と、一見強硬な論調を展開する。しかし、一八九二年の段階で日本人の殖民を唱えることは天津条約体制に変更を迫るものであったのに対し、この一八九八年段階での殖民策は、以下に見るように俄館播遷以後の日露の利害調節を踏まえたもので、現状に変更を迫るものではないとされていた。

一八九六年五月一四日調印（一八九七年二月二六日発表）の「朝鮮問題に関する日露両国代表者覚書」、いわゆる「小村・ヴェーベル覚書」はその第三条で、「朝鮮国ノ現況ニテハ、釜山京城間ノ日本電信線保護ノ為メ、或場処ニ日本国衛兵ヲ置クノ必要アルヘキコト、及現ニ三中隊ノ兵丁ヲ以テ組成スル所ノ該衛兵ハ、可成速ニ撤回シテ之ニ代フルニ憲兵ヲ以テシ、左ノ如ク之ヲ配置スヘキコト」を謳っており、社説「京釜鉄道は朝鮮文明の先駆なり」が「電信の例に倣ひ線路保護の為めに憲兵巡査を配置するの必要もある」というのは、電信に関するこの合意を京釜鉄道の保護に敷衍させたものである。朝鮮人の暴動に対して「在朝鮮の我兵隊巡査は直に駆付けて之を鎮定する」というのも、同覚書第四条の「朝鮮人ヨリ万一襲撃セラルル場合ニ対シ、京城及各開港場ニ在ル日本人居留地ヲ保護スル為メ、京城ニ二中隊、釜山ニ一中隊、元山ニ一中隊ノ日本兵ヲ置クコトヲ得」という合意に準拠したものである。(5)

さらに、社説「京釜鉄道は朝鮮文明の先駆なり」は、一八九八年四月二五日調印（五月一〇日官報掲載）の「朝鮮問題に関する議定書」、いわゆる「西・ローゼン協定」を踏まえていることが明らかである。この議定書は第三条で、「露西亜帝国政府ハ韓国ニ於ケル日本ノ商業及工業ニ関スル企業ノ大ニ発達セルコト、及同国居留日本国臣民ノ多数ナルコトヲ認ムルヲ以テ、日韓両国間ニ於ケル商業上及工業上ノ関係ノ発達ヲ妨碍セサルヘシ」と謳っていた。また、朝鮮でのちに見る独立協会などの反ロシア運動があったこともあり、ロシアは三月末までに朝鮮に派遣していた軍事教官と財政顧問を引き上げる決定を行っていた。議定書の第一条には「日露両帝国政府ハ、韓国ノ主権及完全ナル独立ヲ確認シ、且ツ互ニ同国ノ内政上ニハ総テ直接ノ干渉ヲ為サヽルコトヲ約定ス」と、第二条には「練兵教官若ハ財務顧問官ノ任命ニ就テハ、先ツ相互ニ其協商ヲ遂ケタル上ニアラサレハ何等ノ処置ヲ為サ、ルコトヲ約定ス」と謳われていた(6)。

こうして見ると、『時事』の殖民策の再開は、「西・ローゼン協定」の締結を機にしていることは明らかであろう。政府や軍が武力を用いて朝鮮を「文明」化させれば、それは西洋諸国、とりわけロシアの「憎悪」を買うことになり、もはや不可能なことである。それに代わって、日本人を朝鮮に殖民させて、朝鮮での利害に関するロシアとの合意に抵触しない範囲で日本人殖民者を保護すること、これが福沢最晩年の時期に『時事』が到達した朝鮮政略論であった。『時事』が朝鮮殖民策を展開している時期に掲載された社説「対韓の方針」(九八・四・二八⑯)は、以下に見るように福沢の「朝鮮改造論」の最終的な破綻を表明したものであると言ってもよい。

(3)「義侠心」と「文明主義」の破綻

「対韓の方針」は、朝鮮が「遂に今日の有様に及んだ始末」、つまり日清戦争によって日本が朝鮮の「独立」を清に認めさせ、内政に干渉して改革=「文明」化を推し進めたにもかかわらず、朝鮮側はかえって日本を厭って国王がロシア公使館に避難するなど、ロシアの庇護を求めるようになった原因として、朝鮮のために「熱した」日本人の「失策」を二つ挙げる。その一つは「義侠心」である。

本来義侠とは弱を助け強を挫くの意味にして、一個人の友誼上には或は死生を賭して他の急を救ふなどの談もなきに非ず。即ち義侠の熱心に出づるものにして、所謂刎頸莫逆《ふんけいばくげき》「首をはねられて殺されようとも互いに逆らわない」の交際には自から其実を認むることもあれども、一村一郷の交際に至れば既に義侠の行はるゝを見ず。況んや国と国との交際に於てをや。今後幾千年の後はいざ知らず、古来、今に至るまで、刎頸莫逆の国交際を維持したるの談は我輩の未だ曾て聞かざる所なり。然るに我国人の朝鮮に対するや、其独立を扶植す可しと云ひ、其富強を助成す可しと云ひ、義侠一偏、自から力を致して他の事を助けんとしたるものに外ならず。或は日清戦争の如きも政府の当局者に於ては自から考もありしならんなれども、一般の国民中には外より眺めて全く義侠の為めに戦ふものと認め、実際の利害損得をば算外に置き、単に小を助け大を挫くの一事を壮快なりとして非常に熱したるもの少なからざりしことならん。斯る次第にして、義侠の結果を如何と云ふに、或は少女が独行の途中、乱暴者に出逢ふて将に苦しめられんとしたる処に、偶然侠客の為めに救はれて危難を免かれたるが為め、其親方の義侠に感じて終身恩を忘れざるなどの談は、昔しの小説本等に毎度見る所にして、義侠心の効能は此辺に存することなれども、国と国との関係に斯る効能は見る可らず。此方にては大に義侠に熱するも、先方に於て毫も感ぜざるのみか、却てうるさしとて之を厭ふときは如何す可きや。無益の婆心を止めにすれば差支なけれども、其処が人間の感情にして、所謂可愛さ余りて憎さ百倍の喩に漏れず、一図に他の背恩に憤りて反対の挙動に出でざるを得ず。明治十五年大院君の騒動と云ひ、十七年の変乱、又二十七、八年の事件後の始末と云ひ、孰れも朝鮮人が我義侠に対する報酬にして、人間の情として快く思ふものはある可らず。憤慨の激する所、遂に二十八年十月の如き始末をも見るに至りし次第にして、其憤慨は決して無理ならずと雖も、本を尋ぬれば畢竟漫《みだり》に熱したる此方の失策にして、実際無益の労のみか、国交際には寧ろ義侠心の有害なるを見るに足る可し。

ここでは、日本人が熱した「義侠心」は主に日清戦争と甲午改革に対して示されたものだというように書かれているが、後半まで読んでみると、これは一八八〇年から翌年にかけて朝鮮に対して「同情相憐むの念」を示した以後の福沢自身の「政治的恋愛」だと読んでも無理な読みではあるまい。

もう一つの「失策」は、以下の「文明主義」であった。

朝鮮人は本来文思の素に乏しからずして決して不文不明の民に非ず。彼の南洋諸島の土人などと全く異にして、之を教へて文明に導くこと容易なるに似たり。左れば日本人の考にては彼の国情を以て恰も我維新前の有様に等しきものと認め、政治上の改革を断行して其人心を一変するときは、直に我国の今日に至らしむこと難からずとて、自国の経験を其儘に只管《ひたすら》他を導て同じ道を行かしめんと勉めたることなりしに、豈に図らんや、彼等の頑冥不霊は南洋の土人にも譲らずして、其道を行く能はざるのみか、折角の親切を仇にして却て教導者を嫌ふに至りしこそ是非なけれ。日清戦争の当時より我国人が所謂弊政の改革を彼の政府に勧告して、内閣の組織を改め、法律及び裁判の法を定め、租税の徴収法を改正する等、形の如く日本同様の改革を行はしめんとしたるは、即ち文明主義に熱したる失策にして、其結果は彼等をしてます〳〵日本を厭ふの考を起さしめたるに過ぎざるのみ。抑も朝鮮には自から朝鮮固有の習慣あり。其習慣は一朝にして容易に改む可きに非ず。喩《たと》へば病人が腹部の辺に何か凝《こり》を生じたりとて苦悩を訴へながら、古来習慣の医方に従ひ煎薬を服し巻木綿ぐらゐにて済し居たる処に、是れは卵巣水腫と名くる病症なり、早く切開せざれば生命にも拘はる可しとて、腹部の切開術を行ふたる其治療法は、医学の主義に於て間違ひある可らず。医者の誡に従て後の注意に怠らざるときは全快疑なき筈なれども、患者生来の習慣として一々医誡を守るを得ず。是に於てか医者は其経過の意の如くならざるを見て、何か誡を犯したる可しとて患者を責むれば、患者は却て医者の惨酷を云々して之を怨むが如き始末にては、到底善良の結果を見る可らず。斯る患者に対しては煎薬にても何薬にても病に害なき限りは許して之を服せしめながら、徐々に実験の効能を示して感化するの外なきのみ。朝鮮人の如き人民に対するの筆法は、西洋医の心を以て漢方医の事を行ふこと肝要にして、文明主義の直輸入は断じて禁物なりと知る可し。

ここでの「文明主義」も、やはり日清戦争と甲午改革のみを指すものではなく、福沢の『時事小言』以来の「朝鮮改造論」に当てはまるものである。この二つの「失策」を開陳したのち、福沢がこの社説で下した結論は、「今日の対韓方針は、内政を改革し独立を扶植するなど政治上の熱心をば従来の失策に鑑みて一切断念し、只彼等の眼前に実物を示して次第に自から悟らしむるに在るのみ」ということであった。ここで言う「実物」とは、「顧問官にも非ず、練兵教師にも非ず、成る可く多数の日本人を彼の内地に移して朝鮮人と雑居せしむるの一事」、つまり日本人の殖民である。

この社説につとに着目した松沢弘陽は、「福沢はここではっきりと朝鮮に対する日本の『文明主義』と『義俠心』の破綻を認めている」と述べているが、そのとおりである。松沢の福沢研究の白眉は、本書の「序章」で述べたように、幕末・明治初期の日本の洋学者たちが「西洋産文明論」を内面化すること、とりわけアジアにおける「専擅」と「停滞」（「アジア的デスポティズム」）という西洋産のアジア論を内面化することによって、「自己の文明の進歩についての決定論とペシミズム」に陥りがちだったことを福沢は批判し、『文明論之概略』においてギゾーやバックルのアジア観と袂を別ち、「同じ『アジア』でも日本においては『停滞不流』を内側から突破する固有の力が働いている」という日本における「文明論」の「始造」(=「知的『独立』」)を試みたことを論証したことにある。[8] 社説「脱亜論」もまさにこの「始造」の過程に位置づけられるものであった。

この「始造」が朝鮮問題に適用されれば、朝鮮も日本に遅れて幕末・明治維新と「同様の『文明』化の行程を一歩おくれて辿るとする、ある種の同系発展の観念」(=「日本の立場からの単系発展論」)が生じることになる。松沢は、社説「対韓の方針」で表明された「文明主義」破綻の原因としての「朝鮮固有の習慣」に対する日本人の没理解に関連して、「相手の主体的能力を認めぬことはしばしば、自分が、相手の主体的能力が活性化するための固有の条件を理解せずそれを無視したために、相手に対する自分の政策が破綻したにもかかわらず、その真の原因が自覚されていないことの表現」であり、「福沢のこの場合もそうだったのでなかろうか」[9]と問題提起している。

松沢のこの福沢批判が成立するためには、「福沢が朝鮮に対して抱いた『日本に倣』う『文明』化への期待に対して、当の朝鮮の側から、福沢が西欧産の文明論に対して主張したと同じような、批判と独立が主張されるということもありえ」[10]、またこの社説が発表された当時、漢城《ハンソン》で活動していた独立協会が、「朝鮮の民主化と独立をめざす」「主体的な」運動を展開していたことが前提にならなければならない。松沢の研究はこの点に関して論証を欠いている。[11] したがって、次の課題として、独立協会の「文明論」について概観しておく必要がある。

2　朝鮮開化派の「文明の同系発展論」

(1)『独立新聞』と独立協会

第四次金弘集内閣が崩壊したのちも、貞洞派の開化派は朝鮮政府に残った。そうしたなか、アメリカから「帰国」した徐載弼《ソ・ジェピル》が、四月七日に純「国文」の『独立新聞』を創刊する。つとに一八九五年五月に総理大臣に就任した朴定陽《パク・チョンヤン》が、徐を外部協辦に任命して帰国を要請していたが、徐はこれを断っていた。しかし、王后閔氏廃后の嫌疑を掛けられて日本に再亡命した朴泳孝《パク・ヨンヒョ》がアメリカに渡り、徐載弼に会って帰国を熱心に勧めた結果、徐は帰国したのだというのが通説であるが[12]、第四次金弘集内閣によって駐米朝鮮公使館の三等書記官に任命されて、その後に帰国したという説もある[13]。

いずれにせよ徐載弼の帰国は、一八九五年一二月二五日であり、翌年一月一三日に第四次金弘集内閣と中枢院顧問就任の契約を結んで、新聞創刊準備を進めた。ところが、当時漢城には熊本国権党の安達謙三が井上馨公使に持ち掛けて一八九五年二月一七日に創刊した『漢城新報』がすでに存在しており、それによる朝鮮の言論独占を謀る日本公使館が徐の新聞創刊準備を妨害した。『尹致昊日記』によると、日本公使館が内部大臣の兪吉濬《ユ・ギルチュン》に働きかけた結果、兪は妥協して漢城新報社との連合で新聞を創刊することにしたという。

結局、二月一一日の高宗の俄館播遷によって第四次金弘集内閣が崩壊したため、徐は四月七日に独自に『独立新聞』を創刊することになる。チェ・ベクによれば、日本公使館からの妨害に対し徐がこれといった対応ができなかったのに反して、兪が日本公使館と交渉を続けていたこと、徐は新聞事業にさしたる知識や経験がないのに反して、兪が一八八三年に新聞創刊に従事した経験を持ち、また法部大臣の張博《チャン・バク》が『漢城旬報』の創刊にかかわった経験があることなどから、この新聞の創刊準備を主導したのは徐ではなく第四次金弘集内閣の要人だったという。かれらは、徐がアメリカの市民権を持つため列強の介入や干渉を排除でき、かつ政府の影響下に置くことができる人物でもあることを利用

して、新聞発行の責任者にしたのだと推測できるというわけである。(14)

ところで、朝鮮最初の日本留学生として慶應義塾に学んだ兪吉濬は、軟禁中の一八八九年暮春に国漢文による『西遊見聞』を書き上げ、一八九四年の報聘大使義和君《ウィファグン》派遣に随行した際にその原稿を携えて日本を訪問した。これは朝鮮最初の西洋事情紹介書で、その西洋の政治・経済に関する記述は『西洋事情』をはじめとする福沢の著作物に大きく依拠している。(15)兪は同行して慶應義塾に入学した魚允廸《オ・ユンジョク》・尹致旿《ユン・チオ》の二人の留学生に校閲を託し、『西遊見聞』は一八九五年四月二五日に印刷所を東京市日本橋区西紺屋町の秀英舎、発行所を交詢社として発行される。そのため同書の奥付は、「開国五百四年四月廿五日」および「明治二十八年四月廿五日」と朝鮮と日本の双方の年号で発行日を記している（なお、表紙には脱稿した「開国四百九十八年」が記されている）。この日付はちょうど兪が金弘集・朴泳孝連立内閣で内閣総書に任命された日付であった（ただし、この時点で朝鮮はまだ陽暦を採用していないが、なぜ朝鮮側の日付も陽暦になっているのかは不明である）。

この『西遊見聞』は同書の「備考」に「一時、新聞紙の代用を供する」ために著述したとあるように、日本留学後に兪が推進した国漢文新聞の発行計画の経験を踏まえて、政府が本格的な新聞の発行の基盤を整えるまでの過渡的な人民啓蒙の措置のための書籍だった。しかし、李光麟《イ・グァンニン》が兪の子孫から聞き取ったところによれば、同書は一〇〇〇部を印刷して「政府高官をはじめとする当時の有力者」に配布されたにとどまった。(16)さらに一八九六年二月一一日の高宗の俄館播遷により兪が日本に亡命すると、同書は「国賊」による著作物だという理由で所持していること自体が危険な書物になっただろうことは容易に推測できる。柳永益《ユ・ヨンイク》が述べるように、同書は「初めから『新聞紙の代用』として民衆の間に広く読まれることなく、再版も出ないまま姿を隠し」、韓国で「一九六九年にその影印本が出るまで事実上現代の読者が入手することの難しい稀覯本の書籍にな」ったのである。[17]

さて、高宗の俄館播遷ののちに内部大臣兼総理大臣署理（代理）に就任した朴定陽も新聞の必要性を認めたため、『独立新聞』が創刊された。おそらく、王后殺害に関わった日本人の経営に係る『漢城新報』が漢城の言論を独占し、時に朝鮮政府を批判する論調を掲げていたため、これを牽制する朝鮮人経営の新聞が必要だったのだろう。[18]

甲午改革中に「独立自主」を宣言した朝鮮は日本の圧倒的な影響下に置かれていたが、俄館播遷を機に日本と親日勢力が後退すると、改めて「独立自主」の機運が高まった。『独立新聞』の「独立」は、こうした機運を反映したもので、同紙が漢字を一切使わずに「国文」のみで書かれたのも、漢字は中国の文字であり、朝鮮には独自の文字があって、それは「真文」である漢字に対する「諺文」でなく、「国文」であるという中国に対する「独立自主」意識に裏打ちされたものであった。七月二日には、徐を顧問、安駉寿《アン・ギョンス》を会長、李完用《イ・ワニョン》を委員長として、甲午改革中に取り壊されていた迎恩門（清の皇帝の勅使を朝鮮国王が迎接する門）の跡地に独立門と独立公園を造成するための事務の管掌を目的に独立協会が結成される。

日本留学経験を持ち福沢と面識がある徐載弼が独立新聞社の社長になり、「独立」を記念する団体を創設したことからすると、俄館播遷ののちにも福沢は朝鮮の「文明」化と「独立」に期待を持ってもおかしくないだろうとの推測もできよう。しかし、「朝鮮改造論」を最終的に放棄した『時事』は、社説で『独立新聞』や独立協会を取り上げることは全くなかった。もっとも、漢城駐在の特派員から送られてくる電報にもとづく「京城特報」「朝鮮雑信」などの記事には、これらに関する言及がある。たとえば『独立新聞』の創刊から一カ月余りの五月一四日の「朝鮮通信」には、義兵によって被害を受けた日本商民に対する朝鮮政府の賠償金の支払いについて、『独立新聞』が反対の社説を掲げているという報道があり、現地の特派員がこの新聞をニュースソースとして利用していることが分かる。

また、当初政府高官中心の独立門・独立公園建設推進団体として発足した独立協会は、一八九八年二月以降、政府のロシア人財政顧問・軍事顧問の雇用と、ロシアに対する絶影島《チョリョンド》租借許可に反対する運動を皮切りに、鍾路《チョンノ》で万民共同会という街頭集会を開催しつつ、反政府運動を展開するが、この時期、『時事』は独立協会の反政府運動について「京城特報」で頻繁に報じている。独立協会が推進したのは、親ロシア政策を採った政府高官の弾劾運動であった。

例えば一八九八年四月一〇日の「京城特報」は、独立協会が「露人排斥、閔〔種黙〕外部〔大臣〕金鴻陸〔漢城府判尹〕弾劾、各部の不法行為窮責等に関して、韓国の為め幾多の功績あるは吾人の夙《つと》に称賛したる所」であるとしながらも、過激な反政府運動によって「怨を一方に買ふこと益々多」いため、「斯の如しとすれば独立協会の前途は韓京の政界一大変更を来すにあらざる以上、頗る多難なりと云はざる可からず」というように、悲観的な見通しを開陳している。この頃、徐載弼は「国王の最も忌嫌する」人物とされ（一八九八年四月七日「京城特報」）、徐は追放される形で五月一四日に漢城を発ってアメリカに「帰国」し、『独立新聞』と独立協会の実権は尹致昊《ユン・チホ》に移ることになる。

独立協会の反政府運動はさらに急進化し、七月一二日には失政に関して臣下のみならず皇帝の責任をも問う上疏を行っている[19]。『時事』一八九八年七月一五日の「電報」欄内の「時事新報京城電報」（七月一三日発）は、これを「独立協会は昨日上書して国王に隠遁せんことを諌説せり」と報じているが、実際の上疏の文面は皇帝に直接「隠遁」を求めるものではなかったものの、民間の団体が皇帝を諌諍することは前代未聞のことであり、この報道は現地での上疏の衝撃の大きさを物語るものであろう。

一七日の「時事新報京城電報」（七月一五日発）に、「独立協会の上書及び鐘《ママ》〔鍾〕路に於ける同会員の演説は、孰れも其言辞の過激に渉れるより国王の憤怒甚しく、捕縛せらる、者尚ほ未だ跡を絶たず」とあるように、皇帝および保守派大臣と独立協会の対立は激化し、これに高宗を廃位して義和君を即位させるという風説、また日本に亡命している朴泳孝が帰国して政府を転覆させるという風説などが絡まって、漢城の政情は混迷することになった[20]。同月一七日の「京城特報」は、「韓国の事情たる到底陰謀密計朋党擠排の基根を絶つ能はず」と評している。すでに「朝鮮改造論」を放棄していた『時事』にとって、再度の高宗の外国公使館「播遷」をもたらしかねないこのような朝鮮の政情の混迷はむしろ厄介だとの姿勢を見せているのである。

（2）独立協会の文明論

それでは独立協会において、「西洋産文明論」ないし福沢流の「同系発展の観念」に対する「批判と独立が主張される」可能性はあったのだろうか。まず留意しておきたいのが、徐載弼は朝鮮に戻ったのち一貫してアメリカ人として振る舞ったことである。徐がアメリカ市民権を得たのは一八九〇年六月であるが、その時からフィリップ・ジェーソンと名乗り、朝鮮で名前を書く時も「ジェーソン博士」または「ピー・ジェーソン」と書いた[21]。『独立新聞』は「国文」であるが、英文版の“The Independent”も発行しており、英文版の論説は徐が書いたと推測されるものの、『尹致昊日記』に徐は母国語をほとんど忘れているとも記されていて、「国文」版の論説は「諺文担当」の「助筆」である周《チュ》時経《シギョン》との合作だという説が有力である[22]。このような点からして、『独立新聞』論説は「西洋産文明論」

の視点から書かれていても当然なのである。

まずは、『独立新聞』の朝鮮「独立」に関する認識を見てみよう。(23) 以下は一八九六年六月二〇日の論説からの引用である。

朝鮮人民が独立ということを知らない故に、外国人が朝鮮を蔑んでも憤ることを知らず、朝鮮／大君主陛下におかれて清国君主に毎年使臣を送って冊暦をおもらいになり、公文に清国の年号を使い、朝鮮人民は清国に属する人だと思いながらも、数百年敵を討つ考えをせず、属国のようにしてきたのだが、その弱い心を考えれば、どうして可哀想な人生でないだろうか。

ここには朝鮮は長く清の「属国」であったこと、それは朝鮮人民が独立心を欠如しているからであるということが述べられている。そのため、「独立」を内実化させるために朝鮮人民は「文明」化しなければならないというのが『独立新聞』の基本的な論調になる。中国の「属国」であることは羞恥であり、朝鮮人民に独立心が欠如しているというのは、福沢の認識と同様である。しかも、現状の「自主独立」も朝鮮人民が自ら達成したものではなかった。次は一八九八年三月一七日の論説からである。

甲申年に少年四・五人が少し憤った心を表し、その恥を雪《すす》いで大韓を自主独立国として世界で振る舞わせてみようとし、またもや清人と清人の忠臣になっていた本国［朝鮮］の人にすっかり負かされて、死んだ者も多くあり、滅門［一族滅亡］させられた者も多くあり、その後は十年間余り再び自主独立しようとする議論が敢て口から出てこず、およそそのような考えのある人もいなかった。甲午年［一八九四年］にいきなり自主独立を無理やり他国が成し、好まないものを無理やり世界に同等だと言ってくれたが、このように無理やり得た自主独立を、誰がそれほど大切に思おうか。もし、その自主独立を得た時に、大韓人民が数千人死に、忠臣烈士の血が流れて［自主独立を］得たようであれば、大韓人民がその得た自主独立を大変重く感じ、どうにか国の権利を保存し、徐々に進歩して、その死んだ忠臣烈士の意を見習い、その人々が遂げられなかった事業を成就する営みをするであろうが、この大きく盛んで貴い自主独立の権利を空しく他人に悩まされて得たのだから、その貴いことを知るすべもなく、［自主独立を］助けることを知らないので、［自主独立を］守る考えが起こるはずもなく、再び［外国に］頼る窮理［思案］でもしていた。

徐自らが参加した甲申政変は少数の少年によるもので、甲午年の日清戦争による「自主独立」は日本によって無理やりに与えられたものなのだから、大韓帝国の「独立」も内実が全く伴わないというのである。

また、次は『独立新聞』の論説を尹致昊が担当していた時期の一八九八年八月三一日の論説「モルラヨ氏の意見」である。「モルラヨ」とは「知りません」という意味で、「モルラヨ氏」は尹の筆名である。

アフリカは幽冥で富んだ地方である。宝のように貴重な樹林や燦爛たる金鉱石や、その他の宝石や象牙や金銀が数知れず積まれているが、アフリカの土種たちがこの良い地方を何千年も持っていながら、宝を宝として使うことができず、金の塊を手に握って飢え死にする者が多かったのだから、これは所謂暴殄《ぼうてん》天物［天が造った物を荒らして絶やすこと］である。ついに天がその土種の頑悪を憎まれて、欧洲各国の人々が近年にアフリカ洲を分割して、何万年も無念に埋もれていた宝を掘り出し、世界に有用な物にしたので、天道が無心［無情］でないのである。／北アメリカは土沃で色々な天造物が富饒であることと、鉱山が雄壮で秀麗であることが世界で随一であるのに、インディアンという土種たちが数千年［その土地を］預かっており、この良い江山を無用の地にし、野蛮の風俗を終始改めなかったので、ついに英国人種の土地になったのち、世界で一番富強な国になった。インディアンの暴殄天物していた罪悪に、天が罰をお与えになったことを悟ることができない人々は、果たして愚かであるのだ。

この後、もう一つインドの例が続き、さらに「大韓」も「天物」を「暴殄」しているという文が続くのであるが、あまりに長文になるので全文は引用しない。この文章を読んで想起されるのが、福沢諭吉の『文明論之概略』第十章の次の有名な文章である。

> 今の亜米利加は元と誰の国なるや。其国の主人たる「インヂヤン」は、白人のために逐はれて、主客処を異にしたるに非ずや。故に今の亜米利加の文明は白人の文明なり、亜米利加の文明と云ふ可らず。此他東洋の国々及び大洋洲諸島の有様は如何ん。欧人の触る丶処にてよく其本国の権義と利益とを全ふして真の独立を保つものありや。「ペルシャ」は如何ん、印度は如何ん、暹邏《シャム》［羅］は如何ん、呂宋《ルソン》爪哇《ジャワ》は如何ん。［中略］欧人の触る丶所は恰も土地の生力を絶ち、草も木も

其成長を遂ること能はず。甚しきは其人種《ひとだね》を殲《つく》すに至るものあり。是等の事跡を明にして、我日本も東洋の一国たるを知らば、仮令ひ今日に至るまで外国交際に付き甚しき害を蒙たることなきも、後日の禍は恐れざる可らず。（④二〇二―二〇三）

ここに見られるのは、西洋の「白人」の「文明」に対する福沢の怒りである。この一八七五年の文章で、「道理」としての「文明」が「亜細亜」（非西洋）を滅ぼすものであることを見切った福沢は、松沢弘陽の言葉に倣えば、西洋の「文明」に対抗する日本における「文明論」の「始造」を試みた。そうして、一八八一年の『時事小言』で、「天然の自由民権は正道にして人為の国権論は権道」（⑤一〇三）であるが、しかし「近年各国にて次第に新奇の武器を工夫し、又常備の兵員を増すことも日一日より多し」という「誠に無益の事にして誠に愚」かなことが横行する現状では、

他人愚を働けば我も亦愚を以て之に応ぜざるを得ず。他人暴なれば我亦暴なり。他人権謀術数を用れば我亦これを用ゆ。愚なり暴なり又権謀術数なり、力を尽して之を行ひ、復《ま》た正論を顧るに遑《いとま》あらず。蓋し編首に云へる人為の国権論は権道なりとは是の謂にして、我輩は権道に従ふ者なり。（⑤一〇八―一〇九）

と、「正道」を捨てて「権道」に進むことを宣言した。西洋に滅ぼされないために、日本が「亜細亜」の「文明」に留まっていてはいけないというのは、洋学者福沢のもともとの考えであり、その意味で福沢は始めから「脱亜」論者であった。ところが『時事小言』は日本が生き残りを確かなものにする

ために、隣国に武力を用いてでも「亜細亜」の「文明」化と「独立」を成し遂げさせねばならないとも宣言した。このことの意味については、のちに再び言及する。

その後、憲法発布と議会開設を経て「世界文明の立場」に立った福沢は、朝鮮で明治維新の志士のような人物による政府の改革が行われない状況に対して、前章で引用した日清開戦前夜の『時事』社説「世界の共有物を私せしむ可らず」(九四・七・七⑭)で、アメリカ原住民に対する「白人」と同一の文明観を朝鮮問題について披歴した。もっとも、清との戦争が朝鮮の「独立」を掲げるものになる以上、朝鮮の「土地は併呑す可らず」とも述べたのであって、福沢が朝鮮の植民地化を訴えることはなかったが、文明観そのものとしては、『文明論之概略』で怒りを露わにした「白人」の「文明」の側に立つものだったと言えよう。

一方、「モルラヨ氏の意見」に示された尹致昊の文明観は、本書の第二章で見た一八八〇年代後半の日記に記されたそれ、たとえば『ウォーレン・ヘースティングズのインド政策』の読後感に示されたものと同一であり、尹の「西洋産文明化」の内面化は、この時期から変わっていない。さらに尹はこれを新聞の論説として公にしたわけである。また、この論説の「暴殄天物」論は、『時事』社説「世界の共有物を私せしむ可らず」と同一である。もっとも「独立」の機運が高まっている時期のことであるので、同論説は「大韓」がイギリスなどの「文明国」の支配下に入ることが人民の幸福だと書くことはなかったが、「百姓《ペクソン》［民］を保護して／皇室を維持する重任を担った方々は、昼夜に政府で官職の進退に奔走し、大臣・協辦が朝変夕改［朝令暮改］して、内には内政が乱れており、外には外交に失信だけするので、どうしてこのように眠りから覚めないのか、痛哭しても気が晴れないのだ」と嘆くのみで、万民共同会を動員して大臣・高官の弾劾運動を展開するものの、朝鮮の「文明」

の「始造」を『独立新聞』で試みることはなかった。

さらに、『独立新聞』は独立協会による議会開設運動が行われるなか、七月二七日に論説「下議院は急ではない」を掲げて、下院の開設に反対の姿勢を明らかにするのであるが、その理由は以下のとおりである。

日本人は西洋開化を模本する前にも、我々より百倍も文明［的］な人であり、西洋の政治と風俗を学び始めた後に、昼夜に努力して三〇年間に世界が驚くほど進歩したが、明治元年に上下議院を排設せず、やっと明治二三年に初めて国会を始め、また上下議院を実施する前に、むしろ不十分なことがあるのではないかと［心配し］、極めて聡明な委員を欧米諸国に派送し、上下議院の制度と章程と事情を詳しく観察して採用したが、日本としてもこのように慎んで上下議院を排設したのに、我々は外国と通商・交際した後、数年間に学んだことが紙巻煙草を吸うこと一つしかないので、何の廉恥を以って下議院を夢見ることができようか。このような妄言は吐かず、ただ独立協会がこの度趙秉式氏のこと［辞職勧告］をしたように、我々の分内にある権利でも守り、／皇帝陛下のお蔭で、政府が担った職分をするようになれば、内には学校を到る所に設施して若い人々を教育し、外には学生を欧米各国に派送して有益な学問を学ばせ、人民に知識が速やかに開き、四・五〇年進歩した後にでも、下議院を考えるのが穏当だろう。

日本が西洋の「文明」を模範とする以前から「文明」的であったというのは、福沢が繰り返して日本と朝鮮の違いとして述べた、日本における蘭学・洋学の伝統を彷彿とさせるものである。また、論説に言う「極めて聡明な委員」とはもちろん伊藤博文のことで、伊藤が憲法調査のためにヨーロッパに発ったのは、尹の日本留学中の一八八二年三月のことであった。朝鮮も日本に遅れて幕末・明治維新と「同様の『文明』化の行程を一歩おくれて辿るとする、ある種の同系発展の観念」（＝「日本の立場からの単系発展論」）を、尹は完全に内面化していたのである。

なお、『時事』の「京城特報」によれば、一〇月に皇国協会が「民選議員設立の建白書」を政府に提出し、政府はこれに対して「未だ民度幼稚《ようち》にして其時機に達せざる」という理由で不可としたという。本節のテーマから外れるが、補足として独立協会の反政府運動の急進化とこれに関する『時事』「京城特報」の評価を見ておきたい。

さて、皇国協会の「民選議院設立の建白書」は、独立協会が先に見た議会観にもとづいて、中枢院を官選議員半数と独立協会選出議員半数の議会に改編するという「中枢院官制」改革案を政府に提出したことに対し、保守派大臣・官僚らが行商人の褓負商《ほふしょう》に組織させた皇国協会がそれを妨害するために提出したものだった。これについて『時事』「京城特報」は、皇国協会は「只袞龍《こんりょう》の袖［皇帝の権威］を便［頼］りの会合にて、素より斯る官制の改革案を組立つる等の智識もなく」、「唯独立協会に反抗を試みんが為めに突飛の問題を此に仮りたるまで」であって、日本の「例の民選《ママ》議院開設請願」の当時を追想する人もあろうが、「朝鮮の進歩は未だ左《さ》までに捗《はか》取らず」と断定する。(24)

独立協会は一八九八年秋以降も急進化し、独立協会が共和制の樹立を試みているという誣奏を受け容れた高宗は、一一月五日に「協会禁止」の勅令を出して独立協会を解散させた。尹致昊は万民共同会を使って独立協会復設運動を行うが、一一月二一日には皇国協会が万民共同会を襲撃し、両会は城内および龍山《ヨンサン》近辺で棍棒や投石などによる乱闘を繰り広げた。高宗は事態を収拾するために一一月二六日に慶運宮の仁化門門前で独立協会と皇国協会に親諭を下し、独立協会の復設を許可するが、議会へと改編された中枢院（勅選議員と独立協会選出議員から成る）で朴泳孝ら日本亡命者が大臣候補に選出されると危機感を強め、一二月二二日に軍隊を投入して万民共同会を解散させ、二五日には「民会」厳禁の詔勅を下した。翌一八九九年一月一八日にはあらゆる会を禁止するという議案が中枢院を通過し、独立協会は法的に解散させられる[25]。尹致昊は徳源《トグォン》監理兼徳源府尹に任命されて地方に転出した。独立協会幹部の身の安全の確保と引き換えに、独立協会弾圧を黙認した日本公使館の要請に応じた高宗の措置である。自身に対する批判勢力を壊滅させた高宗は、同年八月に「大韓国臣民が［に］大皇帝の享有なされる君権を侵損する行為があれば、その已行未行を論ぜず、臣民の道理を失した者と論ずべし」（第四条）という箇条を含む「大韓国国制」を公布し、皇帝専制体制の構築を進めることになる。

その間、『時事』は一〇月には一〇日分、一一月には七日分、一二月には一〇日分の号に「京城特報」を掲載して（同日に二面にわたって「京城特報」を掲載した号もある）、独立協会および万民共同会の運動をそれなりに詳しく報じていた。ただしその評価は、「前途頗る望あるものなれども、又翻つて其内情を察すれば多数の会員中有為の士とては七八名に過ぎず」、さらに地方に全く基盤がないため、「若しも之が日本でもあらば、一内務大臣の力にて敲《たた》き潰《つぶ》すは訳もなき程のことなれども、内閣総掛りにて持て余すとは誠に笑止の次第なり」というものであった（一〇月二二日「京城特報」一〇月一三日発）。独立協会が解散させられると、「京城特報」の掲載頻度は極度に減少することになった。

（3）兪吉濬の文明観

ところで、先に見たように兪吉濬の『西遊見聞』は同時代の朝鮮にほとんど影響を及ぼすことはなかったが、その文明観は福沢のそれといささか異なっているため、付言しておきたい[26]。

兪は『西遊見聞』第五編「政府の種類」で政体について論じているのであるが、福沢諭吉の『西洋事情』からの翻訳を多く含む同書において、この「政府の種類」は『西洋事情』からの翻訳をほとんど含まない項である。ここで兪は、西洋諸国の富強はその政体に理由があるとし、とりわけイギリスの「君民共治」、つまり立憲君主制が「世界の第一」だと述べた。しかし、兪の「君民共治」理解は極めて朱子学的で、この政体のもとでは人民がよく教化されて、「尊国」と「愛君」を核とする「正徳」が成し遂げられるとしている。兪の言う「正徳」の内容は「五倫」「四維」などの儒教道徳で、兪は西洋の立憲君主国もこれと同様の「正徳」をよく成し遂げていると言う。兪によれば、朝鮮に欠けているのは「利用」「厚生」のための学問、つまり農商工業の発展に必要な知識で、朝鮮が西洋から受け容れなければならないのはその知識であって、議会による君主権の制限という本来の立憲君主制の意義にはむしろ反対の立場に立つ。

そもそもそうした立場は兪が日本留学からの帰国ののちに著したと推測される『世界大勢論』（一八八三年）にも明白に見られ、兪は同書を内田正雄『輿地誌略』を原本にして著したが、『輿地誌略』に叙述されている西洋の立憲政治における三権分立や議会に関する説明は徹底して翻訳を拒否した。同書はまた、キリスト教という西洋の「精神」を朝鮮に受容することにも徹底して反対している[27]。丸山眞男によれば、初期福沢による哲学上の「革命的転回」は「精神」における「倫理」から「物理学」への核の「転回」であるが[28]、知よりも徳を核と見る兪は、日本留学期から実は福沢と全く異なる

「文明」の哲学的理解をしていたことになる。兪が日本の知識人の中で親近感を懐いたのは、むしろ元田永孚や中村正直といった「教育勅語」の起草に携わるような儒教的知識人、ないしは儒教の教養を基盤に西洋文明を受け容れた知識人である。[29]

このように兪の「文明」理解は福沢のそれとは大きく異なるのであるが、「同系発展の観念」という問題に照らしてみれば、兪においては「文明」の根幹である道徳は天下万国を通じて不変であるという点で、その「文明」観は福沢以上に一元的であり、「利用」「厚生」を行って現実として「富強」なヨーロッパが、道徳的にも進んでいるというように、西洋をまるごと「文明」性において捉えることになる。[30] 道徳至上主義という福沢と異なる「文明」理解の上で、兪は「同系発展の観念」を有していた。さらに、兪は西洋より遅れた朝鮮で、「もし不学の人民が学問を先ず修めることは無く、他邦の善美な政体に効わんと欲すれば、国中に大乱の萌を播く」[31] と述べて、民選議院時期尚早論を展開する。この点においては『独立新聞』の見解と同様で、『西遊見聞』の脱稿は日本における憲法発布と議会開設の前なので、日本を立憲君主制の国として位置付けていないものの、やはり兪も「文明」理解は福沢と異なりながらも、「同系発展の観念」に立ちながら日本と朝鮮の現状を先後の関係で見ていたことは確実なのである。

3 「義侠心」を媒介としたアジア主義

(1) 福沢像の再構築について

福沢の朝鮮に対する「政治的恋愛」は、挫折を繰り返した末に成就せずに終わった。その間、福沢のもとを出入りした朝鮮人政客や留学生も非業の死を遂げたり、政治的不遇をかこったりした。福沢が最初に接触した朝鮮人である李東仁《イ・ドンイン》は、二度目の日本訪問を終えて帰国したのち、忽然と姿を消した。「斥和論」の大院君によって殺されたとも、イギリスとの条約締結を探る李に対して、『朝鮮策略』によりアメリカとの条約締結を決心した金弘集によって殺されたとも言われる。[32] 金玉均《キム・オクキュン》が一八八二年に初めて福沢に会ったのち朝鮮で官職を有して活動したのは、通算でわずか三〇〇日余りである。暗殺ののち上海から清の軍艦で朝鮮に護送された金の遺体は、漢城で梟首された。『福翁自伝』で日清戦争当時を振り返った福沢は、「命あればこそコンナ事を見聞するのだ、前《さき》に死んだ同志の朋友が不幸だ、ア、見せて遣りたいと、毎度私は泣きました」と述べているが、ここの「前に死んだ同志の朋友」には金玉均ら朝鮮開化派が含まれているのだろうか。

　晩年の福沢は、俄館播遷後の朝鮮について、ロシアとの力関係から日本による「文明」化と「独立」という構想を完全に放棄した。しかし、日本政府は一九〇二年に日英同盟を結んで二年後にロシアと戦争し、終戦後の一九〇五年に大韓帝国を保護国とする。さらに日本政府はイギリス・ロシアとの調整の上で、一九一〇年に大韓帝国を「併合」した。もとより、俄館播遷後の社説「朝鮮人自から考ふ可し」に、日本が朝鮮を併呑することになっても、それは朝鮮が「自から招くの災」だとあることからすると、福沢がもし存命だったとして、日本による韓国の保護国化や「併合」に福沢や『時事』が積極的に反対することはなかっただろう。しかし、「併合」は、「政治的恋愛」期の福沢が重ねて反対を表明していたものである。福沢の「朝鮮改造論」は、その死後に日本政府によってとどめを刺されたと言えよう。

　福沢が死去した一九〇一年は、甲申政変からまだ一七年であり、王后閔氏殺害事件の記憶も新しく、朝鮮の政治的事件に対する日本人の関与の事実は、国内外の政治問題になりうる時期だった。しかし、韓国併合から二〇年が過ぎ、帝国日本の戦時体制に朝鮮も組み込まれつつある一九三〇年代になると、韓国併合の功労者さらには「東亜の先覚者」として福沢を位置づけようとする動きが出てくる。福沢の挫折をよく知っていた石河幹明や井上角五郎らが、この時期になって福沢の「名誉回復」を図り、『福澤諭吉傳』（一九三二年）で「先生は啻筋書の作者たるに止まらず、自から進んで役者を選み役者を教へ又道具立其他万端を指図せられた事実がある」(33)という井上の「証言」をもとに、甲申政変に対する福沢の功労を強調し、さらに第三五編「朝鮮問題」の最後を「［先生が］多年朝鮮問題の一事に其心身を労せられたのも、結局この目的［韓国併合］に到達せんがための努力であつたといふて差支へないのである」(34)と結んだのだろうとも考えられないわけではない。

こうした一九三〇年代における石河らによる福沢像の再構築については、本書の序章で言及した平山洋の研究がその過程の検証を試みているが、本書はそこに立ち入ることはしない。ただ、黒龍会『東亜先覚志士紀伝』（一九三三年）の「列伝」に福沢の項目があり、そこでは、金玉均の遺族の経済的支援に腐心していた福沢が書いたという手紙に「尹致昊などは前年金玉均の世話になりたる者にて今は其遺族の近所に居ながら音信もせざる由伝聞、扨々不実なる奴かなと存じ、［金玉均未亡人の面倒を見るため東京への］呼寄の事を思ひ立候儀云々」とあること、また「［尹致昊の態度は］実に〳〵呆れ果てたり、事小なりと雖も斯る腰抜け共の棲息しては亡国も固より其の処なりと存じ候」とあることが紹介されていることに注目しておきたい(35)。尹致昊はこの時点で存命で、朝鮮のキリスト教監理教会の有力者として、朝鮮総督府が推進する文化政策などに関わっている。もとより尹致昊は植民地期朝鮮の代表的な「親日派」の一人であるが、黒龍会から右のような言説が出てくるのも、その背景に当時の朝鮮をめぐる日本人・朝鮮人諸勢力の思惑が絡んでのことだろうと推測できよう。福沢像の再構築過程を検証する際にも、その当時の「状況構造」を十分に踏まえる必要があるはずである。

(2)「連帯」と「侵略」

最後に、本書のこれまでの議論を踏まえて、本書の序章でも触れた近代日本の「脱亜主義」と「アジア主義」の問題について検討しておきたい。先に述べたように、一八八一年の『時事小言』で「アジア盟主論」を唱えた福沢は、西洋に滅ぼされないために、日本が「亜細亜」の「文明」に留まっていてはいけないという意味で、まぎれもない「脱亜」論者であった。その福沢が日本を「亜細亜」「東洋」に位置づける「アジア盟主論」を展開するという無理を犯したのは、その当時の日本の「アジア」をめぐる言説や運動をある意味で反映したからであろう。ヨーロッパ生まれの「空虚な地理概念」としての「アジア」が、近代日本で日本・中国・朝鮮の連携という政治的概念に転換する画期は、曾根俊虎らによる一八八〇年の興亜会の結成である(36)。『時事小言』の執筆時期はこの一八八〇年末から翌一八八一年七月であり、福沢が初めて接触した朝鮮人である李東仁もこの興亜会に出入りし、また修信使として日本を訪れた金弘集には興亜会から招待状が送付されている(37)。金弘集は出席しなかったが、一行中の李祖淵《イ・ジョヨン》・尹雄烈《ユン・ウンニョル》・姜瑋《カン・ウィ》が出席した。その後、一八八一年の日本視察団の朝士のうちの洪英植《ホン・ヨンシク》・魚允中・金鏞元《キム・ヨンウォン》、および同年に派遣された第三回の修信使趙秉鎬《チョ・ビョンホ》の随員が興亜会の会合に出席し、一八八二年に初めて日本を訪問した金玉均も、六月二一日に徐光範・姜瑋・兪吉濬とともに興亜会会合に出席している(38)。

『時事小言』第四編の「国権之事」を、実質的に朝鮮の「独立」を焦点として、日本を「アジア盟主」とする「アジア改造論」としたのは、一八八〇年前後の日本における「アジア」概念の転回を反映したものだと考えられる。それ以前の福沢は清に対して強烈な優越意識を持っており、朝鮮についてはほとんど意識に入っていなかったのであって、一八八〇年の時点で「興亜」運動に直ちに反対する方がむしろ自然なのであるが、敢えて「アジア盟主論」という「アジア主義」的言説・運動を反映する無理を犯しながら「興亜」に反対しなかったのは、本来相反するはずの「文明主義」（脱亜主義）と「アジア主義」を、李東仁や兪吉濬から聞く朝鮮の有様に自らの三〇年前の経験を重ね合わせたことに起因する「同情相憐むの念」＝「義俠心」が媒介したからだと考えられる。

　ここで参照しておきたいのが、清仏戦争でのフランスの優勢が伝えられていた頃の一八八四年一一月一一日と一三日・一四日に『時事』に連載された「豊浦生」の寄書「日本は東洋国たるべからず」である。本書の第一章で言及したように、福沢は兪吉濬らを慶應義塾に受け入れたのち、ロンドンにいる小泉信吉《のぶきち》（当時、横浜正金銀行副頭取）と日原昌造に宛てた書簡で「誠に二十余年前自分の事を思へば同情相憐むの念なきを不得」と記したが、「豊浦生」とはこの日原昌造の筆名で、日原は一八八一年に小泉とともにロンドンに渡って横浜正金銀行支店の開設に従事し、この寄書の時点で横浜正金銀行ロンドン支店長を務めていた[39]。福沢が「政治的恋愛」に落ちる時期に日本（アジア）を離れていた人物である。

　寄書「日本は東洋国たるべからず」はまず、「欧羅巴人が一概に東洋諸国を指して是を『オリエンタル』と云ひ、其人を指して東洋人と云」って自らと区別するのは、「天然地学上の名称」、つまり自然地理学的な概念によってそうしているのではなく、「現時の有様と古来の口碑［歴史］」、あるいは「人為社会の有様」という「政治上」の区別をしているのだという。したがって、アメリカは地理的にはヨーロッパではないにもかかわらず、「欧羅巴の文字中には亜米利加をも含蓄する」のであり、反対に「土耳其《トルコ》［基］帝国」は地理的には「欧羅巴洲中の大国」であるにもかかわらず、宗教・政体から衣服・食物まで全て「東洋の臭気を帯る」が故に「東洋視」されるのだという。「我日本人が、欧羅巴諸国は誠に文明にして強国なりなど、云ふ時の此の欧羅巴なる言葉は、決して地理上の欧羅巴にあらず、其社会万般の有様、一種特別亜細亜に異なるが故に是を欧羅巴と云ふ」のだというわけである。

ところが日本には、「自由の主義、漸く天下に行はれて四海兄弟万国同権の義、将さに其実効を奏」しようとしている「第十九世紀の今日」において、「亜細亜に在ればとて何ぞ濫《みだ》りに欧人の為めに窘《くる》しめらるるの理」があろうかとか、「腕力を以て理を非に曲げ、兵力を以て弱きを圧するが如きは往古野蛮の風俗」だと主張する者がいると、日原は批判する。「欧羅巴内に在てこそ稍々自由同権の説も行はるゝに似たれども、此欧羅巴が一体となりて亜非利加の蛮民、亜細亜の惰民に対する時は、更に其痕跡をも視ることなし」というのであるが、これは福沢が『文明論之概略』第十章で表明した西洋文明観と同一である。

日原は続けて、日本人は「東洋亜細亜の境界を脱して欧米の仲間に加入し、以て未来の苦を免かれんことを欲する」べきであると述べる。ここで日原は、「欧人が支那又は日本を以て亜細亜洲中の国なりとするが故に、自からも亦亜細亜洲のものなりと是れに満足せざるべからずとの因縁」も、「不幸にして亜細亜内に国を建てたるが故に、生涯亜細亜の風を守らざるべからずとの約束」もないにもかかわらず、「世に謂れなく興亜会なるものを立て、亜細亜の諸国連合して是非とも欧羅巴に抗せんなど、企つる者」がいると憤慨する。その興亜会について日原は、日本人は「支那や印度の人に一毫の義理もなく、一毛の縁故もあらざれば、決して隣家の懶惰貧乏人に遠慮するに及ばば」ないのであって、「或人が興亜会なるものを設けたるは、日本人の馬鹿律儀に出でたるものにて、自から好んで其位地を損するものと云ふ」べきものなのだから、「余は興亜会に反して脱亜会の設立を希望する者なり」と主張するわけである。ちなみに寄書には朝鮮に関する言及は全くない。

ここには本来ヨーロッパ産の「空虚な地理的概念」であった「アジア」を根拠に、なぜ日本が「アジア」の諸民族と提携しなければならないのかという「アジア主義」にとって本質的な問題が含まれているが、[40]ともかく『文明論之概略』で「文明」の「始造」を試みた時点での福沢だったならば、日原と同様に興亜会を罵倒したはずである。しかし、『時事小言』が「アジア盟主論」という無理を犯して興亜会的な言説を反映させたのは、取りも直さず福沢の朝鮮への「義侠心」の故だったとしか言いようがない。

こうして福沢は本来持ちえなかったはずの「アジア盟主論」を主張したのであるが、その後間もなく、興亜論そのものの存立を脅かす事件が起こった。興亜会が結成され、『時事小言』の執筆が開始された一八八〇年の時点で、日朝修好条規第一款で規定された「朝鮮国ハ自主ノ邦」の「自主」は、日本と中国の間で争点化していなかった。ところが一八八二年の壬午軍乱ののち、中国の朝鮮に対する「宗主権」を見せつけられた福沢が、これに条約改正問題を絡めて、中国に対する強烈な敵愾心を『時事』社説で展開していくことは、本書で見てきたとおりである。

米谷匡史は、東アジアに「近代」が導入されると、「西洋」「ヨーロッパ」対「東洋」「アジア」という対抗関係を生み出すだけではなく、むしろ「東洋」「アジア」の内部にこそ抗争を呼び起こすという重要な指摘をしている。[41]ここでの「近代」を西洋文明と言い換えても問題なかろう。「近代」の主権国家の論理にもとづいて日本と清が日清修好条規（一八七一年）を結んだのち、琉球の帰属問題をめぐる日清の対立というアジア内部の抗争が起こった。興亜会の結成は、「近代」の導入によって生じたアジア内部の抗争を緩和させる目的を持つ。しかし、日本と朝鮮が日朝修好条規（一八七六年）を結んだのち、壬午軍乱を機に、朝鮮の「自主」をめぐってアジア内部の抗争が激化した。米谷の議論には宗属関係への目配りが不足しているため、福沢の「近代」（文明）の論理が朝鮮に対する暴力を正当化させるものであることには注意が払われるが、一方で清の朝鮮に対する宗主権も「近代」の導入によって変容したものだったことへの関心が希薄である。

もし「アジア主義」を、一般にイメージされているように日本・朝鮮・中国が対等な立場で連帯して西洋の侵略に抵抗することと捉えるなら、壬午軍乱以後の朝鮮問題を議論の焦点に据えた場合、中国の立場からすれば「アジア主義」は日本からの容認し得ない挑発の言説となり、日本の立場からすればそれは、朝鮮を「属邦」として扱う中国に対する敵愾心と、中国からの「自立」の態度を示さない朝鮮に対する蔑視に必然的に転化してしまう。朝鮮政府から正式の使節として日本に派遣されて興亜会から招待状を受け取った金弘集の場合は、自分には「義に外交なし」と述べて、出席を忌避した。[42]おそらく「属邦」の使節である自分が興亜会に関わることの危うさを敏感に察知したからであろう。

もっとも、当の興亜会とその周辺に、本書の序章で引用した酒井哲哉の文章にある「何らかの形で主権国家の論理と異なる宗属関係の設定を中国の周辺領域において認める」[43]議論があったのか、今後検討して見るべきことではあるが、あったとしてもそれ以上展開可能な議論だったとは容易に想像し得ない。[44]壬午軍乱から甲申政変へと日清の対立が深まるにつれて、興亜会の活動が停滞に陥ったのも当然のことだった。だとすれば、日清戦争以前の時期に、日本・中国・朝鮮の三国の対等な連帯としての「アジア主義」は、現実的に成立の余地はなかったことになろう。

そもそも竹内好は、「アジア主義」の再評価の提唱に当たって、殊に朝鮮との関係では、玄洋社・黒龍会の「アジア主義」が、「結果はたしかに『日韓併合』という完全侵略におわった」ことを前提としていた。それでも「その過程は複雑であって、ロシアなり清国なりの『侵略』を共同防衛するという一側面も『思想』としてはなかったわけではない[45]」というように、日本政府を批判しつつ朝鮮問題に関わっていったかれらの「思想」から、何らかの「連帯」の契機を取り出せないか、というのが竹内の問題提起である。

ここでロシアのみならず清の朝鮮「侵略」に対する「共同防衛」(具体的には天佑俠による「東学党」との「連帯」を指す)が挙げられていることに注意が必要であろう。つまり、「清を宗主国として」「両班とよばれる官人が支配者で、農民を封建的に搾取していた[46]」朝鮮政府を倒すことが、天佑俠・玄洋社と朝鮮の「農民」との「連帯」であると評価されているのである。おそらく日本における六〇年安保と中国における社会主義革命、アジア・アフリカ諸国のナショナリズムの昂揚と独立という状況のなか、この文章を書いた時の竹内は「進んだアジア、遅れた日本」という認識を持っていただろうが、一九世紀のアジアに対する認識は「進んだ日本、遅れたアジア」という、福沢の認識と同様なものであった。本書の序章で言及した、「脱亜論」以前の福沢に対する竹内の高い評価も、このような文脈でなされたものだと理解できよう。

したがって、竹内の問題提起に対しては、当時、日本人の朝鮮人に対する差別・蔑視の根底にあるものを植民地支配のもとで作られた「朝鮮社会停滞性論」「他律史観」だと捉え、それに代わる「内在的発展論」を提唱していた朝鮮史研究者の梶村秀樹が強い危惧の念を呈することとなった[47]。梶村の竹内批判のポイントは、近代日本の「アジア主義者」（福沢も含まれる）は「『欧化』を基本モチーフとする権力中枢に対しアジア重視を主張する点で一定の距離をもち」つつも、むしろ決して日本の国家に反逆しない「欧化主義権力の補完者」だったという主張に凝縮されている[48]。つまり梶村にとって、一九世紀までの朝鮮の「内在的発展」、すなわち朝鮮民衆の主体的な変革の力量を正当に評価しない竹内は、近代日本の「欧化主義」にもとづく朝鮮に対する先進国意識・指導者意識を徹底的に批判できないことになる。梶村は、そうした不徹底さを残したままでの近代日本のアジア「連帯」の思想や運動の再評価が、日韓交渉妥結を間近に控えた状況で（一九六五年に日韓基本条約締結）、経済協力などによる日本の朝鮮半島再進出を正当化することになりかねないと危惧したのであろう[49]。

皮肉にも、一九世紀までの歴史の発展段階は日本と朝鮮で同質であったとする「内在的発展論」が朝鮮史研究に定着すると、近代日本の朝鮮観は朝鮮の「内在的発展」を正当に評価できず、朝鮮に対する「優越意識」「指導者意識」によって朝鮮を蔑視するものだったという、いささか安易な批判が研究者の間にも流通することになった。しかし、一九世紀における朝鮮の国家のあり方は日本のそれと同質ではなく、清の「属邦」であったことを厳然たる事実として積極的にその意味を追究するならば、議論はおのずと異なってくる。ここでの断定は控えつつも、日清戦争前の日本において、朝鮮が清の「属邦」であるべきだと認めた者はいたとしても極めて少数だったと言わざるを得まい。しかし、「属邦」から脱した朝鮮が「自立」できると考えた者もまた極めて少数だったはずである。そこから必然的に日本が朝鮮に対して取る態度は、「指導」「保護」、さらには「自立」できない朝鮮の吸収という、非対等なものにならざるを得ない。

社説「脱亜論」の本質は、本書の第一章で述べたように、甲申政変に対する自らも含めた日本の関与を否定しようとする状況的な意図と、「支那分割論」の残滓と、開化派残党の処刑に対する感情とが混淆した文章であるが、別の見方をすれば日原の寄書から五カ月遅れで興亜論を批判して、本来『時事小言』で示すはずだった興亜論批判を展開した文章であるとも言えよう。しかし、福沢は朝鮮問題に関わり続けることを止めようとはしなかった。「義俠心」と「文明主義」の故としか言いようがない。ところが、甲申政変の事後処理とほぼ同時に、西洋勢力、とりわけロシアが朝鮮問題との関わりで浮上してくる。イギリスの巨文島占領と朝鮮国王のロシアへの接近によって朝鮮に直接西洋勢力が及ぶと、福沢は清の優位を認めたうえで日清英協調のもとロシアの朝鮮進出を防ごうとする政府に反対の立場を取ったものの、清の優位を認めないために朝鮮を日本の指導下でなくイギリスの保護下に置くことを主張することによって、「アジア盟主論」を放棄したことは、本書の第二章で見たとおりである。

ところで、竹内好が「空前にして絶後の創見[50]」と評した樽井藤吉の『大東合邦論』は、そうした状況でも朝鮮問題に対する日本の積極的関与にこだわるものだった（『大東合邦論』の出版は一八九三年であるが、その構想は「脱亜論」と同じ一八八五年になされていた）。樽井の言う「大東合邦」は、日本と朝鮮との対等合併を成し遂げて「大東国」を形成し、これが清と「合縦」して西洋のアジア侵略に当たるというものだった。しかし吉野誠が指摘するように、その内容は、中国への事大のために「自主」（実際の含意はのちに見るように「自立」「独立」である）を欠き、地理的要因の故に発展を欠いてきた朝鮮が富国強兵を成し遂げようとするなら、日本と「合邦」するしかないというものであり、日本と朝鮮の対等な連帯論などと言えるものではない[51]。ただ、日本と朝鮮が「合邦」してできる「大東国」と清との「合縦」を構想しており、『大東合邦論』は清との対決ではなく協調を唱えている。

では、清は「属邦」の朝鮮と日本が「合邦」することをいかに認めうるのか。詳細は今後の課題とせざるをえないが、樽井の考える根拠はおおよそ以下のようなものだった。

その第一が、朝鮮は「属邦」であっても「自主」だということである。

日韓両国は自主の国なり。自主の国、協議締盟してもって和合を図るは、もとより公通の条理、正明の大典に拠るなり。清国あに喙《くちばし》を容るるべきならんや。今みだりに喙を容るるは、これ万国公法の条理に乖《そむ》く。もし朝鮮王の清廷に臣事するのゆえをもって、あえてこれを防止せんか、朝鮮は日本と合するといえども、国王の清廷に臣を称するは害するところ無きなり(52)。

つまり、朝鮮は万国公法上の「自主の国」(=「独立国」(53))なのだから、その朝鮮が日本との「合邦」を図っても清には容喙する道理はないというわけである。ただし、「合邦」ののちに朝鮮国王が清の皇帝に臣事するのは妨げないので、清の体面は保たれるとする。これは一八八六年にイギリスがビルマを英領インド帝国に併合したのち、ビルマの清に対する朝貢を認めたことと符合することを想起すると(54)、全くあり得ない仮定ではないかもしれないが、これを平和裏に清と朝鮮に認めさせる道筋は示されていない。

清が朝鮮と日本の「合邦」を認めることの第二の根拠は、朝鮮の富国強兵は日本のもとでこそよく行われ、そのことが「欧洲の白人」の侵略から清を護る良策だということである。

今、朝鮮、清に敵するの心無く、惰弱頑鈍もってその俗をなすといえども、一朝にして白人の拠るところとならんか、清国の利害ははたして如何ぞや。清国の長計は、その恃むに足らざるものをして、恃むに足るものたらしむるにあり。朝鮮の恃むに足らざる所以は、その国の貧弱に因る。彼、いま日本と合してもってその力を養わば、その気宇おのずから活達となり、恃むに足らざるものを変じて、恃むに足るものとなさん。大東合邦の事、清国に益有って害無きや、かくのごとし。(55)

これに続けて、このように日本と「合邦」して朝鮮も富強を実現すれば、「大東国」は清の北方に対するロシアの脅威を防ぐことができ、それによって清は南方の「漢族」の富を守り、さらに東南アジアの「藩属国」を「自主独立」させ、これと連合して「白人の羈絆を脱せしめ」るという「図南の大計」に専念できるというのである。(56)「思想」としては面白いかもしれないが、朝鮮のみならず東南アジアの「藩属国」の「自主独立」を清が認める根拠は何も示されていない。

竹内が「空前にして絶後の創見」とした『大東合邦論』は、右の引用文にも見られるとおり、朝鮮観においては福沢のそれに異なるものではなく、また国際秩序観においても「独立」至上主義であるという点で福沢のそれとやはり異なるものではないのであって、清との協調の根拠に至っては福沢のリアル・ポリティクスの観点を全く欠いていた。もとより朝鮮の国王や政府が「合邦」を受け容れる根拠も全くないのだから、この対等「合邦」論も、現実において清やロシアの掣肘がなくなれば、強制吸収「合邦」＝「併合」に容易に転化し得る。

竹内の問題提起の時点で、朝鮮との「連帯」論の可能態としての「アジア主義」は「侵略」論としても評価されていた。『大東合邦論』にしても、もとより竹内は福沢の主義としての「脱亜論」のオルターナティブなどと見なしていたわけではない。「文明」という「福沢の価値に対置する別の価値をもってしなければ、アジア主義はテーゼとして確立しない」[57]のである。「アジア主義」に関して本書で論じるのはいささか勇み足であるが、『大東合邦論』の表層をなぞるだけでも、アジア連帯論と脱亜論の二元論で当時の日本のアジア政略論を評価することが、的外れであることは明白なのである。

『時事小言』以後のパワー・ポリティクスの論理のもとでの福沢諭吉の政略論を軸に、一九世紀後半の日本と朝鮮の関係を振り返った本書は、福沢と朝鮮開化派の挫折の連続というはなはだ「殺風景」な内容となった。その意味で本書は歴史から何らかの教訓を導き出すものではないし、初めからそのような意図もない。ただし、一九世紀においてあり得たとは思えない日本と朝鮮との対等な「連帯」という理想をもとに、福沢の朝鮮政略論を批判することに筆者は何らの意義も見出さない。もっとも、武力を用いてでも朝鮮を「文明」化させ「独立」させるという福沢の「朝鮮改造論」は、朝鮮国王や政府、さらには日本や朝鮮開化派に敵愾心を強めていく朝鮮民衆にとって極めて迷惑なもので、侵略論と受け止められるものである[58]。しかしその「朝鮮改造論」は、本来福沢が持ち得ないものであったにもかかわらず、朝鮮開化派との接触によって無理に持ってしまったものであり、しかも「状況構造」の中で挫折を繰り返したものであった。近代日本の朝鮮侵略論は、決して一方的に形成されて一直線に進んだのではないのである。また、朝鮮の改革勢力との「連帯」は、後進的な朝鮮政府の転覆と朝鮮に勢力を及ぼしている清の駆逐という目的のもとに行われるのであるから、今日の研究者が朝鮮政府の主体的な「文明化」の可能性を認める限り、「連帯」はどこまでも「侵略」となるのである。

一九世紀という第一のグローバル化の時代に、日本は近隣諸国との関係づくりに失敗した。それは当時の「状況構造」、言い換えれば他者との関係性に規定された結果である。今日、新たなグローバル化に対応する近隣諸国との関係づくりが求められているならば、一九世紀とは異なる今日の「状況構造」を踏まえて新たにそれを構築すればよい。ただし、福沢と朝鮮開化派が共有した「同系発展の観念」は今日に至っても東アジアで隆盛を極めており、今日の東アジアの状況はその発展の順位が変わりつつある局面で起こっているものではないかという疑問、また今日の東アジアの現実を眼前にして竹内好の言う「福沢の価値に対置する別の価値」は今もって追究に値するのかという疑問を、常に念頭に置いておくのがよいのではないかと思う。

註

(1)『駐韓日本公使館記録（活字版）』一二、国史編纂委員会、果川、一九九五年、二七一頁。
(2) 外務省編前掲『日本外交年表竝主要文書』上、一七五頁。
(3) 和田春樹前掲書、上、二三七—二四九頁、参照。
(4) 外務省編前掲『日本外交年表竝主要文書』上、一〇三頁。
(5) 以上、覚書の引用は同右書、一七四—一七五頁に拠る。
(6) 以上、議定書の引用は同右書、一八六頁に拠る。なお、原文の乱れを改めた。
(7) 松沢弘陽前掲『近代日本の形成と西洋経験』、三六五頁、参照。
(8) 同右書、第V章「文明論における『始造』と『独立』」、参照。
(9) 同右書、三六五頁。

(10) 同右書、三六二頁。

(11) 同右書、三六五頁。

(12) 李光麟「徐載弼の開化思想」、前掲『韓国開化思想研究』、一〇八―一〇九頁、参照。

(13) 慎鏞廈《シン・ヨンハ》『独立協会研究』一潮閣、ソウル、一九七六年、七頁、参照。

(14) 以上、チェ・ベク『独立新聞研究』図書出版ハンナレ、ソウル、二〇〇六年、五四―七六頁。

(15) 月脚達彦前掲『朝鮮開化思想とナショナリズム』の第二章、参照。

(16) 李光麟前掲「兪吉濬の開化思想」、六七頁、参照。

(17) 柳永益「『西遊見聞』と兪吉濬の保守的漸進改革論」『韓国近現代史論』一潮閣、ソウル、一九九二年、一八一―一八二頁。

(18) たとえば、『時事』一八九六年五月二日「京城特報」の「漢城新報の購読厳禁」では、高宗の俄館播遷を主導した李範晋を批判する『漢城新報』について、「朝鮮政府は之を看て大いに怒り、向後漢城新報を購読すべからず、若し違反したるものは警務庁に捕ふべき旨を内諭し、且つ漢城新報配達人尽く捕縛せんとしつゝありと云ふ」と報道されている。

(19) 月脚達彦前掲『朝鮮開化思想とナショナリズム』、一九一頁、参照。

(20) なお、本書の序章三頁で引用した竹越三叉の「福沢先生」に、福沢が朝鮮に対する「政治的恋愛」のために「義和宮を以て秦政たらしめんとする挙」に及んだとある。「秦政」とは秦の始皇帝のことであるが、ここでは皇帝という意味で、竹越の言辞は漢城で流れていた高宗の廃位と義和君の即位、朴泳孝の帰国という風説が、ある程度現実を反映したものであり、福沢がそのための運動に関与していた可能性を示唆するものではある。日本亡命者の間に高宗の廃位と政府転覆の計画があったのは事実であるが、しかし俄館播遷後の『時事新報』の論調や『福翁自伝』の記述からして、福沢がその計画への関与を求められたことがあったとしても、深く関わったとは思われない。もし関与したとすれば、俄館播遷後の『時事新報』の「朝鮮改造論」の放棄はカムフラージュということになるが、筆者はそのような見方はしていない。

（21）朱鎮五《チュ・ジノ》「有名人士の回顧録、歪曲が甚だしい—徐載弼自叙伝」『歴史批評』一六、ソウル、一九九一年、三〇一頁、参照。
（22）同右論文、三〇二—三〇三頁、参照。
（23）以下、『独立新聞』の文明論について、月脚達彦前掲『朝鮮開化思想とナショナリズム』の第六章、および第七章、参照。
（24）『時事』一八九八年一〇月二一日雑報「韓国議会開設請願と内閣総辞職」、および同一一月六日「京城特報」（一〇月二九日発）。
（25）以上、月脚達彦前掲『朝鮮開化思想とナショナリズム』、一九六—二〇二頁、参照。
（26）以下、『西遊見聞』の文明論について、月脚達彦前掲『朝鮮開化思想とナショナリズム』の第二章を参照。
（27）月脚達彦前掲「兪吉濬『世界大勢論』における『独立』と『文明』」、参照。
（28）丸山眞男「福沢に於ける実学の『転回』」『丸山眞男集』三、岩波書店、一九九五年、参照。
（29）兪が「教育勅語」の「忠君愛国」を評価していたことについては、月脚達彦前掲『朝鮮開化思想とナショナリズム』、一二六頁、参照。また、兪が福沢諭吉よりも中村正直の思想に共感を覚えていたと思える節があることについては、同書、九三頁の註二八、参照。福沢の思想に共感を覚えたのは、むしろ中村正直に師事した尹致昊であった。なお、兪は生涯にわたって福沢を「先生」として尊敬し続けていた。細井肇『漢城の風雲と名士』日韓書房、一九一〇年の「大石良雄と福澤諭吉を崇拝せる兪吉濬」、参照。このタイトルに見られるように、兪は福沢とともに大石内蔵助を尊敬していたが、周知のとおり福沢は『学問のすゝめ』第六編「国法の貴きを論ず」で赤穂浪士批判を展開していた（伊藤正雄「赤穂不義士論と楠公権助論の由来について」『福澤諭吉論考』吉川弘文館、一九六九年、参照）。兪がこの二人の人物を同時に尊敬していたということ自体、兪と福沢の「文明」の哲学的理解の差を物語るものであろう。
（30）「唐人往来」から『学問のすゝめ』まで西洋文明を「道理」において捉えていた福沢は、『文明論之概略』ののちには「物理」を核とする西洋文明は、「東洋」「亜細亜」を滅ぼす「不義」をも行うというペシミスティックな文明観を持つに至った。これに対して兪は日本留学の頃には西洋文明に対する反感を隠さなかったが、『西遊見聞』に至ってむしろ西洋文明を「道理」において捉えるようになるという、福沢と逆の道を歩んだ。

(31) 月脚達彦訳注前掲『朝鮮開化派選集』、二四五―二四六頁。

(32) 李光麟「開化僧李東仁」『開化党研究』一潮閣、ソウル、一九七三年、参照。

(33) 石河幹明前掲書、第三巻、三四一頁。

(34) 同右書、四五一頁。

(35) 黒龍会編『東亜先覚志士紀伝』下、原書房、一九六六年、五三六頁。

(36) 三谷博「『アジア』概念の受容と変容」渡辺浩・朴忠錫編『韓国・日本・「西洋」』慶應義塾大学出版会、二〇〇五年、参照。

(37) 興亜会の金弘集への招待状については、姜在彦《カン・ジェオン》『朝鮮の開化思想』岩波書店、一九八〇年、二七一頁の註七〇に詳しい。

(38) 以上、李光麟「開化期韓国人のアジア連帯論」前掲『開化派と開化思想研究』、所収、参照。

(39) 丸山眞男前掲「福沢諭吉の『脱亜論』とその周辺」、参照。なお、この寄書に初めて着目したのは、管見の限りでは青木功一「『時事新報』論説の対清論調(一)」前掲『福澤諭吉のアジア』(初出は一九七九年)である。青木はここで、一八八四年八月末から形成された論としての「脱亜論」はこの寄書によってすでに「締めくくり」となっていて、社説「脱亜論」は「従来の論と比べて特に新味はない」と述べている。

(40) 松田宏一郎によると、この疑問は明治になって初めて出てきたものではなく、徳川期の蘭学者のみならず儒学者・国学者によって抱かれていたものだったという。松田宏一郎『「亜細亜」の『他称性』」『江戸の知識から明治の政治へ』ぺりかん社、二〇〇八年、参照。以下に見る「アジア主義」の不可能性を考える場合に踏まえておくべき指摘であり、朝鮮思想史の側からそれに応答する考察が必要であるが、現在の筆者の能力を超えるため、今後の課題としたい。

(41) 米谷匡史『アジア／日本』岩波書店、二〇〇六年の「はじめに」、xv。

(42) 姜在彦前掲書、二七一―二七二頁。なお、丸山眞男前掲「福沢諭吉の『脱亜論』とその周辺」、一八―一九頁も参照。

(43) 酒井哲哉前掲「日本外交の『旧さ』と『新しさ』」、二四四頁。

(44) なお、本章の兪吉濬の文明観に関する部分で言及した元田永孚は、壬午軍乱の際に朝鮮への軍事介入に反対し、朝鮮の「独立」承認については関係各国の「公論」「談判」によって処理すべきだと論じ、「万国公法の理念の欺瞞性」を指摘しながらも、「福澤とは逆に、実力闘争の現実をこえる世界平和へとむかった」という。苅部直「『利欲世界』と『公共之政』」『歴史という皮膚』岩波書店、二〇一一年、二〇八―二〇九頁。元田の対朝鮮政策案に関する史料は、沼田哲「壬午事変後における元田永孚の朝鮮政策案」『元田永孚と明治国家』吉川弘文館、二〇〇五年に収録されているが、清による壬午軍乱鎮圧後の一八八二年一〇月以降に書かれた元田の意見書には、「今朝鮮ノ独立ヲ幇助スルハ、小義軽利ニシテ、清国ト猜疑ヲ生ジ紛議ヲ招クハ、大義重利ヲ損ズルナリ」とある（同書、三二五頁）。本書の序章でも言及したように、福沢の強硬な対朝鮮・中国政略論の背景には、日本政府における儒教主義の復活に対する反対があるということが丸山眞男以来提唱されてきたが、もう一点、元田ら儒教主義者の朝鮮「独立」支援反対論に対する反対という側面があったことが推測できよう。また、苅部論文によれば、元田の歴史観は「学問・政治の『本』たる『道徳仁義』は万古不変だが、『政体・法律・経済・物理百科ノ学藝ニ於テハ、其世ニ随ヒ其時ニ応シ次第ニ開明スルハ、真理ノ活機』」（二〇九頁）というものだった。これは兪吉濬『西遊見聞』第一四編「開化の等級」の「五倫の行実を純篤にして人が道理を知れば、これは行実の開化であり、人が学術を窮究して万物の理致を格《ただ》せば、これは学術の開化であり、国家の政治を正大にして百姓《ひゃくせい》〔民〕に泰平な楽が有ることは政治の開化であり、法律を公平にして百姓〔民〕に冤抑なこと〔無実の罪におとしいれられ、訴えるすべがないこと〕が無いことは法律の開化であり、器械の制度を便利にして人の用を利さしめたことは器械の開化であり、物品の制造を精緊にして厚くし、荒麤《こうそ》〔粗雑〕な事が無いことは物品の開化である。この累条の開化を合わせたその後に、開化の具備したものだと始〔初〕めて謂うべきである」（月脚達彦訳注前掲『朝鮮開化派選集』、二五二頁）というのと極めて近い考えだと思われる。福沢とは異なる朝鮮政略論として元田の所論を今後検討する必要があろうが、その際に、兪吉濬、さらには金允植ら朝鮮の知識人・政治家の「公論」認識・国際秩序認識との比較も必要であろう（兪吉濬の「公論」認識について、月脚達彦「近代朝鮮における国民国家創出と立憲君主制論」日韓歴史共同研究委員会編集・発行『第2期日韓歴史共同研究報告書』二〇一〇年、参照）。なお、池田勇太『維新変革と儒教的理想主義』山川出版社、二〇一三年がこのテーマについて最新の研究成果であるが、本書の執筆の過程で十分に検討することができなかった。今後の課題としたい。

(45) 竹内好前掲『アジアと日本』、二九一頁。

(46) 同右書、三〇八頁。

(47) 梶村秀樹「竹内好氏の『アジア主義の展望』の一解釈」『梶村秀樹著作集』一、明石書店、一九九二年（初出は一九六四年）。

(48) 梶村秀樹「『日本人の朝鮮観』の成立根拠について」同右書所収（初出は一九六四年）、一〇六頁。

(49) もっとも、一九六〇年代の時点で竹内も梶村も、「進んだアジア、遅れた日本」という認識を有していることでは共通していたはずである。竹内の場合は、近代中国の「後進性」が、むしろ「先進的」だった近代日本とは異なり、西洋に対する「抵抗」を生み出し、それをバネとして社会主義革命を遂行したと考えるのに対し、梶村の場合は、民衆を主体とする下からの「内在的発展」が日本帝国主義に対する「抵抗」となり、それが「北朝鮮」での社会主義革命と「南朝鮮」の民衆の闘いにつながると考えたのである。

(50) 竹内好前掲『アジアと日本』、三三三頁。

(51) 吉野誠「『大東合邦論』の朝鮮観」『文明研究』四、一九八六年、参照。なお、『大東合邦論』で樽井が言う「開明進歩」、つまり「文明」化の核心は、その「朝鮮情況」の章に「それ交通は開明の母なり」とあるように（樽井藤吉『復刻大東合邦論』長陵書林、一九七五年、七九頁）、蒸気船や蒸気機関車という「交通運搬」の発達に求められており、樽井の「文明」認識は「脱亜論」のそれと基本的に同一である。

(52) 竹内好編集前掲『アジア主義』、一二六頁。

(53) なお、『大東合邦論』「日韓古今の交渉」の章には、「朝鮮国王は謙譲して清廷の臣と称す。然るにその国民は既に自主独立の民なり。清廷の臣民に非ざるなり。顧《おも》うに朝鮮をして大朝鮮国と称するに至らしめたるは、日本の誘導の力なり」(前掲『復刻大東合邦論』、一〇二頁)とあり、日朝修好条規(正式な名称は「大日本国大朝鮮国修好条規」で、双方の国号に「大」を付すことによって対等になっている)において日本が朝鮮を「自主の邦」と規定したことによって朝鮮は「自主独立」を得たと樽井は理解している。朝鮮「独立」論という点でも、樽井は福沢と同一の考えに立つ。

(54) 坂野正高前掲『近代中国政治外交史』、三三七頁、参照。

(55) 竹内好編前掲『アジア主義』、一二六―一二七頁。

(56) 同右書、一二七―一二九頁。

(57) 竹内好前掲『日本とアジア』、三二七頁。

(58) 米谷匡史は、「近年のオリエンタリズム批判の視座をふまえるならば、『アジア』に侵略的にかかわっていく『日本』の文明・近代を批判するだけでなく、それに対峙・抵抗する『アジア』のなかにも、文明・近代の暴力が現れてしまうことをも視野におさめながら、両者が絡まりあう関係を批判的に検討しなければなりません」と述べている。米谷匡史前掲書、一四頁。本書はオリエンタリズム批判という視座には敢えて踏み込んでいないが、朝鮮における民衆の日本への抵抗が、一面で朝鮮開化派への抵抗であることには注意が必要であろう。

あとがき

学部の卒業論文で兪吉濬の開化思想をテーマとし、その関連で福沢諭吉の著作や福沢に関する先行研究を読んだ時から、いずれ朝鮮史研究者として福沢に関する研究を発表してみたいと思っていたが、なかなか手を付けられないでいた。それがこのたび単著となって実現されたことには、二つのきっかけがあった。

一つ目は、本書に先立って刊行した訳注書『朝鮮開化派選集』（平凡社〈東洋文庫〉、二〇一四年四月）で、訳注と解説執筆の作業をしつつ、福沢と朝鮮開化派、特に金玉均との関係を追究していけば、社説「脱亜論」に新たな解釈を加えられるのではないかと確信したことである。同書の「解説」の原稿は、二〇一一年の春にいったん書き上げていたのだが、この段階で『時事新報』の朝鮮関係社説を網羅的に読むに至っていなかった。

二つ目のきっかけは、青山学院大学法学部の山田央子先生より、二〇一二年度日本政治学会研究大会の分科会で、朝鮮史の立場から報告をしてほしいとの依頼を受けたことである。二〇一一年の暮のことだった。本書の第一章は、日本政治学会研究大会のホームページに掲載された以下の報告論文を原型にしている。

「近代東アジアにおける『独立』の脈絡」（二〇一二年度日本政治学会研究大会、分科会E―2「ナショナリズム再考――近代日本における『国家』の自己認識の過程に即して」、二〇一二年一〇月七日、九州大学伊都キャンパス）

この論文の準備のため、二〇一二年の夏休みにかけて一八八五年前半までの『時事新報』の朝鮮関係社説を集中的に読んだが、折しも尖閣諸島の国有化、韓国大統領の竹島上陸などをめぐって日本と近隣諸国の関係が俄かに悪化し、論文の準備にも自ずと緊張感が伴うこととなった。

日本政治学会研究大会での報告ののちもその緊張感は持続し、一八八五年後半から福沢最晩年の時期の『時事新報』の朝鮮関係社説を読み続けていった。二〇一三年の五月にいったん完成した原稿は、なにぶん緊迫した状況のなかで作成したため文章の調子も昂揚したものとなった。特に出版の当てもなく書き溜めた原稿だったが、前著の編集を担当してくださった東京大学出版会の小暮明氏に読んでもらい、その助言にしたがって文章の調子を整え、全体を再構成して本書ができあがった。

山田央子先生には、日韓共同研究フォーラム第二次研究ターム（一九九九―二〇〇一年度）でご一緒して以来、折に触れて筆者の著書・論文についてご意見をいただいている。山田先生が日本政治学会での報告の機会を与えてくださらなければ、本書が完成することはなかっただろうと思う。心より感謝申し上げる次第である。また、分科会で討論者を務めてくださった同志社大学法学部の出原政雄先生、ともに報告者となった東京大学社会科学研究所の五百旗頭薫氏、フリーランス・ライターの尾原宏之氏、質問・意見をくださった参加者の方々、分科会の後の打ち上げの席でご一緒させていただいた成蹊大学法学部の宮村治雄先生、北海道大学大学院公共政策学連携研究部の眞壁仁氏に感謝申し上げる。特に眞壁氏は、これがきっかけとなって、二〇一三年夏に北海道大学大学院法学研究科・法学部で集中講義を担当する機会を筆者に与えてくださった。集中講義には本書の内容も一部盛り込んだが、これは原稿の修正を行う上で有意義な経験だった。集中講義に際してお世話くださった北海道大学大学院法学研究科の中島岳志氏および政治資料室の佐藤幸代氏、また受講生諸君にお礼申し上げたい。

近代日本の「脱亜」と「アジア主義」に関して重要な問題提起をされ、本書でも何度も触れた先行研究の著者である東京大学大学院総合文化研究科の酒井哲哉先生には、本書の原稿がひととおり完成したのちに「序章」を読んでいただき、コメントをいただいた。記して感謝申し上げる次第である。また、本書は福沢諭吉の朝鮮政略論を扱うものであるが、勇み足であることも顧みずに「終章」では近代日本の「アジア主義」にも触れている。これは筆者が運営委員を務める東京大学大学院総合文化研究科「グローバル共生プログラム」（GHP）の修士課程必修科目「グローバル共生基礎論I」で二年続けて竹内好の著作を読み直す機会があり、そこでの議論から刺激を受けたからである。ともに授業を担当した同僚の齋藤希史氏と岩月純一氏、そして受講生諸君にお礼申し上げたい。

なお、本書の六五頁に掲載した写真「大朝鮮上使　朴泳孝氏像」（鈴木真一撮影）は、これまで朝鮮史研究者のあいだでほとんど知られていなかったものだと思う。筆者はこの写真を、二〇一三年春に東京都写真美術館で開催された展示「夜明けまえ――知られざる日本写真開拓史　北海道・東北編」で初めて見たが、貴重な資料だと考えて本書に掲載したいと思っていたところ、それが実現した。掲載を許可してくださった所蔵元の新潟県立近代美術館・万代島美術館、および画像を提供してくださった東京都写真美術館に感謝申し上げる。

最後に、前著『朝鮮開化思想とナショナリズム』に引き続いて編集の労を取ってくださった東京大学出版会の小暮明氏に感謝申し上げる。本書は前著よりも広い読者層を想定して書かれたが、もし本書が前著に較べて読みやすくなっているとすれば、それは各章・節、小見出しのタイトルに至るまで、適切な助言をくださった小暮氏のお蔭である。

二〇一四年六月

月脚達彦

文献一覧

日本史料

『時事新報』復刻版、龍溪書舎、一九八六年―
『真宗史料集成』一一、柏原祐泉編、同朋舎出版、一九八三年
『新聞社説に見る朝鮮』全六巻、北原スマ子・園部裕之・趙景達・吉野誠・長谷川直子編、緑蔭書房、一九九五年
「朝鮮国内政ニ関スル朴泳孝建白書」外務省編『日本外交文書』二一、一九四九年
『朝野新聞』縮刷版、東京大学法学部近代日本法政史料センター編、ぺりかん社、一九八一―一九八四年
『東京朝日新聞』朝日新聞オンライン記事データベース「聞蔵Ⅱビジュアル」
『東京日日新聞』復刻版、日本図書センター、一九九三―一九九五年
『日本外交年表竝主要文書』上、外務省編、原書房、一九六五年
『日本外交文書明治年間追補』一、外務省編纂、日本国際連合協会、一九六三年
『日本近代思想体系一二　対外観』芝原拓自・猪飼隆明・池田正博校注、岩波書店、一九八八年
『福澤諭吉書簡集』全九巻、慶應義塾編、岩波書店、二〇〇一―二〇〇三年
『福澤諭吉全集』全二一巻、慶應義塾編、岩波書店、一九六九―一九七一年再版
『復刻大東合邦論』樽井藤吉、長陵書林、一九七五年
『輿地誌略』巻二、内田正雄、大学南校、一八七〇年版

朝鮮史料
『旧韓国外交関係附属文書』全八巻、高麗亜細亜問題研究所韓国近代史料編纂室編、高麗大学校出版部、서울、一九七二年
『旧韓国外交文書』全二二巻、亜細亜問題研究所韓国近代史料編纂室編、高麗大学校出版部、서울、一九六八年
『従政年表　陰晴史』国史編纂委員会編、探究堂、서울、一九七一年
『駐韓日本公使館記録（活字版）』全二八巻、国史編纂委員会、서울・果川、一九八六—二〇〇〇年
『梅泉野録』国史編纂委員会編、探究堂、서울、一九七一年
『兪吉濬全書』全五巻、兪吉濬全書編纂委員会編、一潮閣、서울、一九七一年
『尹致昊日記』全一一巻、国史編纂委員会、서울、一九七一—一九八九年

中国史料
『清季中日韓関係史料』一一、中央研究院近代史研究所編・発行、台北、一九七二年

日本語文献
青木功一『福澤諭吉のアジア』慶應義塾大学出版会、二〇一一年
赤野孝次「福沢諭吉の朝鮮文明化論と『脱亜論』」『史苑』五六—一、一九九五年
秋月望「魚允中における『自主』と『独立』」『年報朝鮮学』一、一九九〇年
朝井佐智子「清国北洋艦隊来航とその影響」『愛知淑徳大学現代社会研究科研究報告』四、二〇〇九年
李穂枝「防穀賠償交渉（一八九三年）における日清韓関係」『中国研究月報』六三—六、二〇〇九年
池田勇太『維新変革と儒教的理想主義』山川出版社、二〇一三年
石河幹明『福澤諭吉傳』全四巻、岩波書店、一九三二年
井田進也『歴史とテキスト』光芒社、二〇〇一年

伊藤正雄『福澤諭吉論考』吉川弘文館、一九六九年
大澤博明「日清天津条約（一八八五年）の研究（二）」『熊本法学』一〇七、二〇〇五年
大澤博明「朝鮮永世中立化構想と日本外交」井上寿一編『日本の外交一　外交史 戦前編』岩波書店、二〇一三年
岡本隆司『属国と自主のあいだ』名古屋大学出版会、二〇〇四年
岡本隆司『馬建忠の近代中国』京都大学学術出版会、二〇〇七年
岡本隆司『世界のなかの日清韓関係史』講談社（選書メチエ）、二〇〇八年
岡本隆司「清仏戦争の終結」『京都府立大学学術報告（人文）』六一、二〇〇九年
鹿野政直『日本近代思想の形成』講談社（学術文庫）、一九八六年
苅部直「『利欲世界』と『公共之政』」『歴史という皮膚』岩波書店、二〇一一年
姜在彦『朝鮮の開化思想』岩波書店、一九八〇年
杵淵信雄『日韓交渉史』彩流社、一九九二年
杵淵信雄『福沢諭吉と朝鮮』彩流社、一九九七年
金栄作『韓末ナショナリズムの研究』東京大学出版会、一九七五年
草森紳一『文字の大陸　汚穢の都』大修館書店、二〇一〇年
琴秉洞『金玉均と日本』緑蔭書房、一九九一年
黒龍会編『東亜先覚志士紀伝』下、原書房、一九六六年
小林隆夫『一九世紀イギリス外交と東アジア』彩流社、二〇一二年
崔蘭英「一八八〇年代初頭における朝鮮の対清交渉」『朝鮮学報』二二六、二〇一三年一月
酒井哲哉「日本外交の『旧さ』と『新しさ』」『近代日本の国際秩序論』岩波書店、二〇〇七年
酒井哲哉「福沢諭吉とアジア」和田春樹・後藤乾一・木畑洋一・山室信一・趙景達・中野聡・川島真編『岩波講座　東アジア近現代史』一、岩波書店、二〇一〇年
酒井哲哉「書評　青木功一『福澤諭吉のアジア』」『福澤諭吉年鑑』三九、二〇一二年

坂本多加雄『新しい福沢諭吉』講談社（現代新書）、一九九七年
信夫清三郎編『日本外交史』I、毎日新聞社、一九七四年
鈴木利章「文明史・G・G・ゼルフィーとT・B・麻侯礼卿」川本皓嗣・松村昌家編『ヴィクトリア朝英国と東アジア』思文閣出版、二〇〇六年
髙城幸一『政治評論家・福沢諭吉』文芸社、二〇一一年
高橋秀直『日清戦争への道』東京創元社、一九九五年
高橋秀直「江華条約と明治政府」『京都大学文学部研究紀要』三七、一九九八年
竹内好「日本とアジア」『近代日本政治思想講座』八、筑摩書房、一九六一年
竹内好編集『アジア主義』筑摩書房、一九六三年
竹内好『日本とアジア』筑摩書房（ちくま学芸文庫）、一九九三年
竹越三叉「福沢先生」伊藤正雄編『明治人の観た福沢諭吉』慶應通信株式会社、一九七〇年
田保橋潔『近代日鮮関係の研究』全二巻、朝鮮総督府、一九四〇年
田保橋潔「近代朝鮮における政治的改革（第一回）」『朝鮮近代史研究』朝鮮総督府、一九四四年
趙景達『異端の民衆反乱』岩波書店、一九九七年
趙景達「朝鮮の国民国家構想と民本主義の伝統」久留島浩・趙景達編『国民国家の比較史』有志舎、二〇一〇年
朝鮮民主主義人民共和国社会科学院歴史研究所編（日本朝鮮研究所訳編）『金玉均の研究』日本朝鮮研究所、一九六八年
月脚達彦「甲午改革の近代国家構想」『朝鮮史研究会論文集』三三、一九九五年
月脚達彦「朝鮮の開化と『近代性』」朴忠錫・渡辺浩編『「文明」「開化」「平和」』慶應義塾大学出版会、二〇〇六年
月脚達彦『朝鮮開化思想とナショナリズム』東京大学出版会、二〇〇九年
月脚達彦「近代朝鮮における国民国家創出と立憲君主制論」日韓歴史共同研究委員会編集・発行『第2期日韓

歴史共同研究報告書』二〇一〇年
月脚達彦「兪吉濬『世界大勢論』における『独立』と『文明』」『東洋史研究』七二―三、二〇一三年
月脚達彦訳注『朝鮮開化派選集』平凡社（東洋文庫）、二〇一四年
都倉武之「朝鮮王族義和宮留学と福沢諭吉」『近代日本研究』二二、二〇〇五年
都倉武之「明治二七年・甲午改革における日本人顧問官派遣問題」『武蔵野学院大学研究紀要』三、二〇〇六年
都倉武之「福沢諭吉の朝鮮問題」寺崎修編『福沢諭吉の思想と近代化構想』慶應義塾出版会、二〇〇八年
都倉武之「福沢諭吉の西洋文明認識論」동북아역사재단・한일문화교류기금 편『한국과 일본의 서양문명 수용』景仁文化社、서울、二〇一一年
沼田哲「壬午事変後における元田永孚の朝鮮政策案」『元田永孚と明治国家』吉川弘文館、二〇〇五年
萩原延壽『遠い崖――アーネスト・サトウ日記抄14 離日』、朝日新聞社、二〇〇一年
橋川文三「福沢諭吉の中国文明論」『橋川文三著作集』七、筑摩書房、一九八六年
長谷川直子「朝鮮中立化論と日清戦争」和田春樹・後藤乾一・木畑洋一・山室信一・趙景達・中野聡・川島真編『岩波講座　東アジア近現代史』一、岩波書店、二〇一〇年
原田環「井上角五郎と『漢城旬報』」『季刊三千里』四〇、一九八四年
原田環「閔妃殺害事件」旗田巍編『朝鮮の近代史と日本』大和書房、一九八七年
原田環『朝鮮の開国と近代化』溪水社、一九九七年
坂野潤治「福沢諭吉にみる明治初期の内政と外交」『近代日本の外交と政治』研文出版、一九八五年
坂野潤治『近代日本とアジア』筑摩書房（ちくま学芸文庫）、二〇一三年
坂野正高『近代中国政治外交史』東京大学出版会、一九七三年
平山洋『福沢諭吉の真実』文藝春秋（文春新書）、二〇〇四年
平山洋『福沢諭吉』ミネルヴァ書房、二〇〇八年
平山洋『アジア独立論者福沢諭吉』ミネルヴァ書房、二〇一二年

福澤諭吉事典編集委員会編『福澤諭吉事典』慶應義塾、二〇一〇年
彭澤周『明治初期日韓清関係の研究』塙書房、一九六九年
細井肇『漢城の風雲と名士』日韓書房、一九一〇年
松沢弘陽『近代日本の形成と西洋経験』岩波書店、一九九三年
松田宏一郎「『亜細亜』の『他称性』」『江戸の知識から明治の政治へ』ぺりかん社、二〇〇八年
松本正純『金玉均正伝』厚生堂、一八九四年
丸山眞男「福沢に於ける実学の『転回』」『丸山眞男集』三、岩波書店、一九九五年
丸山眞男「福沢諭吉選集第四巻　解題」『丸山眞男集』五、岩波書店、一九九五年
丸山眞男「福沢諭吉の儒教批判」『丸山眞男集』二、岩波書店、一九九六年
丸山眞男「福沢諭吉の『脱亜論』とその周辺」丸山眞男手帖の会編『丸山眞男話文集』四、みすず書房、二〇〇九年
三谷博「『アジア』概念の受容と変容」渡辺浩・朴忠錫編『韓国・日本・「西洋」』慶應義塾大学出版会、二〇〇五年
茂木敏夫「李鴻章の属国支配観」『中国―社会と文化』二、一九八七年
茂木敏夫『変容する近代東アジアの国際秩序』山川出版社、一九九七年
森山茂徳『近代日韓関係史研究』東京大学出版会、一九八七年
山田賢「『中国』という畏怖」中村政則他著『歴史と真実』筑摩書房、一九九七年
山辺健太郎「甲申日録の研究」『朝鮮学報』一七、一九六〇年
山辺健太郎『日本の韓国併合』太平出版社、一九六六年
柳永益（秋月望・広瀬貞三訳）『日清戦争期の韓国改革運動』法政大学出版会、二〇〇〇年
吉野誠「『大東合邦論』の朝鮮観」『文明研究』四、一九八六年
吉野誠「福沢諭吉の朝鮮論」『朝鮮史研究会論文集』二六、一九八九年
吉野誠『明治維新と征韓論』明石書店、二〇〇二年

米谷匡史『アジア／日本』岩波書店、二〇〇六年
劉建輝『増補　魔都上海』筑摩書房（ちくま学芸文庫）、二〇一〇年
渡邊勝美「巨文島外交史」『普専学会論集』一、一九三四年
和田春樹『日露戦争』上、岩波書店、二〇〇九年

朝鮮語文献

김용구『거문도와 블라디보스토크』서강대학교출판부、서울、二〇〇九年
愼鏞廈『独立協会研究』一潮閣、서울、一九七六年
柳永烈『開化期의 尹致昊研究』한길사、서울、一九八五年
柳永益「『西遊見聞』과 兪吉濬의 保守的漸進改革論」『韓国近現代史論』一潮閣、서울、一九九二年
李光麟『開化党研究』一潮閣、서울、一九七三年
李光麟『韓国開化思想研究』一潮閣、서울、一九七九年
李光麟『韓国開化史研究』一潮閣、서울、一九八一年改訂版
李光麟『開化派와 開化思想研究』一潮閣、서울、一九八九年
李光麟『開化期의 人物』延世大学校出版部、서울、一九九三年
李光麟『韓国近現代史論攷』一潮閣、서울、一九九九年
주진오「유명인사 회고록 왜곡 심하다 서재필자서전」『역사비평』一六、서울、一九九一年
채백『독립신문 연구』도서출판 한나래、서울、二〇〇六年
崔徳寿「福澤諭吉의 朝鮮観研究（I）」『民族文化研究』一七、서울、一九八三年

付録1　「脱亜論」（『時事新報』一八八五年三月一六日社説）

世界交通の道、便にして、西洋文明の風、東に漸し、到る処、草も木も此風に靡《なび》かざるはなし。蓋《けだ》し西洋の人物、古今に大に異るに非ずと雖ども、其挙動の古《いにしえ》に遅鈍にして今に活潑なるは、唯交通の利器を利用して勢に乗ずるが故のみ。故に方今東洋に国するもの、為《ため》に謀るに、此文明東漸の勢に激して之《これ》を防ぎ了《おわ》る可《べ》きの覚悟あれば則ち可なりと雖《いえ》ども、苟《いやしく》も世界中の現状を視察して事実に不可なるを知らん者は、世と推し移りて共に文明の海に浮沈し、共に文明の波を揚げて共に文明の苦楽を与《とも》にするの外ある可らざるなり。文明は猶《なお》麻疹《ましん》の流行の如し。目下東京の麻疹は西国長崎の地方より東漸して、春暖と共に次第に蔓延する者の如し。此時に当り此流行病の害を悪《にく》て之を防がんとするも、果して其手段ある可きや。我輩断じて其術なきを証す。有害一偏の流行病にても尚且《なおかつ》其勢には激す可《べか》らず。況《いわん》や利害相伴《あいともの》ふて常に利益多き文明に於てをや。啻《ただ》に之を防がざるのみならず、力《つと》めて其蔓延を助け、国民をして早く其気風に浴せしむるは智者の事なる可し。西洋近時の文明が我日本に入りたるは嘉永の開国を発端として、国民漸《ようや》く其採る可きを知り、漸次に活潑ノ気風を催《もよ》ふしたれども、進歩の道に横《よこた》はるに古風老大の政府なるものありて、之を如何ともす可らず。政府を保存せん歟《か》、文明は決して入る可らず。如何《いかん》となれば近時の文明は日本の旧套《きゅうとう》と両立す可らずして、旧套を脱すれば同時に政府も亦《また》廃滅す可ければなり。然《しか》ば則ち文明を防《ふせぎ》て其侵入を止めん歟、日本国は独立す可らず。如何となれば世界文明の喧嘩繁劇は東洋孤島の独睡を許さゞればなり。是《ここ》に於てか我日本の士人は国を重しとし政府を軽しとするの大義に基き、又幸に帝室の神聖尊厳に依頼して、断じて旧政府を倒して新政府を立て、国中朝野の別なく一切万事西洋近時の文明を採り、独《ひと》り日本の旧套を脱したるのみならず、亜細亜《アジア》全洲の中に在て新に一機軸を出し、主義とする所は唯脱亜の二字に在るのみ。

我日本の国土は亜細亜の東辺に在りと雖ども、其国民の精神は既に亜細亜の固陋《ころう》を脱して西洋の文明に移りたり。然《しか》るに爰《ここ》に不幸なるは近隣に国あり、一を支那と云ひ、一を朝鮮と云ふ。此二国の人民も古来亜細亜流の政教風俗に養はるゝこと、我日本国民に異ならずと雖ども、其人種の由来を殊《こと》にするか、但《ただ》しは同様の政教風俗中に居ながらも遺伝教育の旨に同じからざる所のものある歟、日支韓三国相対し、支と韓と相似るの状は支韓の日に於けるよりも近くして、此二国の者共は一身に就き又一国に関して改進の道を知らず、交通至便の世の中に文明の事物を聞見せざるに非ざれども、耳目の聞見は以て心を動かすに足らずして、其古風旧慣に恋々《れんれん》するの情は百千年の古に異ならず、此文明日新の活劇場に教育の事を論ずれば儒教主義と云ひ、学校の教旨は仁義礼智と称し、一より十に至るまで外見の虚飾のみを事として、其実際に於ては真理原則の知見なきのみか、道徳さへ地を払《はろ》ふて残刻《ざんこく》不廉恥を極め、尚傲然《ごうぜん》として自省の念なき者の如し。我輩を以て此二国を視れば、今の文明東漸の風潮に際し、迚《とて》も其独立を維持するの道ある可らず。幸にして其国中に志士の出現して、先《ま》づ国事開進の手始めとして、大《おおい》に其政府を改革すること我維新の如き大挙を企て、先づ政治を改めて共に人心を一新するが如き活動あらば格別なれども、若しも然らざるに於ては、今より数年を出《い》でずして亡国と為《な》り、其国土は世界文明諸国の分割に帰す可きこと一点の疑《うたがい》あることなし。如何《いかん》となれば麻疹に等しき文明開化の流行に遭ひながら、支韓両国は其伝染の天然に背き、無理に之を避けんとして一室内に閉居し、空気の流通を絶て窒塞《ちっそく》するものなればなり。輔車脣歯《ほしゃしんし》とは隣国相助くるの喩《たとえ》なれども、今の支那朝鮮は我日本国のために一毫《いちごう》の援助と為《な》らざるのみならず、西洋文明人の眼を以てすれば、三国の地利相接するが為に、時に或は之を同一視し、支韓を評するの価《あたい》を以て我日本に命ずるの意味なきに非ず。例へば支那朝鮮の政府が古風の専制にして法律の恃《たの》む可きものあらざれば、西洋の人は日本も亦無法律の国かと疑ひ、支那朝鮮の士人が惑溺《わくでき》深くして科学の何ものたるを知らざれば、西洋の学者は日本も亦陰陽五行《いんようごぎょう》の国かと思ひ、支那人が卑屈にして恥を知らざれば、日本人の義侠も之がために掩《おお》はれ、朝鮮国に人を刑するの惨酷なるあれば、日本人も亦共に無情なるかと推量せらるゝが如き、是等の事例を計《はか》れば枚挙に遑《いとま》あらず。之を喩へば比《ひ》隣《りん》軒を並べたる一村一町内の者共が、愚にして無法にして然《し》かも残忍無情なるときは、稀に其町村内の一家人が正当の人事に注意するも、他の醜に掩はれて湮没《いんぼつ》するものに異ならず。其影響の事実に現はれて、間接に我外交上の故障を成すことは実に少々ならず、我日本国の一大不幸と云ふ可し。左《さ》れば今日の謀《はかりごと》を為すに、我国は隣国の開明を待て共に亜細亜を興すの猶予ある可らず、寧《むし》ろ其伍を脱して西洋の文明国と進退を共にし、其支那朝鮮に接するの法も隣国なるが故にとて特別の会釈に及ばず、正に西洋人が之に接するの風に従て処分す可きのみ。悪友を親しむ者は共に悪名を免《まぬ》かる可らず。我れは心に於て亜細亜東方の悪友を謝絶するものなり。

(『福澤諭吉全集』第十巻、慶應義塾編、岩波書店、一九七〇年再版)

付録2　関連年表

福沢諭吉および『時事新報』の朝鮮関係社説・論説を、主な出来事とともに年表にして示した。『福澤諭吉全集』所収のものは巻数と開始頁数を示した。『新聞社説に見る朝鮮』第五巻所収の『時事新報』社説には＊を付した。なお、同資料集にタイトルだけ掲載されて原文が収録されていないものは省いた。これらのいずれにも収録されていないものには×を付した。

年	出来事（太字）　社説・論説
1875（明治8）	**9/20　江華島事件**
	10/7　「亜細亜諸国との和戦は我栄辱に関するなきの説」（⑳145）
1876（明治9）	**2/27　日朝修好条規、締結される**
1877（明治10）	2/4　「朝鮮は退歩にあらずして停滞なるの説」（⑲617）
1880（明治13）	**4/?　李東仁、東京に到着**
	8/11　修信使金弘集、東京に到着
1881（明治14）	**5/25　朝士日本視察団、東京に到着**
	6/8　兪吉濬と柳定秀、慶應義塾に入学
	3/9　＊「朝鮮国の変乱」
	3/11　「朝鮮の交際を論ず」（⑧28）
	3/19　金玉均、長崎に到着する（第一回目の日本訪問）

1882(明治15)

4/17＊「花房公使は何故に渡韓せざるや」
4/20＊「花房公使赴任」
4/25「朝鮮元山津の変報」(⑧83)
4/28「漫言　日本極る」(⑧87)
5/8＊「朝鮮国元山津の近況」
5/12、15、24、26「朝鮮政府に要求す可し」(⑧94)
5/22 朝米修好通商条約、締結される
6/5＊「米艦朝鮮に入る」
7/23 壬午軍乱、起こる
7/31～8/1「朝鮮の変事」(⑧243)
8/2～4「朝鮮政略」(⑧251)
8/2「漫言　喉笛に喰付け」(⑧259)
8/6 兪吉濬と尹致昊、太政官宛の上書をする
8/8～10「朝鮮事変続報余論」(⑧264)
8/5、11、12、14「朝鮮政略備考」(⑧275)
8/12＊「元山の小変事」
8/14「懸直論を恐る」(㉑405)
8/15～16「大院君の政略」(⑧285)
8/17＊「人和論」
8/18「出兵の要」(⑧290)
8/19「朝鮮の事に関して新聞紙を論ず」(⑧294)
8/21、23～25「日支韓三国の関係」(⑧297)
8/22＊「花房公使入京の電報」
8/23「漫言　脳弱病」(⑧305)
8/26「兵を用るは強大にして速なるを貴ぶ」(⑳240)
8/26「漫言　敵を見て矢を作ぐべし」(⑧309)
8/27 大院君、天津へ押送される
8/28＊「竹添大書記官帰京」
8/29～9/1「支那国論に質問す」(⑧313)
8/30 済物浦条約・修好条規続約、調印される
9/4「朝鮮事件談判の結果」(⑧326)
9/5＊「馬建忠大院君を以して帰る」
9/6「朝鮮新約の実行」(⑧330)
9/7＊「朝鮮交際の多事に処するの政略如何」
9/7～8、11～12、14＊「大院君李夏応を論ず」(波多野承五郎)
9/8「朝鮮の償金五十万円」(⑧334)
9/9、11～16、10/3～7、11～12、14、16、18～19「兵論」(⑤295)
9/13 修信使朴泳孝一行、漢城を出発する(金玉均の第二回目の日本訪問)

9/18＊「朝鮮談判後急施を要するの件々」
9/19＊「支那政府の挙動」
9/26＊「不愉快なる地位」
9/27＊「朝鮮滞在の兵員」
9/28＊「花房弁理公使朝鮮より帰る」
10/2＊「韓地死傷者の扶助」
10/13 修信使朴泳孝一行、東京に到着する
12/1＊「日本支那の関係」
12/7〜9、11〜12「東洋の政略果して如何せん」（⑧427）
12/14＊「朝鮮開国の先鞭者は誰ぞ」
12/27 修信使朴泳孝一行、東京を出発して帰国する
12/27＊「牛場高橋井上三氏の渡韓を送るの文」（袖浦外史）

1/4、6、8〜9、15〜16、18〜19「明治十六年前途之望」（⑧479）
1/10＊「参議長を置くの風説」
1/11〜13「牛場卓造君朝鮮に行く」（⑧497）
1/17〜19「支那朝鮮の関係」（⑧507）
2/6 朴泳孝、漢城府判尹に任命される

1883（明治16）

2/27 兪吉濬、統理交渉通商事務衙門主事に任命される
3/10 金玉均、横浜を英国船で出発して帰国する
3/13「朝鮮国を如何すべきや」（⑧579）
3/14＊「仁川の定期航海速に開かざる可らず」
4/10 朴泳孝、漢城府判尹を解任される
4/16 兪吉濬、統理交渉通商事務衙門主事を辞任する
4/23 金玉均、東南諸島開拓使兼管捕鯨事に任命される。朴泳孝、広州留守に任命される
4/23＊「永遠無窮人後に瞠若たらんとするか」
5/12＊「支那人の挙動益怪しむ可し」
5/14＊「支那人の朝鮮策略果して如何」
5/18 牛場卓蔵、徐載弼ら留学生とともに神戸に到着する
5/28＊「日本人は果して朝鮮の誘導者たるか」
6/1「朝鮮政略の急は我資金を彼に移用するに在り」（⑨5）
6/2「日本の資金を朝鮮に移用するも危険あることなし」（⑨7）

- 6/5 「朝鮮国に資本を移用すれば我を利すること大なり」（⑨10）
- 6/9 「安南の風雨我日本に影響すること如何」（⑨19）
- **6/28 金玉均、東京に到着する**（第三回目の日本訪問）
- 7/7＊「仁川居留貿易商人の地位」
- **7/16 報聘使閔泳翊一行、仁川を出発する**（兪吉濬の渡米）
- 8/9＊「朝鮮開国の名誉米国人に帰せんとす」
- **8/25 フランスとベトナムのフエ条約**（アルマン条約）**締結される**
- 9/4〜5 「支那との交際に処するの法如何」（⑨154）
- 9/12＊「米国の義声天下に振ふ」
- 9/21＊「朝鮮政務監理の派遣如何」
- **10/3 徐載弼、陸軍戸山学校への入学を許可される**
- 10/22 「安南朝鮮地を換へば如何なりし歟」（⑨222）
- 10/23〜25＊「朝鮮国に於て日本人民貿易の規則並に税則」
- 11/9〜10 「日耳曼の東洋政略」（⑨252）
- 12/11＊「朝鮮国との貿易手続」
- 12/20＊「英独両国の朝鮮条約は我日本人民に何等の関係あるか」

1884（明治17）

- 3/4 「仏国は支那の恩人なり」（⑨409）
- 3/5 「日本は支那の為に蔽はれざるを期すべし」（⑨412）
- 4/22 「眼を朝鮮に注ぐべし」（⑨466）
- **4/29 金玉均、横浜を出発して帰国する**（第三回目の日本訪問からの帰国）
- **5/11 李・フルニエ協定、調印される**
- 5/16＊「仏蘭西支那両国間の和約なる」
- 6/23＊「英韓条約は日本人に直接の関係あり」
- 6/24＊「朝鮮国人は英韓条約を何と心得るや」
- **7/22 徐載弼、大龍丸で神戸を出発して帰国する**
- 8/9 「朝鮮に在る日本の利害は決して軽少ならず」（⑩8）
- **8/23 フランス軍、福州で中国艦隊を攻撃する**
- 9/4 「輔車唇歯の古諺恃むに足らず」（⑩30）
- 9/8 「清朝の秦檜胡澹庵」（⑩33）

9/24「支那を滅ぼして欧州平なり」(⑩42)
10/15~16「東洋の波蘭」(⑩72)
10/30 竹添進一郎公使、朝鮮に帰任する
12/4 甲申政変、起こる
12/10*「朝鮮の貿易」
12/13 金玉均・朴泳孝ら、千歳丸で長崎に到着する
12/15「朝鮮事変」(⑩137)
12/16*「何は差し置き保護せざるべからず」
12/17「朝鮮国に日本党なし」(⑩141)
12/18「我日本国に不敬損害を加へたる者あり」(⑩144)
12/22 特派全権大使井上馨、朝鮮に向けて出発する
12/22*「朝鮮革命政府の計画」
12/23「朝鮮事変の処分法」(⑩147)
12/24*「支那兵士の事は遁辞を設るに由なし」
12/25*「人に敬畏せられざれば国重からず」
12/26「軍費支弁の用意大早計ならず」(⑩155)
12/27「戦争となれば必勝の算あり」(⑩158)
12/29*「栄辱の決する所此一挙に在り」
12/30~31「国民の私に軍費を醵集するの説」(⑩162)

1885(明治18)

1/1*「過去漫に想ふ勿れ現在未来こそ大切なれ」
1/2「前途春如海」(⑩176)
1/3「敵国外患を知る者は国亡びず」(⑩181)
1/5*「談判は有形の実物を以て結了すること緊要なり」
1/6*「和戦共に支那を侮る可らず」
1/8「御親征の準備如何」(⑩184)
1/9 漢城条約、締結される
1/9*「国交際に外陪臣あるの筈なし」
1/10*「二度の朝鮮事変」
1/12*「日本男児は人に倚りて事を為さず」
1/13*「吉松某の遭難」
1/13「朝鮮丈けは片付きたり」(⑩187)
1/14「尚未だ万歳を唱るの日に非ず」(⑩189)
1/15「遣清特派全権大使」(⑩192)
1/16*「支那の暴兵は片時も朝鮮の地に留む可

らず」
1／20＊「支那の談判は速ならんことを祈る」
1／23＊「京城駐在日支の兵は如何す可きや」
1／24「国民の利害一処に帰着す」（⑩ 196）
1／26「仏国と同盟の疎密」（⑩ 199）
1／28＊「主戦非戦の別」
1／29「非軍備拡張論者今如何」（⑩ 201）
1／30＊「外交政治社会の日月」
1／31「官報再読す可し」（⑩ 206）
2／2＊「国権拡張は政府の基礎たり」
2／3＊「ふうと公使来る」
2／4＊「支那との談判」
2／5「求る所は唯国権拡張の一点のみ」（⑩ 210）
2／7「我輩の所望空しからざるを知る」（⑩ 213）
2／9＊「日清事件と仏清事件」
2／10＊「在京城支那兵の撤回」
2／11＊「正当防禦怠るべからず」
2／12＊「日本を知らざるの罪なり」
2／13＊「朝鮮に行く日本公使の人撰」
2／14＊「未だ安心す可からず」

2／16＊「朝鮮使節来る」
2／17＊「支那談判に付き文明諸国人は必ず我意見を賛成す可し」
2／18「尚ほ恃むべきものあり」（⑩ 215）
2／19「我れを恃み又人を恃む」（⑩ 218）
2／21＊「留めんか遣らんか」
2／23、26「朝鮮独立党の処刑」（⑩ 221）
2／24 伊藤博文、特派全権大使に任命される
2／24＊「遣清大使」
2／25＊「北京の談判」
2／28＊「要求の程度は害辱の量に準ず」
3／2「曲彼れに在り直我れに在り」（⑩ 227）
3／3＊「外交事情報道の必要」
3／4＊「京城の支那兵は如何して引く可きや」
3／5「人心の集点」（⑩ 229）
3／7＊「条約改正と北京の談判」
3／9「国交際の主義は脩身論に異なり」（⑩ 234）
3／10＊「日清談判、英国の喜憂」
3／16「脱亜論」（⑩ 238）
3／19＊「朝鮮国」
3／24＊「朝鮮の近状」

3/26～27「兵備拡張論の根拠」（⑩242）
3/31＊「朝鮮変乱の禍源」
4/1「富国策」（⑩248）
4/2＊「朝鮮国の独立」
4/3 伊藤博文、天津で李鴻章と談判を開始する
4/3＊「仏国内閣の更迭其影響如何」
4/10＊「支那将官の罪」
4/11「朝鮮国の始末も亦心配なる哉」（⑩253）
4/13「英露の挙動、掛念なき能はず」（⑩256）
4/14＊「英国と魯国」
4/15 イギリス艦隊、巨文島を占領する
4/18 天津条約、締結される
4/18「天津の談判落着したり」（⑩263）
4/22「天津条約」（⑩265）
4/25「日本兵去て在朝鮮日本人の安危如何」（⑩267）
5/26 朴泳孝・徐光範・徐載弼、横浜からアメリカに出発
5/29＊「独逸国の着実極まるは如何ん」

6/9 清仏天津条約、調印される
6/24「対馬の事を忘る可らず」（⑩310）
6/27「巨文島に関する朝鮮政府の処置」（⑩312）
6/30＊「九州までの鉄道」
7/22＊「己れを知らざる者は危し」
7/23～25、27～30「日本帝国の海岸防禦法」（⑩331）
8/13「朝鮮人民のために其国の滅亡を賀す」（⑩379）
8/13「朝鮮の滅亡は其国の大勢に於て免る可らず」掲載見合わせ（⑩382）
8/29＊「処世の覚悟」
8/31～9/1「支那は果して其大版図を保つ能はざるか」（⑩395）
9/24「大院君の帰国」（⑩436）
10/1＊「井上角五郎氏再び朝鮮に赴かんとす」
10/30～31「朝鮮の大院君帰国したり」（⑩455）
12/15 兪吉濬、仁川に到着する（アメリカ留学からの帰国）
12/18「朝鮮の多事」（⑩497）

	12/19	「朝鮮の事」（⑩ 499）
1886（明治 19）	1/6	＊「朝鮮国小なるも日本との関係は小ならず」
	3/6、8	＊「朝鮮事情」
	5初	**朴泳孝、アメリカから日本に戻る**
	6/12	**三島通庸警視総監、金玉均に国外退去措置を伝える**
	8/5	**山県有朋内務大臣、金玉均の小笠原移送を神奈川県知事に命令**
	8/9	**金玉均、品川から小笠原に護送される**
	8/11	「金玉均氏」（⑪ 79）
	8/25	「小笠原島の金玉均氏」（⑪ 88）
	8/30	**金玉均、父島に到着**
	9/1	＊「支那人の活潑なるは文明の利器に由るものなり」
	9/4	＊「政策二つ進むと退くとのみ」
	9/8	＊「朝鮮の国難は日本の国難なり」
	9/9	＊「直に釜山京城間の電線を架設せしむ可し」
	9/10	＊「朝鮮の内憂は日清両国の福に非ず」
	9/21	「宮古八重山を如何せん」（⑪ 106）

	9/24	＊「露国の政略」
	10/6	＊「朝鮮人の小計略は日本国の患なり」
1887（明治 20）	1/6	「朝鮮は日本の藩屏なり」（⑪ 175）
	1/29	＊「巨文島抛棄の事如何」
	2/24	＊「朝鮮国王退位の風説」（井上角五郎）
	2/27	**イギリス艦隊、巨文島から撤退する**
	5/25	＊「閔泳翊氏復た朝鮮に帰り来らんとす」
	9/24	＊「支那朝鮮の外国交際」
1888（明治 21）	**8/4**	**金玉均、札幌に到着**
	12/14～15、17～20	＊「東洋問題」
1889（明治 22）	1/7～10	＊「朝鮮の独立」
	10/24	**咸鏡道観察使趙秉式、防穀を施行する**
1890（明治 23）	2/12	＊「朝鮮の防穀事件」
	3/29	＊「朝鮮国王の廃立」
	4/10	**金玉均、北海道から東京に戻る**

	1891(明治 24)
9/27	「朝鮮の警報を敏捷ならしむ可し」(⑬ 195)
10/15	「支那の交渉事件は我国の好機会なり」(⑬ 200)

	1892(明治 25)
4/19~20	「山陽鉄道会社」(⑬ 338)
6/24	「朝鮮の変乱」(⑬ 400)
7/12	＊「決して安んず可からず」
7/19~20	「一大英断を要す」(⑬ 412)
8/2	「唯決断に在るのみ」(⑬ 434)
8/10	「新内閣の方針如何」(⑬ 445)
8/25	「朝鮮政略は他国と共にす可らず」(⑬ 463)
8/26	「所属論は論ぜすして可なり」(⑬ 466)
10/1	「先づ天津条約を廃す可し」(⑬ 520)
10/4	「漫言　滅多に饒舌るな」(⑬ 528)
10/11	「天津条約」(⑬ 531)
10/12	「天津条約廃せざる可らず」(⑬ 535)
10/13	「条約改正」(⑬ 538)
12/15	＊「朝鮮国紙幣の発行」
2/25	**大石正巳公使、朝鮮政府に防穀の補償金17万円余りを要求する**

	1893(明治 26)
4/18	「朝鮮の政情」(⑭ 29)
4/19	「閔族の地位」(⑭ 31)
5/4	**大石公使、朝鮮政府に防穀の補償金について最後通牒を送致する**
5/17	「防穀事件の談判」(⑭ 51)
5/18	「防穀の談判急にす可し」(⑭ 54)
5/19	**大石公使、防穀問題について外衙門と妥結する**
5/19	「談判の結局如何」(⑭ 56)
5/19	「漫言　事件癲癇」(⑭ 58)
5/20	「両国民相接するの機会を開く可し」(⑭ 59)
5/23	「朝鮮談判の落着、大石公使の挙動」(⑭ 61)
6/4	「朝鮮の近情」(⑭ 66)
6/6	「国交際の療法」(⑭ 69)
6/8	＊「大に対韓の手段を定む可し」
8/15	＊「清韓居留民を安からしむ可し」
10/28	＊「朝鮮政府の防穀令」
3/28	**金玉均、上海の東和洋行にて洪鍾宇により殺害される**

1894(明治27)

3／30 「金玉均氏」(⑭330)
4／13 「金玉均暗殺に付き清韓政府の処置」(⑭339)
4／19 「韓人の治安妨害」(⑭347)
4／27 *「感情を一掃す可し」
4／28 東学農民軍、全羅道古阜を占領する(甲午農民戦争の開始)
5／3 「一定の方針なし」(⑭357)
5／4 「他を頼みにして自から安心す可らず」(⑭359)
5／30 「朝鮮東学党の騒動に就て」(⑭386)
6／1 朝鮮政府、袁世凱に軍隊の派遣を要請
6／2 日本政府、朝鮮への軍隊派遣を決定
6／5 「速に出兵す可し」(⑭392)
6／6 「計画の密ならんよりも着手の迅速を願ふ」(⑭393)
6／7 日清両国、行文知照を行う
6／8 「朝鮮事件と山陽鉄道」(⑭395)
6／9 「支那人の大風呂敷」(⑭397)
6／10 大鳥圭介公使、海軍陸戦隊とともに漢城に到着
6／10 「朝鮮の独立と所属と」(⑭399)
6／10 「漫言　提灯唐傘の仕入等閑に附す可らず」(⑭401)
6／12 「京城釜山間の通信を自由ならしむ可し」(⑭402)
6／12 「漫言　安心しなせい」(⑭404)
6／13 「彼等の驚駭想ふ可し」(⑭404)
6／14 「支那兵の進退如何」(⑭407)
6／14 「漫言　白どんの犬と黒どんの犬と」(⑭409)
6／15 日本政府、清に対して日清共同の朝鮮内政改革を提起することを閣議決定する
6／16 *「韓廷の策略に誤らるゝこと勿れ」
6／17 「朝鮮の文明事業を助長せしむ可し」(⑭410)
6／19 「日本兵容易に撤去す可らず」(⑭414)
6／21 「漫言　支那人の勝利疑なし」(⑭418)
6／23 *「我兵の操練に就き」
6／24 *「支那兵増発の目的如何」
6／26 *「彼れ果して何を為さんとするか」
6／27 *「朝鮮問題の関係広し」
6／28 *「支那人の心算齟齬せざるや否や」
6／29 「外国新聞の記事に注意す可し」(⑭

6/30「速に韓廷と相談を遂ぐ可し」(⑭430〜428)
7/1＊「釜山京城間の鉄道速に着手す可し」
7/3「大使を清国に派遣するの必要なし」(⑭432)
7/3 大鳥公使、朝鮮政府に内政改革案を提出
7/4「兵力を用るの必要」(⑭434)
7/5「土地は併呑す可らず国事は改革す可し」(⑭436)
7/6「改革の着手は猶予す可らず」(⑭439)
7/7 朝鮮政府、改革委員3名を任命
7/7「世界の共有物を私せしむ可らず」(⑭441)
7/8「改革の目的を達すること容易ならず」(⑭444)
7/8「漫言　降参の旗章」(⑭447)
7/10 大鳥公使、朝鮮側改革委員と会談
7/10「彼に勝算ありや否や」(⑭448)
7/11＊「在韓軍人の糧食に就き」
7/12「朝鮮の改革は支那人と共にするを得ず」(⑭451)
7/13「朝鮮の改革掛念す可きものあり」(⑭454)

7/13＊「朝鮮の改革委員」
7/14「外国の勧告を拒絶して更に如何せんとするか」(⑭456)
7/14「漫言　薬用食用都て寸伯老の医案に適したり」(⑭458)
7/15「朝鮮改革の手段」(⑭460)
7/17 朝鮮政府、大鳥公使に日本軍の撤退と改革方案実施期限の撤回を要求する
7/17「支那公使と支那兵の退去」(⑭462)
7/19＊「袁世凱を退去せしむること容易ならず」
7/20「牙山の支那兵を一掃す可し」(⑭465)
7/21「改革委員の人物如何」(⑭468)
7/21「改革論果して拒絶せられたり」(⑭470)
7/22「支那政府の長州征伐」(⑭472)
7/23 日本軍、景福宮を占領し、閔氏政権を倒す(大院君政権の成立)
7/24「居留清国人の保護」(⑭477)
7/24「支那朝鮮両国に向て直に戦を開く可し」(⑭479)
7/25 大院君政権より清軍駆逐の依頼を得る

7/25「大院君出でたり」（⑭481）
7/26「閔族の処分に就て」（⑭483）
7/27 軍国機務処、設置される（甲午改革の開始）
7/27「我に挟む所なし」（⑭485）
7/28「支那人に勧告す」（⑭488）
7/29「日清の戦争は文野の戦争なり」（⑭491）
7/29「大に軍費を醵出せん」（⑭492）
7/31＊「平和を破る者は支那政府なり」
8/1 日本、清に宣戦布告する
8/1「満清政府の滅亡遠きに非らず」（⑭494）
8/4「宣戦の詔勅」（⑭497）
8/5「直に北京を衝く可し」（⑭498）
8/6 朴泳孝、新橋を出発して帰国する
8/7「教育の改良最も肝要なり」（⑭501）
8/7「漫言　支那軍艦捕獲の簡便法」（⑭504）
8/9「必ずしも北京の占領に限らず」（⑭505）
8/10「改革の結果は多数の幸福なる可し」（⑭507）
8/11「取り敢へず満洲の三省を略す可し」（⑭510）
8/14「軍費の義捐を祈る」（⑭512）
8/14「私金義捐に就て」（⑭514）
8/15「人心の変化図る可らず」（⑭517）
8/16「国民一致の実を表す可し」（⑭520）
8/17「曠日彌久は寧ろ支那人の為めに患ふ可し」（⑭522）
8/18「軍費支弁に付き酒税の増加」（⑭524）
8/19「外国の仲裁如何」（⑭527）
8/20 日朝暫定合同条款、調印される
8/26 日朝両国盟約、調印される
9/4 朴泳孝に罪名蕩滌の伝教が下る
9/7「朝鮮の改革に因循す可らず」（⑭555）
9/12＊「朝鮮の改革難」
9/15「半途にして講和の機会を得せしむ可らず」（⑭562）
9/16 日本第一軍、平壌を占領
9/18「平壌陥りたり」（⑭568）
9/20＊「朝鮮の刑罰」
9/21＊「陸海の捷報」

9/23	「支那の大なるは恐る、に足らず」（⑭572）
9/29	「朝鮮の独立」（⑭580）
10/6	「李鴻章の出陣」（⑭588）
10/10	**報聘大使義和君、漢城を出発**
10/10＊	「文明の要素」
10/14	「井上伯の朝鮮行」（⑭597）
10/15	**井上馨、朝鮮公使に任命される**
10/16	「井上伯の渡韓を送る」（⑭600）
10/24＊	「朝鮮改革と井上伯」
10/25＊	「報聘大使の来朝」
10/25＊	「大鳥公使の帰朝」
10/26	**井上馨駐朝鮮公使、漢城に到着**
11/3	「朝鮮国の革新甚だ疑ふ可し」（⑭624）
11/6＊	「朝鮮の警察組織」
11/8＊	「十数年来の戦機」
11/9	「朝鮮政府は何が故に朴徐輩を疎外するや」（⑭632）
11/11	「朝鮮の改革」（⑭634）
11/17	「破壊は建設の手始めなり」（⑭644）
11/20	**井上公使、朝鮮国王に内政改革案を提示する**

	11/20	「朝鮮の改革その機会に後る、勿れ」（⑭647）
	11/22	**大院君、政権から降ろされる**
	11/24、28	「朝鮮国の弊事」（⑭649）
	11/25＊	「旅順口の占領」
	12/4	「和議と休戦」（⑭657）
	12/7＊	「奴婢の事」
	12/7＊	「内官の事」
	12/9	**朴泳孝に蕩滌叙用の伝教が下る**
	12/12＊	「朝鮮人の教育」
	12/13	「眼中清国なし」（⑭663）
	12/14	「旅順の殺戮無稽の流言」（⑭666）
	12/17	**軍国機務処が廃止され、第二次金弘集内閣が成立する（朴泳孝、内務大臣に任命される）**
	12/18＊	「降伏を納るるに必要の一事」
	12/28	「我豈に戦を好まんや」（⑭672）
	12/30	「我軍隊の挙動に関する外人の批評」（⑭675）
	1/4	「改革の勧告果して効を奏するや否や」（⑮8）

1895(明治28)

1/5 「朝鮮の改革に外国の意向を憚る勿れ」(⑮11)

1/7 高宗、宗廟に展謁する(洪範十四条)

1/15 「朝鮮の公債は我政府之を貸附す可し」(⑮18)

1/18 「外国干渉の説、聞くに足らず」(⑮26)

1/22＊「東洋の平和」

2/26＊「朝鮮国債に就て」

3/1 「責、李鴻章にあり」(⑮83)

3/12 「義俠に非ず自利の為めなり」(⑮94)

3/13 「朝鮮の近況」(⑮98)

3/14＊「朝鮮政府の改革」

3/20 下関で講和会談、始まる

4/9 「外国人の評判」(⑮126)

4/14＊「戦争の功績と外交の技倆」

4/17 日清講和条約、締結される

4/17 「平和談判の結局に就て」(⑮132)

4/23 三国干渉

4/25 朴泳孝、内部大臣に再度任命される。兪吉濬、内閣総書に任命される

4/29 「発行停止」(⑮143)

5/4 「言行不一致」(⑮146)

5/14 「平和条約の発表」(⑮154)

5/21 総理大臣金弘集、辞職。朴泳孝、内閣総理大臣署理を兼任する

5/31 朴泳孝、内閣総理大臣署理を解任される。朴定陽、内閣総理大臣に任命される

5/31 「国民の不平」(⑮173)

6/2 兪吉濬、内部協辦に任命される

6/13＊「国民の感情」

6/14 「朝鮮問題」(⑮188)

7/5 「朝鮮の独立ますます扶植す可し」(⑮218)

7/6 朴泳孝に捕縛令が下り、仁川に逃避する。兪吉濬、内部署理大臣になる

7/11 朴泳孝、宇品に到着(再度の日本亡命)

7/13 「在韓日本人の取締を厳にす可し」(⑮230)

7/14 「朝鮮の処分如何」(⑮232)

7/19 「朝鮮人を教育風化す可し」(⑮237)

9/18＊「朝鮮の商売に注意す可し」

10/4 兪吉濬、義州府観察使に任命される

10/8 王后閔氏殺害事件、起こる。兪吉濬、内部協辦に任命される

10/12 兪吉濬、内部署理大臣に任命される
10/15 「事の真相を明にす可し」（⑮ 304）
10/23 「朝鮮の独立」（⑮ 312）
10/26 *「三浦公使等の処分」
10/29 *「対韓貿易」
11/5 *「変後の朝鮮」
11/12 *「責任論」
11/28 「朝鮮の近事」（⑮ 326）
12/7 「二十八日の京城事変」（⑮ 332）
12/13 *「中途にして面倒を他に分つ可らず」
12/25 徐載弼、仁川に到着する
12/30 兪吉濬、内部大臣に任命される。断髪令、公布される

1896（明治 29）

1/23 「朝鮮政府に金を貸す可し」（⑮ 367）
2/11 高宗、ロシア公使館に「移御」する（俄館播遷）
2/14 「京城の変事」（⑮ 377）
2/15 「朝鮮政府の顛覆」（⑮ 379）
2/20 ×「朝鮮新政府の前途」
2/26 「朝鮮事変の善後策」（⑮ 387）
2/27 「朝鮮平和の維持策」（⑮ 390）
3/3 「対朝鮮の目的」（⑮ 392）
3/7 ×「朝鮮の騒動を如何せん」
3/27 ×「朝鮮国王と露国公使」
3/27 ×「朝鮮の暴徒を鎮圧すべし」
4/7 『独立新聞』、創刊される
4/8 ×「朝鮮人自から考ふ可し」
5/1 「一国の降替偶然に非ず」（⑮ 420）
5/9 ×「朝鮮に対する政策」
5/14 小村・ヴェーベル覚書、調印される
5/16 ×「朝鮮の独立に執着す可らず」
6/5 ×「朝鮮駐在の守備隊」
7/2 独立協会、結成される
7/7 ×「朝鮮の前途」
10/27 ×「先づ朝鮮より始む可し」
11/3 ×「京釜鉄道」
12/11 ×「駐韓公使」

1897（明治 30）

2/20 高宗、慶運宮に「還御」する
2/26 ×「露清韓駐在公使」
5/18 「日露協商」（⑮ 663）
6/9 山県・ロバノフ協定、調印される
10/7 「事実を見る可し」（⑯ 132）

10/11 高宗、皇帝に即位する

10/14 朝鮮、国号を大韓に改める

1898(明治31)

1/12「十四年前の支那分割論」(⑯204)

2/8×「儒教主義の本国を見る可し」

2/25「大院君薨ず」(⑯259)

3/22「支那人親しむ可し」(⑯284)

4/25 西・ローゼン協定、調印される

4/28「対韓の方針」(⑯326)

4/29「対韓の方略」(⑯329)

5/3「亡命人を帰国せしむ可し」(⑯336)

5/4×「朝鮮独立の根本を養ふ可し」

5/5×「朝鮮渡行を自由にす可し」

5/12×「京釜鉄道は朝鮮文明の先駆なり」

5/14 徐載弼、漢城を出発してアメリカに「帰国」する

5/14×「朝鮮に銀行を設立す可し」

5/15「朝鮮移民に付き僧侶の奮発を望む」(⑯344)

5/27×「東洋政略の方針」

7/6×「朝鮮沿海の漁業」

2/27×「京釜鉄道の速成を望む」

1899(明治32)

3/8×「朝鮮の移民」

3/15×「韓民子弟の教育」

6/7×「朝鮮の鉄道」

6/21×「朝鮮の近状」

9/6×「京釜鉄道の計画」

10/16×「馬山浦事件」

11/17×「京釜鉄道の速成を望む」

1900(明治33)

1/27×「京釜鉄道を如何せん」

3/3×「朝鮮の渡航を自由にす可し」

3/8×「清韓渡航に関する訓令」

4/2×「朝鮮問題の落着」

5/30×「清韓の近事に付き」

6/23×「駐韓公使」

6/25×「朝鮮政府の挙動に注意す可し」

7/23×「満州騒乱と朝鮮」

7/28「国民自衛の覚悟」(⑯625)

8/5×「朝鮮の独立」

8/7×「朝鮮の運輸交通」

9/23×「朝鮮に於ける企業」

人名索引

朝鮮人名は（　）内に朝鮮語音に近い読みをカタカナで表記した．中国人名は日本語読みとした．

あ　行

安達謙三　217
安駉寿（アン・ギョンス）　126, 176, 219
李源兢（イ・ウォングン）　176
李載元（イ・ジェウォン）　116
李載冕（イ・ジェミョン）　114
李埈鎔（イ・ジュニョン）　114
李周会（イ・ジュフェ）　191
李祖淵（イ・ジョヨン）　75, 234
李成桂（イ・ソンゲ）　42, 59
李東仁（イ・ドンイン）　46-47, 232, 234-235
李範晋（イ・ボムジン）　190, 246
李裕元（イ・ユウォン）　51, 87
李完用（イ・ワニョン）　219
石河幹明　3、19-21, 87, 157, 161, 233
伊藤博文　96, 154, 178, 228
井上馨　33, 52-53, 70, 73, 77, 96-97, 99, 113, 115-116, 118, 122, 124-125, 177-179, 182-187, 217
井上角五郎　3, 70, 72, 74, 77, 118, 142, 160, 233
井上毅　124
井上良馨　31
義和君（ウィファグン）　35, 178, 191, 218, 221, 246
牛場卓蔵　70-72
内田政雄　34-35, 39, 230
榎本武揚　181
袁世凱　75-76, 113-114, 122, 145, 151, 158, 162, 168, 177
呉俊泳（オ・ジュニョン）　158
魚允中（オ・ユンジュン）　41-45, 53, 58-59, 69, 85, 88, 96-97, 167, 176, 185, 188-189, 192-194, 234
魚允迪（オ・ユンジョク）　218
汪鳳藻　170, 174
王后閔氏（おうこうみんし）　5, 51, 133, 186-190, 217
大井憲太郎　115
大石正巳　157-162
大隈重信　205
大島圭介　173-175, 177
厳世泳（オム・セヨン）　98

か　行

何如璋　46, 51

さ　行

た　行

田中不二麿　79
樽井藤吉　241-242, 250-251
池運永（チ・ウニョン）　116, 118
崔済愚（チェ・ジェウ）　166
張殷奎（チャン・ウンギュ）　116
張博（チャン・パク）　188, 191, 193-194, 217
周時経（チュ・シギョン）　221
曺寅承（チョ・インスン）　173-174
趙義淵（チョ・ヒヨン）　176, 188-189, 194
趙秉式（チョ・ピョンシク）　157-158
趙秉稷（チョ・ピョンジク）　158
趙秉鎬（チョ・ピョンホ）　234
趙寧夏（チョ・ヨンハ）　75
鄭秉夏（チョン・ピョンハ）　188, 191, 194
全琫準（チョン・ボンジュン）　168
陳樹棠　101
丁如昌　98, 111
大院君（李昰応）（テウォングン（イ・ハウン））　31, 50-52, 54-56, 59, 62-64, 68, 74, 75, 114, 119, 167, 175-177, 179, 182-183, 188, 192, 232
寺島宗則　52
寺田福寿　46

な　行

中村正直　41, 231, 247
南廷哲（ナム・ジョンチョル）　159

は　行

馬建常　68
馬建忠　58-59, 62-64, 68-69
朴銑（パク・ソン）　191
朴準陽（パク・チュニャン）　176
朴定陽（パク・チョンヤン）　176, 186, 217, 219
朴泳孝（パク・ヨンヒョ）　16, 65-66, 71-72, 75-76, 83, 89, 115, 122, 126-133, 143, 152, 175, 178-183, 185-187, 196, 201, 217, 221, 229, 246
波多野承五郎　62-63
花房義質（花房公使）　50, 52-53, 64
早川鉄治　178
林董　127
原敬　158
韓圭稷（ハン・ギュジク）　75
韓圭卨（ハン・ギュソル）　123
日原昌造　47, 235-237, 241
福沢一太郎　142
福沢捨次郎　142, 147
堀本礼造　50
洪鐘宇（ホン・ジョンウ）　152, 163
洪英植（ホン・ヨンシク）　75-76, 90, 234
ホンタイジ（太宗）　42, 69

ま　行

や　行

ら　行

事項索引

あ 行

か 行

さ 行

た　行

な　行

は 行

ら 行

著者略歴
1962年北海道生まれ．1994年東京都立大学大学院人文科学研究科博士課程単位取得退学．現在，東京大学大学院総合文化研究科教授．朝鮮近代史専攻．

主要著書
『朝鮮開化思想とナショナリズム──近代朝鮮の形成』（東京大学出版会，2009年），『大人のための近現代史　19世紀編』（共編，東京大学出版会，2009年），『朝鮮開化派選集──金玉均・朴泳孝・兪吉濬・徐載弼』東洋文庫（訳注，平凡社，2014年）など．

福沢諭吉と朝鮮問題
「朝鮮改造論」の展開と蹉跌

2014年8月8日　初　版

［検印廃止］

著　者　月脚達彦《つきあしたつひこ》

発行所　一般財団法人　東京大学出版会
代表者　渡辺　浩
153-0041　東京都目黒区駒場 4-5-29
http://www.utp.or.jp/
電話 03-6407-1069　Fax 03-6407-1991
振替 00160-6-59964

印刷所　株式会社精興社
製本所　牧製本印刷株式会社

ISBN 978-4-13-021078-2　Printed in Japan